W0413884

Islandfieber

Irene Hohe

www.buecher-zum-pferd.de
Asmussen

Titelbild mit freundlicher Unterstützung von Heide Leisering, Gestüt Moarschusterhof.
Islandpferdegestüt
Moarschusterhof
Fam. Leisering, Sölgerding 5
84140 Gangkofen
Tel: 08722/8582
www.moarschusterhof.de

Ivan frá Hæringstöðum
Foto: Irene Hohe, www.pferdefotos.de

Verlag Sandra Asmussen
Bücherott 1
D - 24395 Gelting
Tel. 04643-933
Fax 04643-185195
E-Mail: Sandra.Asmussen@t-online.de
www.buecher-zum-pferd.de

ISBN 3-935985-15-0

Für Iris, die davon träumt,
in Island ihr Traumpferd
zu finden

Inhaltsverzeichnis

Der Hauptgewinn

Das Telefon klingelte durchdringend und hartnäckig. Monika wischte kniend den Boden in der Küche und plauderte nebenbei angeregt mit den beiden Katzen, die ihr dabei Gesellschaft leisteten und ihr nach bestem Wissen und Gewissen bei der Hausarbeit halfen. Der graue Kartäuserkater Bruno saß bewegungslos in einer Ecke und fixierte ihr Tun mit seinen leuchtenden grünen Augen, während die junge schwarzweiße Enja verspielt bei jeder Bewegung nach dem Putzlappen hakte. Nach dem sechsten Klingeln seufzte Monika, sprang endlich auf, trocknete ihre Hände flüchtig an der Jeans und eilte in das kleine Büro, das ans Wohnzimmer grenzte. Enja hüpfte erschreckt zur Seite, während Bruno ihr vor die Füße lief. Er tat dies mit voller Absicht. Zum hundertsten Mal wäre sie fast über den dikken Kater gestolpert und fluchte. Sie riss den Hörer im letzten Moment von der Gabel, als der Anrufbeantworter gerade seinen ersten Satz herunterspulen wollte. Mit Schwung ließ sie sich auf den blauen Drehstuhl fallen und bevor sie sich melden konnte, hörte sie am anderen Ende der Leitung eine Frauenstimme:

„Guten Tag, hier ist die Firma Icelandic Line. Spreche ich mit Frau Sellek?“, hörte sie die Stimme in gebrochenem Deutsch fragen.

„Ja, ich bin am Apparat“, erwiderte Monika zögernd. Sie runzelte die Stirn und überlegte, ob sie eine Firma mit Namen Icelandic Line kannte. Was wollten die von ihr? Gedankenverloren hatte sie einen Kugelschreiber in die Hand genommen und kritzelte kleine Strichmännchen auf die Schreibtischunterlage.

Die Stimme fuhr fort:

„Erinnern Sie sich, Frau Sellek? Sie haben auf den Islandpferdemeisterschaften bei einem Preisausschreiben mitgemacht.“

Ja, das stimmte. Monika war als Zuschauerin auf den Meisterschaften gewesen und hatte in der Tat in einem der Ausstellerzelte einen Zettel ausgefüllt, auf dem verschiedene Fragen rund um das Islandpferd zu beantworten waren. Sie schwieg, noch immer ahnungslos, was dies mit dem Anruf zu tun haben könnte.

„Sie haben den ersten Preis gewonnen. Einen Wanderritt in Island inclusive Flug und Verpflegung für zwei Personen! Herzlichen Glückwunsch dazu von unserer Firma!“
Nein, das konnte nicht sein! Monika schüttelte den Kopf. Ihr Glück bei diversen Preisausschreiben hatte bisher bestenfalls zu einem Zahnputzbecher aus Plastik gereicht. Um bei einer Tombola nicht eine Niete nach der anderen zu ziehen, suchte sie sich generell eine Glücksfee, die für sie die Lose aus dem Behälter angelte, um dann wenigstens mit einem Trostpreis gesegnet zu werden. Eigentlich hatte sie es aufgegeben, sich an irgendwelchen Glücksspielen zu beteiligen, es waren zu viele Enttäuschungen gewesen.
Sie konnte noch immer nichts sagen, es hatte ihr die Sprache komplett verschlagen.
„Hören Sie?“, vergewisserte sich die Stimme, aber Monika blieb stumm.
„Wir werden Ihre Gewinnunterlagen und eine ausführliche Reisebeschreibung in den nächsten Tagen auf dem Postweg an Sie senden! Stimmt die Adresse, die Sie aufgeschrieben hatten?“ Die Dame wiederholte Straße, Hausnummer und Ort.
“Ja, ja, natürlich”, hörte Monika sich leise stammeln.

Geistesabwesend starrte sie aus dem Fenster und schüttelte den Kopf. Diesmal über sich selbst. Für wie unhöflich mußte die Dame sie am Telefon gehalten haben? Während diese sich freundlich von ihr verabschiedet hatte, legte Monika wortlos den Hörer auf und fühlte sich wie in Trance. Dabei war sie sonst alles andere als maulfaul. Eigentlich hätte sie vor Freude auf- und abspringen sollen, aber sie konnte nicht glauben, was sie gehört hatte. Bei Gewinnspielen war sie nun mal ein Pechvogel. Seufzend erinnerte sie sich daran, dass ihr Mann schon zweimal eine kleine Reise gewonnen hatte - bei einem Radiogewinnspiel, das sich “Reisefieber” nannte.
“Du musst nur schnell genug sein!”, behauptete er, als sie fassungslos nachfragte, wie er das geschafft hatte. Wenn er im Auto unterwegs war, hatte er die Nummer, die gewählt werden musste, bereits auf dem Handy gespeichert und konnte sich schon einwählen, bevor

überhaupt die zu lösende Frage gestellt wurde. So hatte er meist Glück und die Verbindung kam zustande. Dann nannte er die Lösung und quasselte seinen Gesprächspartner so lange wie möglich in dem Glauben zu, dass dann um so weniger Anrufe entgegen genommen werden konnten. Und schon zweimal war er der Auserwählte, der sich einen Hotelgutschein abholen durfte. Wenn Monika versuchte, es ihm gleich zu tun, hatte sie nur beständig den nervtötenden Besetzt-Ton am Ohr und kam nicht einmal dazu, mit dem Veranstalter zu sprechen.

Und nun sollte sie selbst eine Reise gewonnen haben?
"Wahrscheinlich ist das wieder eines von diesen Gewinnspielen am Rande der Illegalität", ging ihr durch den Kopf. "Da wird mit einer riesigen Schlagzeile geworben: Sie haben 100.000 Euro gewonnen! Und ganz klein gedruckt findet man noch den Zusatz: Diesen Gewinn teilen sie sich aber noch mit 100.000 anderen Menschen. Sie können ihn sich abholen, wenn sie zu der einen oder anderen Verkaufsveranstaltung erscheinen. Die Busfahrt dazu kostet auch nur...."

Oder ein ander Mal, als sie mit einem Pseudo-Reisegewinn fast spontan in die Türkei geflogen wäre, hätte ihr Mann sie nicht in letzter Sekunde mit einem Zeitungsartikel gewarnt, in dem darüber berichtet wurde, welche Kosten mit so einer ´gewonnen‘ Reise verbunden waren. Sie war am Boden zerstört gewesen. Noch dazu fühlte sie sich gedemütigt, auf so einen billigen Trick hereingefallen zu sein.

So behielt sie ihr Geheimnis zunächst für sich. Sie hätte es nicht ertragen, von der rosa Wolke zu fallen, die sich ganz zart und neblig abzeichnete. Lieber wollte sie auf die Unterlagen warten und diese genauestens studieren, um nicht wieder der Naivität bezichtigt zu werden. Dennoch keimte eine vage Hoffnung in ihr. Kater Bruno riss sie in die Realität zurück. Er war in das Büro geschlichen und zog sich spielerisch mit seinen scharfen Krallen an ihrem Hosenbein hoch. Sie verzog schmerzhaft das Gesicht. Als sie ihm über den Kopf strich, sprang er auf ihren Schoß und schnurrte mit voller Lautstärke. Sie vergrub ihr Gesicht in seinen weichen grauen Pelz. Seufzend stellte sie fest, dass sie zum Putzen nun keine Lust mehr hatte. Ihre Gedanken kreisten immer wieder um den Anruf und sie wartete sehnlichst auf die Post am nächsten Mittag.

Als das Postauto am Tag darauf gegen elf Uhr in die Straße einbog, ging sie dem Briefträger erwartungsvoll entgegen. Er drückte ihr einen Packen Briefe in die Hand, grüßte knapp und fuhr wieder davon. Eilig sortierte Monika die Post, legte ihre Umschläge und die ihres Mannes auf einen eigenen Stapel. Aber auch als sie die Post ein zweites Mal durchsah, ob sie vielleicht das erwartete Schreiben übersehen hatte, änderte sich daran nichts. Post von der Firma Icelandic Line war nicht darunter. Ihre Vorfreude wandelte sich in herbe Enttäuschung. Um nicht den ganzen Tag schlechte Laune zu haben, lenkte sie sich mit Büroarbeiten ab und vergrub sich vor dem Bildschirm ihres Computers.

Am nächsten Tag war Monika beruflich bis in die Nachmittagsstunden unterwegs. Auf dem Heimweg machte sich erneut eine ungewisse Spannung in ihr breit. Bevor sie ihre Taschen aus dem Auto auslud, eilte sie zuerst zum Briefkasten, fummelte hektisch an dem klemmenden Türchen herum und blätterte die Briefe durch, die ihr entgegen fielen.

Tatsächlich! Wie angekündigt fand sie also am zweiten Tag nach dem Telefonat ein größeres, dickes Kuvert mit dem Logo der Firma – ein töltendes Islandpferd über den Umrissen der Insel – in der Post. Das Logo, das auf Fahnen gedruckt überall auf den Meisterschaften auf Icelandic Line aufmerksam machen sollte, erinnerte sie daran, wie sie durch das herrlich geschmückte Zelt gebummelt war, in dem die Firma Werbung für Urlaub in Island gemacht, und vielfältige Produkte aus Island zum Kauf angeboten hatte. Wolle, Kleidung, getrockneten Fisch, Reitsportausrüstung und sie vermittelte auch Reiterreisen auf der Insel aus Feuer und Eis, wie Island abenteuerlich angepriesen wurde.

Monika setzte sich mit der Post in den Händen ins Auto zurück. Die anderen Briefe stopfte sie unachtsam in ihre abgewetzte Ledertasche, die auf dem Beifahrersitz stand. Sie behandelte das Kuvert wie ein rohes Ei, und drehte es mehrmals hin und her, bevor sie den Autoschlüssel als Öffner benutzte und die Kante vorsichtig aufschlitzte. Behutsam nahm sie mehrere Blätter heraus. Jedes einzelne Blatt zierte das Logo der Firma. Ein persönliches Anschreiben fiel ihr als Erstes in die Hände. Sie überflog oberflächlich die Zeilen und es bestätigte wirklich den Gewinn der Reise. Das zweite Blatt beschrieb, welche Leistungen darin enthalten sein sollten, und eine Broschüre warb für den Ritt, den ihr der Zufall beschert hatte. Sie drehte und wendete die Blätter, las alle Zeilen mehrmals aufmerksam durch, aber sie fand keinen offensichtlichen Haken an der Sache. Monika zuckte mit den Schultern. Eigentlich war sie kein pessimistischer Mensch, aber manche Dinge waren einfach zu schön um wahr zu sein, und dann war die Enttäuschung um so größer, wenn die geträumten Vorstellungen zerplatzten wie Seifenblasen im Wind.

Noch bestimmt zehnmal nahm sie das Schreiben in die Hand und studierte es, als könnte sie doch noch irgendwo ein eingeschmuggeltes Sternchen entdecken. Am Abend legte sie ihrem Partner mutig das Schreiben vor. Sie wartete mit eingezogenen Schultern darauf, dass er ihre Freude niederschmettern würde, in dem er eine verborgene Stelle fand, welche die Reise letztendlich wieder als Flop enttarnte. Ihr Mann las den Brief aufmerksam durch, blätterte in allen Seiten, studierte den Prospekt und sah sie dann verständnislos an. Dann meinte er:

„Warum guckst du eigentlich wie sieben Tage Regenwetter? Einmal nach Island zu fliegen war doch schon seit Jahren dein Urlaubswunsch, freust du dich denn nicht? Soll einer die Frauen verstehen...“.

Verächtlich schnaubte er durch die Nase und diese Geste war es, die Monika überzeugte, dass der Gewinn kein Traum war. Sie stand im richtigen Leben, mit beiden Beinen auf der Erde und konnte nun behutsam zulassen, dass sich ein feines, prickelndes Gefühl des Glücks in ihrem Körper breit machte.

„Aber glaube nicht, dass du mich in ein Flugzeug bringst!", erreichte sie die Stimme ihres Mannes.

„Da flieg mal mit einer Freundin hin. Zwei Wochen kann ich mich unmöglich in der Firma vertreten lassen. Und zwei Wochen im Sattel sitzen? Du liebe Zeit! Das wäre nichts für mich! Obendrein sind wahrscheinlich noch zehn andere Frauen mit von der Partie, die von früh bis spät nur über Pferde reden. Nein, das tu ich mir bestimmt nicht an! Hast du dir schon überlegt, wen du mitnehmen willst?"

Welch eine Frage! Monika hatte sich bislang noch nicht einmal selbst gefragt, ob sie sich so eine lange Reittour überhaupt zutrauen würde. Aber was sollten die Zweifel? Irgendwie würde sie das durchstehen.

"Auf keinen Fall werde ich die Reise abschlagen und wenn ich auf allen Vieren zurück kriechen werde", sprach sie zu sich. Sie überlegte nur kurz, wer als Reisebegleitung in Frage kommen würde. Es fiel ihr sehr schnell nur ein einziger Name ein. Ines! Ihre Freundin Ines. Ines war zwei Jahre zuvor selbst schon einmal zu einem Reiterurlaub in Island gewesen. Eine Woche reiten, eine Woche Land und Leute kennen lernen. Sie war begeistert von ihren Eindrücken gewesen und schwärmte Monika so viel vor, dass sie es manchmal kaum noch ertragen konnte. Stundenlang schwelgten sie in Ines Fotoalben und Monika fand die Aufnahmen beeindruckend, aber die Erlebnisse, die Ines zum Besten gegeben hatte, konnte Monika natürlich nicht mit der Freundin teilen.

„Da war ich nicht zum letzten Mal", hatte Ines verkündet. Was würde sie für Augen machen, wenn Monika ihr nun mitteilte: "Wir fliegen!"

Ohne noch länger zu zögern, setzte Monika sich aufgeregt vor das Telefon und wählte ungeduldig die ihr bestens vertraute Nummer. Aber als sie schon dachte, Ines hätte abgenommen, und sie ansetzen wollte, um ihre Botschaft zu verkünden, schaltete sich nur der Anrufbeantworter ein:

„Halli-Hallo, hier ist der automatische Diener von Ines Keller. Natürlich bin ich mal wieder nicht zu Hause. Aber wenn es piept, sagt ihr mir einfach, was ihr wollt und ich rufe zurück. Tschühüs." Ausgerechnet jetzt. Mittlerweile war Monika zum Platzen angespannt. Sie trommelte wütend mit den Fingern auf die Tischplatte. Im Befehlston hinterließ sie der Freundin auf dem Band:

„Hi, hier ist Monika. Ines, ruf mich sofort zurück! Aber sofort! Hörst Du?“, und warf den Hörer auf die Gabel.

Monika durchlebte eine unruhige Nacht. In ihren Träumen töltete sie auf einem temperamentvollen Rappen in unwegsamen Gelände dahin. Aber der Wecker riss sie erbarmungslos am nächsten Morgen in die Realität zurück und die Arbeit brachte Ablenkung. Ines meldete sich erst am Nachmittag mit 1000 Entschuldigungen, wo sie wieder gesteckt hatte. Als Monika endlich zu Wort kam, berichtete sie mit wenigen Worten, warum sie angerufen hatte. Dann hörte sie Ines nur noch in den Hörer schreien. Ihr platzte fast das Trommelfell. Monika grinste, genau mit dieser Reaktion hatte sie gerechnet.

“Was hast du denn, ich habe dir doch nur erzählt, dass ich dich gerne mit nach Island nehmen möchte.”

Ines schrie schon wieder.

„Ich fasse es nicht“, stammelte sie, als sie endlich Atem schöpfen konnte.

„Kannst du mir das alles genauer erzählen? Nein, das gibt es ja nicht! Am besten ich komm gleich mal vorbei. Ich bring uns Kuchen mit, setz schon mal Wasser für den Kaffee auf, in einer halben Stunde bin ich da, o.k.?“

Hupend fuhr Ines genau 18 Minuten später in die Hofeinfahrt. Der Kies spritzte nach allen Seiten und ihre Reifen würden tiefe Spuren hinterlassen. Eine Rekordzeit! Monika konnte nur für sie hoffen, dass auf dem Weg nicht eine verdeckte Radarfalle auf der Lauer lag. Das würde teuer werden! Sie lachte über die plötzliche Eile der Freundin.

Ines musste nicht klingeln. Wie gewöhnlich steckte der Schlüssel an der Haustür. Rufend trat sie ein:

“Hallo!!! Wo steckst du?”

Ines begrüßte ausgiebig die beiden Katzen, die ihr in den Flur entgegengelaufen waren und nun schnurrend um ihre Beine strichen. Schließlich balancierte Ines ein Tablett, auf dem sich bestimmt einige Köstlichkeiten befanden. Der Inhalt war für den Transport zwar gut verpackt, aber die feinen Katzennasen hatten längst wahrgenommen, dass sich darunter etwas Leckeres verbarg. Und wenn sie recht freundlich taten, brachten die Menschen es vielleicht nicht übers Herz, ihnen nichts von der Leckerei abzugeben. Ines lachte: „Ihr berechnenden Biester!“

Schmunzelnd umarmte Monika die Freundin, nahm ihr den Kuchen ab und trug ihn in die Küche, um ihn anzuschneiden. Fahrig wühlte sie in den Schubladen nach einem geeigneten Messer.

Ines betrachtete im Wohnzimmer einen Augenblick lang die menschenhohen Pflanzen, die vor den Glastüren arrangiert waren, durch die die Sonnestrahlen freundlich hereinfielen. Die Dieffenbachia mit ihren gigantischen Blättern und die Yucca-Palme schienen seit ihrem letzten Besuch schon wieder gewachsen zu sein. Aus den knallbunten Übertöpfen lugten zwischen den Blättern afrikanische Tiere hervor. Die Keramikfiguren wirkten so echt, als wären sie direkt dem Dschungelbuch entstiegen. Ein Tiger funkelte sie mit bernsteinfarbenen Augen an.

Dann ließ sie sich seufzend auf das rostfarbene Sofa mit dem Ethnomuster fallen, das ihr so gut gefiel, und rief Monika ungeduldig herbei:

„Nun zeig doch endlich mal die Unterlagen und erzähl mir Genaueres!“

Es kratzte an der Terrassentür und Monika öffnete zuerst, um Jule hereinzulassen, die sie freudig bellend umsprang.

“Und ich dachte schon, dein Frauchen hätte dich in der Aufregung zu Hause vergessen!”

Jule war Ines kleine Hündin, die grundsätzlich immer mit von der Partie war.

“Ich hatte mich schon gewundert, wo du steckst, altes Ungetüm! Musstest du erst im Garten nachsehen, ob es neue Spuren zu entdecken gibt?" Sie streichelte den Hund, der glücklich hechelte und vor Freude japste. Dann stürzte sich Jule allerdings zur Begrüßung auf die beiden Katzen, die das zwar gewohnt waren, sich aber nicht unbedingt mit dem Ansturm des temperamentvollen Hundes anfreunden wollten. Enja sprang pikiert auf ihren Katzenbaum hinauf und brachte sich dort in Sicherheit, während Bruno sich im Sessel zu seiner vollen Größe aufrichtete, vorsichtshalber das Fell sträubte und grantig auf die Hundedame starrte, die ihn lustig kläffend zum Spiel auffordern wollte. Es war unter seiner Würde, sich mit einem Hund zu befassen. Angewidert wendete er sich ab, was Jule noch mehr anspornte, ihn zu verbellen. Ines rief ihren Hund zu sich und machte dem Lärm damit ein Ende.

„Sehr viel mehr gibt es gar nicht zu erzählen", erklärte Monika und setzte sich mit dem Umschlag neben Ines auf die Couch. Sie holte die einzelnen Blätter aus dem Kuvert und legte sie sorgfältig nebeneinander auf den Glastisch. Sie deutete auf die wichtigen Punkte in dem Schreiben und las vor:

„Flug ab Frankfurt mit Ice Air bis Keflavik. Jeeptransfer ab Reykjavik zum Reiterhof in Hrafnsholt. 14 Tage Reittour Sprengi-Sandur inclusive Pferd und Vollverpflegung. Inlandflug von Akureyri, das ist wohl die Endstation des Rittes, bis Keflavik. Rückflug."

"Monika, das klingt wie ein Märchen." Ines wühlte fassungslos in den Zetteln.

"Und mich willst du mitnehmen? Du bist ein Schatz! Das ist einfach obergenial, das werde ich dir nie vergessen!" Sie drückte der Freundin einen dicken Schmatz auf die Backe.

Träumerisch legte sich Ines in die Kissen zurück.

„Ich wusste doch, dass ich eines Tages wieder komme. Auf nach Island!"

Sie schloss für einen Moment genussvoll die Augen.

„Und du bist sicher, dass dein Mann nicht doch mitkommen will?" Ines richtete sich auf und legte die Stirn sorgenvoll in Falten.

„Nein, da brauchst du dir keine Sorgen zu machen. Er ist wahrscheinlich froh, dass ich mal zwei Wochen weg bin."

„Ach, dafür liebe ich ihn," grinste Ines schelmisch.
„Na, na, das lass mal lieber sein!"
Monika zögerte einen Augenblick. „Bist du dir sicher, dass ich so eine anspruchsvolle Reittour überhaupt schaffen werde? Du weißt, ich bin nicht die Allermutigste! Und wenn ich mir deine Berichte vor Augen halte, wie es in rasantem Tempo über Stock und Stein, bergauf und bergab, durch Flüsse hindurch geht, wird mir schon ein wenig flau! Und außerdem bin ich was Islandpferde reiten angeht ein blutiger Anfänger. Mehr als den Vier-Tage-Kurs im letzten Herbst mit dir kann ich an Erfahrung nicht verzeichnen."
Ines winkte ab. „Anfänger, ts, dass ich nicht lache. Wieviele Jahre reitest du schon? Da mach dir mal keine unnötigen Gedanken. Die Pferde sind absolut trittsicher und man gewöhnt sich schnell an die Reitweise dort. Wenn ich das geschafft habe, schaffst du das genauso."
Diese Aussage machte Monika Mut, denn sie waren schon viele Stunden zusammen mit Pferden unterwegs gewesen. Sattelfest waren sie beide. Monika bevorzugte jedoch an besonders steilen, oder rutschigen Passagen bei den Geländeritten lieber neben dem Pferd zu laufen, als im Sattel sitzen zu bleiben, worüber Ines sich jedesmal köstlich amüsierte.

Sie setzten sich an den Esszimmertisch und ließen sich Kaffee und Kuchen schmecken. Ines hatte leckeren Käsekuchen mitgebracht. Zum Glück ohne Rosinen. Monika hasste Rosinen und war Ines dankbar, dass sie daran gedacht hatte.
"Sahne? Zucker?"
Ines blickte entsetzt und verneinte. Als ob sie es nötig hätte, darauf zu achten, gertenschlank wie sie war.
„Du wirst mir beim Packen helfen müssen", sagte Monika. Es klang etwas undeutlich mit einem großen Stück Käsekuchen im Mund.
"Was ist geeigneter? Reitstiefel, oder Wanderstiefel? Gummistiefel? Stimmt es, dass die Reitkleidung, die man im Gepäck hat neu oder nachweislich gereinigt sein muss? Da gibt es doch irgendwelche Vorschriften, oder? Und wie viele Pflaster soll ich einpacken für

meinen aufgerittenen Allerwertesten? Meine Güte, die längste Reittour, die ich je gemacht habe, ging über vier gemütliche Tage auf Fjordpferden durch das Allgäu, aber doch keine zwei Wochen! Weißt du noch, welche Ausrüstung du in Island dabei hattest?“

„Na klar, das ist alles halb so wild. Ich habe von meiner Reiterreise damals die Packliste aufbewahrt. Da standen viele Utensilien drauf, die sich als sinnvoll erwiesen haben. Die werde ich dir kopieren. Aber es reicht, wenn die Reithosen gereinigt und eingeschweißt sind. In der Reinigung kannst du einen Nachweis dazu verlangen, das ist kein Problem. Die Isländer haben Angst, dass durch die Reittouristen Viren eingeschleppt werden, mit denen die Pferde auf der Insel infiziert werden könnten. Na, das mag schon berechtigt sein, die Pferde leben dort ja sehr isoliert. Aber von richtig neuen Sachen würde ich dir abraten. Bleib lieber bei deinen alten, bewährten, von denen du weißt, dass nichts kneift oder drückt. Sonst sind wunde Stellen wirklich vorprogrammiert.”

“Sollen wir gleich in Deutschland Geld umtauschen?”

“Nein, das ist nicht notwendig. Am einfachsten zahlst du in Island mit Kreditkarte.”

“Hübsch, ich habe aber keine Kreditkarte.”

Ines sah Monika mitleidig an.

“Kann es sein, dass du öfter mal verreisen solltest?”

Monika wandte ein: „Und außerdem ist mein Englisch miserabel. Wer soll mein Kauderwelsch denn verstehen?“

„Suchst du gerade krampfhaft nach einer Ausrede? Du übersetzt jeden Tag irgendwelche Texte, was soll also dein Gerede vom schlechten Englisch? Alte Tiefstaplerin!“

Energisch steckte Ines sich ihr letztes Stück Kuchen in den Mund. Sie stand auf und holte die Reiseunterlagen an den Esszimmertisch.

“Was ist eigentlich mit dem Reisezeitpunkt? Wird der vorgeschrieben?“

Sie stöberten gemeinsam die Blätter durch. Irgendwo hatte Monika zwei Terminvorschläge gesehen. Es handelte sich um festgelegte Zeiträume. Ausweichtermine gab es nicht, da die Reittour quer über die Insel nur zweimal im Jahr im Sommerhalbjahr stattfand.

„Der eine Termin ist im Juli, 3. -16." Monika zeigte auf eine Liste.
„Na klasse", stöhnte Ines. Da sind doch in Bayern noch keine Ferien!" Als Grundschullehrerin war sie an die Ferienzeiten gebunden, während Monika sich ihre Arbeits- und Urlaubszeiten relativ frei einplanen konnte.
„Aber der zweite Termin fällt in die Ferien, sieh hier, 26.7. - 8.8. Treffpunkt ist am 26. Mittags am Busterminal in Reykjavik".
„Na du machst mir Spaß! Der 25. Juli ist der letzte Schultag vor den großen Ferien. Zeugnisausgabe! Wenn ich Pech habe, wird noch eine Lehrerkonferenz angesetzt. Wie soll ich das schaffen? Und wann geht der Flug? War da nicht eine Tabelle mit den Abflugzeiten?"
„Täglich um 14.30 Uhr ab Frankfurt. Das heißt, wir müssen auf alle Fälle noch eine Zwischenübernachtung in Reykjavik einschieben."
„Das dürfte kein Problem sein. Wir wohnten damals in einer Jugendherberge in Reykjavik. Die Adresse habe ich bestimmt noch. Aber 14.30 Uhr, das wird verdammt knapp werden. Vor 12 Uhr komme ich bestimmt nicht aus der Schule raus. Dann müssen wir von dort schleunigst weiter zum Flughafen. Bis Frankfurt fahren wir mindestens zwei Stunden. Ein Stau darf uns dann aber beim besten Willen nicht in die Quere kommen."
„Es muss einfach klappen! Ich werde dich direkt von der Schule abholen. Dein Gepäck verladen wir schon am Tag vorher, und wenn es sein muss, bestechen wir einen Fluglotsen, dass er sich vor das Flugzeug stellt und es am Starten hindert!"
Bei der Vorstellung lachten beide herzhaft. Sie steckten sich gegenseitig mit ihrem Reisefieber an und freuten sich unbändig auf das bevorstehende Abenteuer. Die zwei Monate bis zum Abflug vergingen im Nu.

Reykjavik

Monika saß wie auf Kohlen, als sie vor der Schule auf Ines wartete. Sie parkte im absoluten Halteverbot direkt vor dem Hauptportal, und es kümmerte sie nicht, dass die einfahrenden Busse hupten, deren Haltestelle sie zur Hälfte blockierte. Sie ignorierte, dass die Fahrer schimpfend aus den Fenstern blickten. Jede Minute sah sie mehrere Male auf ihre Armbanduhr und trommelte ungeduldig mit den Fingern auf das Lenkrad. Es war bereits zehn Minuten nach zwölf, als Ines die schweren Eingangstüren aufstieß und endlich die Stufen heruntereilte. Monika ließ den Motor an, bevor Ines eingestiegen war, und brauste sofort los, so bald diese ihre Beine eingezogen hatte. Erschrocken fasste Ines an den Türgriff, zog eilig die Tür zu und angelte nach dem Sicherheitsgurt. Dann lehnte sie sich stöhnend zurück.

“Ich dachte, die lassen mich nie mehr gehen! Dauernd wollte noch irgend jemand was von mir. Ich konnte doch nicht so unhöflich sein und einfach davonrennen.”

Monika fand keine Zeit, auf ihre Worte einzugehen. Sie konzentrierte sich auf den Verkehr und fühlte sich zum Plaudern viel zu nervös. Sie nahm den kürzesten Weg durch die Stadt und stellte das Radio an, bevor sie auf die Autobahn einbog. Zum Glück hatte der Verkehrsfunk ein Einsehen und erzählte weder von einem Stau noch von einem Unfall. Sie schafften die Strecke in der geplanten Zeit. Monika wurde panisch, als sie in Frankfurt das unüberschaubar große Flughafengelände vor sich liegen sah. Sie hätte mindestens eine halbe Stunde Zeit gebraucht, um sich zu orientieren, wo sie eigentlich hinfahren musste, aber Ines kannte sich aus und lotste sie geschickt zu den Autoparkplätzen. Auf der nächstbesten freien Parkbucht stellten sie das Auto ab, luden in Windeseile die Gepäckstücke aus, lösten hastig das erforderliche Dauerparker - Ticket und im Losgehen schloss Monika noch schnell die Türen ihres silbernen Peugeot über die Fernbedienung. Der durchdringende Geruch nach Abgasen und vertropftem Öl, der Parkhäusern anhaftet, veranlasste Monika dazu, das Gesicht zu verziehen. Sie hasste solche widerlich stinkenden Betonbunker. Ihre Schritte hallten laut auf dem Pflaster und sie waren froh, als sie die Eisentür hinter sich zufallen lassen konnten und im Flughafengebäude angekommen waren.

Das Terminal war deutlich ausgeschildert und mit den schweren Rucksäcken auf den Schultern spurteten sie den weißen Pfeilen hinterher. Es blieb keine Zeit, um die neonfarbenen Schilder eines Blikkes zu würdigen, oder an den Schaufenstern entlang zu bummeln.

Außer Atem stammelte Ines: "Warum kann die Zeit nicht im rechten Augenblick manchmal eine Pause einlegen und ein Weilchen stehen bleiben?"

Problemlos fanden sie die riesige Schalterhalle, doch dann drehten sie sich einige Male suchend im Kreis. Warum konnte der Schalter ihrer Fluggesellschaft nicht in einem deutlichen Signalrot hervorstechen? Alle Schalter waren hellgrau verkleidet und für die verwirrenden Kennzeichen darüber durfte man nicht kurzsichtig sein.

„Der Schalter von Ice Air ist da drüben!"

Ein junger Mann mit blonden Stoppelhaaren deutete in eine Richtung, lachte sie freundlich an und schlenderte an ihnen vorbei. Monika sah ihm verdutzt hinterher.

„Woher bitte schön weiß der, wo wir hin wollen?"

„Na hör mal, wenn jemand im Hochsommer auf sein Gepäck eine dick gefütterte Jacke geschnallt hat, ist ziemlich klar, dass er entweder auf eine Antarktisexpedition oder nach Island will. Deine Handschuhe baumeln sogar außen am Rucksack."

„Ich hätte sie fast vergessen", rechtfertigte sich Monika.

Hektisch kramten sie ihre Tickets heraus, um einzuchecken. Zum Glück wurden sie sofort abgefertigt. Die anderen Passagiere waren längst an Bord. Sie schoben die Flugscheine der uniformierten Frau zu, die hinter dem Schalter saß und nun einige Daten in den Computer eingab, als ein durchdringender Gong ertönte, der eine Ansage bekannt gab.

„Letzter Aufruf für Ines Keller und Monika Sellek", ertönte es im Lautsprecher. Monika und Ines sahen sich entgeistert an, als sie die Stimme hörten.

"Bitte beeilen Sie sich, das sind wir!", riefen sie der Dame gleichzeitig zu, die seelenruhig ihrer Arbeit nachging. Die Angestellte blickte genervt durch ihre extravagante schwarze Brille, formte ihren Mund zu einem schmalen, strengen Strich, und fuhr gewissenhaft mit ihrer Tätigkeit fort.

"Bitte stellen Sie Ihr Gepäck hier auf die Waage", entgegnete sie trocken wie ein Roboter. Sie las das Gewicht aufs Gramm genau ab, klebte je ein Etikett auf die Gepäckstücke und drückte einen Schaltknopf. Schon verschwanden die Taschen auf einem Fließband und wurden von einem schwarzen Loch verschluckt. Sie konnten nur hoffen, dass sie kurze Zeit später im Bauch des richtigen Flugzeuges verstaut werden würden und gleichzeitig am selben Ort ankamen wie die Fluggäste. Befreit von den behindernden Reiserucksäcken, rannten sie weiter zur Abflughalle. Jetzt durfte nichts mehr schief gehen. Eine Bedienstete wollte soeben die Türe schließen, aber Ines winkte mit dem Flugticket und rief hysterisch: „Halt, hier, hier sind wir!", und wedelte wild mit den Händen. Sie schafften es in letzter Sekunde.

Die reservierten Plätze waren schnell gefunden. Ines überließ Monika großzügig den Fensterplatz. Schließlich kannte sie Island bereits aus der Luft. Sie machten es sich auf den blau gesprenkelten Sesseln gemütlich und konnten endlich wieder Atem schöpfen. Beiden standen Schweißperlen auf der Stirn. Die metallene Flugzeugtür wurde sofort nach ihrem Eintreten geschlossen. Nun konnten sie es kaum noch erwarten, bis endlich alle Passagiere auf ihren Sitzen saßen und eine Stewardess einige Verhaltensregeln verkündet hatte. Da sie den Atlantik überquerten, gab es an Bord auch Schwimmwesten, deren Anziehtechnik kurz erläutert wurde.

"Als ob man die bei einem Absturz noch brauchen würde", flüsterte Monika.

"Da hast du recht. Außerdem wollen wir nicht abstürzen, sondern ankommen."

Ruckartig setzte sich das Flugzeug in Bewegung und beschleunigte so schnell, dass sie in die Sitze gedrückt wurden. Monika gab einen

erschreckten Laut von sich, aber Ines lachte lauthals.
„Da sitzt bestimmt ein isländischer Pilot am Steuer. So sind sie die Isländer: immer zackig voran!“

Endlich erhob sich der Vogel zögernd in die Lüfte. Ein Gefühl wie Aufzug fahren, nur träger und etwas weiter als bis zum dritten Stock, dachte Monika und versuchte sich zu beruhigen. Als sie die Reisehöhe erreicht hatten, ließ die allgemeine Anspannung etwas nach und Monika wagte, durch das Bullauge nach draußen zu blicken. Sie hatte einen Teil des rechten Flügels im Blickfeld. Jämmerlich schmal wirkte er in der Luft und hob sich grell reflektierend von dem sanften Blau des Himmels ab, der am Horizont zu einer unendlichen Ebene zerfloss.

Kurz schoss ihr der Gedanke durch den Kopf, dass so ein gigantisch schweres Flugzeug unmöglich fliegen konnte. Aber die Technik bewies ja gerade das Gegenteil; flogen sie doch in atemberaubender, jedoch unmerklicher Geschwindigkeit ihrem Ziel entgegen.

Über ihren Köpfen knackten die Lautsprecher und alle sahen nach oben. Der Pilot meldete sich zu Wort, stellte sich vor, und wünschte den Fluggästen einen angenehmen Flug.

„Sagte der eben, er würde Rappe Kjarval heißen?“ Ines sah nachdenklich aus.

„Ja, glaube schon. Warum?“

„Ach, einer unserer Rittführer damals hieß auch so. Ich hatte mir den Namen eingeprägt, weil er so merkwürdig klang. Und Rappe war so ein lustiger Kerl, den könnte ich eh nie mehr vergessen.“

Eine Stewardess riss Ines aus ihren absurden Gedanken. In eine aparte Uniform gesteckt zählte sie eine Litanei an Getränken auf, die sie in Dosen und Flaschen waghalsig auf ihren schmalen Servicewagen gestapelt hatte und nun den Passagieren anbot. Sekt? Hörte Monika etwas von Sekt? Um Gottes Willen, nur jetzt keinen Alkohol, sie war berauscht genug in der Vorfreude auf das bevorstehende Erlebnis, dessen Wirklichkeit sie noch immer nicht ganz fassen konnte.

Mit dem selben aufgesetztem Strahlen im Gesicht konnte die

Stewardess Monika jedoch auch eine Cola anbieten. Fassungslos blickte Monika auf die makellosen Zähne der Blendax-Lächlerin. Verbrachte sie ihre Freizeit gänzlich damit, ihre Zähne zu polieren? Vielleicht hatte sie einen Zahnarzt zum Mann.

"Das wäre für mich ein Scheidungsgrund", dachte Monika und fuhr sich neidisch mit der Zunge unauffällig über ihren krummen Schneidezahn. Ines bestellte ein Mineralwasser. Sie bekamen die beiden kleinen Flaschen und Plastikbecher dazu gereicht, die sie auf dem ausklappbaren Tablett vor ihnen in die dazugehörigen Halterungen stellen konnten.

„Ach, entschuldigen Sie“, wandte Ines sich an die Stewardess.

„Der Pilot, Rappe, sie können mir nicht vielleicht sagen, ob er auch Reittouren begleitet?“

„Rappe? Aber ja! Natürlich, das tut er.“ Ines war auf einmal ganz aus dem Häuschen.

„Kann ich wohl mal zu ihm ins Cockpit gehen?“

„Selbstverständlich, das dürfen Sie!“

„Kommst du mit?“, fragte Ines mit einem schelmischen Grinsen.

„Na, ich weiß nicht.“ Monika zögerte. Aber sitzen bleiben kam noch weniger in Frage.

Ines klopfte an die Trennwand zum Cockpit und trat mutig ein, ohne eine Antwort abzuwarten.

„Er ist es wirklich!“ Sie strahlte den Piloten an und fiel ihm um den Hals. Pilot und Copilot hatten es sich gemütlich gemacht. Bis zur Landung waren sie weitgehend arbeitslos. Sie hatten die Beine hochgelegt und hielten einen randvollen Becher Kaffee in der Hand.

„Na, kennst du mich noch?“ Ines stellte sich vor Rappe in Positur. Erst blickte er ein wenig pikiert und verständnislos, aber auf einmal leuchteten seine Augen.

„Ines! Was machst du denn hier?“

„Na, was wohl? Nach Island, zum Reiten fliegen! Wie geht es Dir? Und wie geht es dem verrückten Halldor? Gibt es den auch noch?“

„Ah, nein. Halldor wurde gefeuert. Er trank ein bisschen Alkohol.“

„Ein bisschen viel meinst du wohl?“

Zu Monika meinte sie: „Der war oft so besoffen, dass er nicht mehr geradeaus reiten konnte."

Rappe und Ines lachten herzhaft. Sie schienen eine Menge miteinander erlebt zu haben und Gesprächsfetzen flogen nur so zwischen ihnen hin und her. Ines wollte sich fast nicht von ihm lösen, aber dann zog Monika sie dezent am Ärmel zurück.

Kaum saßen sie wieder auf ihren Plätzen, servierte eine weitere Stewardess das Menü. Zumindest schimpfte es sich so. Sie sah aus wie die Zwillingsschwester der anderen, allerdings mit brünettem Haar. Aber mit identischem Strahlen und ebenso wie aus dem Ei gepellt.

"Wie passen drei Gänge in eine megakleine Styroporschachtel?" wunderte sich Ines.

"Der Behälter erinnert mich an die Mahlzeiten von Essen auf Rädern, die meine Oma täglich geliefert bekommt!"

Sie schauderte. Hoffentlich gab es keinen Diätkloß. Vorsichtig öffnete sie das Überraschungsei. Ein liebevoll zerteiltes Salatblatt - vielleicht waren es auch zwei - bildete die Vorspeise. Das Hauptgericht war beim besten Willen nicht zu identifizieren, aber es schmeckte, abgesehen von einer etwas zu salzigen Fertigsoße einigermaßen lekker. Der Nachtisch, ein farbiger Klecks, sollte wohl einen Fruchtjoghurt darstellen. Aber Monika, die erst kürzlich einen Artikel über den Chemiegehalt eines industriellen Fruchtjoghurts gelesen hatte, verzichtete dankend.

Das dürftige Menü war nichts zum satt werden, aber Monika hatte sowieso keinen Hunger. Ihr Magen kribbelte vor Aufregung, da hatte kein Menü darin Platz, auch keines aus so einem Spielzeugnapf.

"Wie mag es wohl meiner kleinen Jule gehen?"

Ines blickte sehnsuchtsvoll. Sie hatte ihre kleine Hündin am Vortag zu Monika gebracht. Sie sollte die Zeit ihrer Abwesenheit bei Monikas Mann verbringen, der sich gerne dazu bereit erklärt hatte, sich um sie zu kümmern. Jule war schon öfter zu Besuch gewesen und er nahm sie gerne zum Joggen mit, wobei sie eine unermüdliche Ausdauer an den Tag legte.

"Ob sie den Katzen wieder ihr Futter wegfrisst?"

"Hat dich das Essen nun an Katzenfutter erinnert, oder wie kommst du jetzt auf den Gedanken?" Monika lachte. "Wie soll es ihr schon gehen? Sie wird zwei Wochen grenzenlos verwöhnt werden und die Katzen werden noch vier Wochen lang beleidigt sein. Vermissen wird sie dich nicht!"

"Na, das ist ja auch gut so", seufzte Ines.

Ein kurzes Absacken des Flugzeuges in einem Luftloch ließ die Passagiere erschrocken aufschreien und nach Luft schnappen. Aber die Maschine hatte sich sofort wieder gefangen und tourte sanft wie eine Schwebebahn weiter.

"Der Schreck war die Strafe, weil du nicht aufgegessen hast", grinste Ines.

"Du redest wie meine Mutter. Na, hoffentlich bin ich nun nicht auch verantwortlich für vierzehn Tage Regenwetter", entgegnete Monika mit gespielter Entrüstung.

„Unter uns liegen die Shetland-Inseln", riss Ines Monika eine Stunde später aus ihren Tagträumereien. Sie hatte sich bislang verständnisvoll zurückgehalten und duldete, dass die Gefährtin ihre Gedanken schweifen ließ.

„Nicht mehr lange und du hast den ersten Blick auf unser ersehntes Ziel. Island ist die zweitgrößte Insel Europas", erklärte die Freundin.

„In etwa so groß wie Baden-Württemberg und Bayern zusammen", wusste sie.

„Das ist eine gewaltige Fläche, die wir durchqueren werden. Ich bin schon so gespannt. Ständig habe ich das Gefühl, ich hätte etwas Wichtiges vergessen, so geht es mir immer, wenn ich verreise. Aber all die Sachen, die auf deiner merkwürdige Packliste standen, habe ich brav und vollständig dabei. Die wasserdichte, warme Jacke und die Handschuhe leuchten mir ein, zu denen du mir geraten hast, aber wozu brauchen wir Mückenschutz und Sonnencreme? Und einen Badeanzug?"

„Das wirst du alles früh genug merken", entgegnete Ines und grinste vielsagend.

„Sind die Shetland-Inseln die direkten Nachbarn von Island?" Monika leitete wieder auf das informative Thema über.

„Nein, Grönland liegt näher dran, ich glaube, etwa 300 Kilometer entfernt. Dabei hätte Grönland viel eher den Namen Island verdient, also Eisland. Da haben sich die Entdecker von einigen wenigen Eisschollen vor der isländischen Küste täuschen lassen. Auf den Eisschollen sind sogar einige Male Eisbären angetrieben worden. Von daher wurde eine Bucht im Nordwesten Islands Húnaflói, Eisbärenbucht genannt."

"Eisbären? Das glaube ich nicht!"

"Doch, doch. Aber die sind natürlich unerwünscht, weil sie für die Menschen gefährlich sein können und werden sofort abgeschossen."

"Eisbären!" Monika mochte es nicht glauben.

"Und bis Schottland sind es etwa 800 Kilometer", fuhr Ines fort. "Es gibt also nicht so schnell ein Entkommen, wenn du die Absicht hättest, davon zu schwimmen!"

Von Frankfurt aus führte der Flug Nonstop bis Kevlafik, Islands südlichem Flughafen. Die drei Stunden Flugzeit vergingen so schnell, als wäre es eine halbe gewesen.

„In wenigen Minuten landen wir in Keflavik. Wir bitten die Passagiere, die Gurte anzulegen und das Rauchen einzustellen. Bitte nehmen Sie Ihre Plätze ein", ertönte im Lautsprecher die Stimme des Piloten.

"Hey, was ist denn das da unten?" Monika drückte ihre Nase am Bullauge platt. Ein See schimmerte unnatürlich hellblau und hob sich deutlich von der Landschaft ab.

"Sieht aus wie eine blaue Lagune!"

"Das ist eine blaue Lagune! Es ist eine der bekanntesten Bademöglichkeiten Islands. So viel schon mal zu dem Thema, warum du deinen Badeanzug einpacken solltest. Die Lagune ist allerdings kein natürlicher See, sondern ein Freibad. Von dort wird die gesamte Halbinsel Reykjanes mit Heißwasser versorgt. Das Wasser wirkt so blau, weil es stark mit Mineralien und Kieselerde angereichert ist."

"Sieht ja toll aus!"

Ines und Monika sahen sich an und grinsten. Sie waren bereit!

Die Zoll- und Einreiseformalitäten verliefen unspektakulär und waren schnell geregelt. Es wurden nur die Passagiere ihres Flugzeuges abgefertigt. Ein kurzer Blick in die Pässe genügte dem uniformierten Herrn am Schalter.

„Hier hast du deinen Pass wieder“, sagte er und gab Monika ihren Ausweis zurück.

“Bless!“, antwortete Ines freundlich, als sie ihren erhielt und freute sich, die paar isländischen Worte anwenden zu können, die sie auf ihrer letzten Reise gelernt hatte.

„Warum duzt der mich“, fragte Monika entrüstet, als sie einige Schritte weiter gelaufen waren. „Kennt der mich?“

Ines schmunzelte.

„Die Isländer duzen sich untereinander alle, egal ob bekannt oder unbekannt, da brauchst du dir nichts dabei zu denken. Ich glaube sie siezen nur den Bischof oder den Staatspräsidenten höchstpersönlich!“

Monika fand sich damit ab. Sie sah nach, was in ihren Reisepass gestempelt worden war.

„Um Gottes Willen, was habe ich denn nun für einen Zungenbrecher in meinem Pass stehen?“ Stotternd versuchte sie den Stempel zu entziffern.

„Koma, Lögreglustjorinn Keflavikurflugvelli. Was bedeutet das?“

„Ich glaube, das ist nur eine Bestätigung, dass du hier angekommen bist. Es bedeutet: Polizeichef des Flughafen Keflavik. Ich hatte einmal vorgehabt, richtig isländisch zu lernen, aber ich habe es nach einigen Monaten aufgegeben, es war mir zu schwierig. Aber ich weiß schon jetzt, dass ich es auf der Reise wieder bedauern werde.“

Es dauerte nur wenige Minuten, bis alle Rucksäcke, Taschen und Koffer auf einem Fließband erschienen. Zielstrebig gingen sie darauf zu und ergriffen die eigenen, halfen sich gegenseitig, die schweren, unhandlichen Teile auf den Rücken zu packen und marschierten los

“Wow, allein der Flughafen ist eine Reise wert”, staunte Monika in der Innenhalle.

"Der Leifur-Eiríksson-Flughafen in einer der modernsten Europas", erklärte Ines. Sie verlangsamten ihren Schritt und bewunderten den prunkvollen Bau.
"Bei der Innengestaltung hat man sich bemüht, die vorherrschenden Elemente und Naturgewalten des Landes hervorzuheben. Die Farben rot und weiß sollen Feuer und Eis symbolisieren. Der Boden besteht aus natürlichem Vulkangestein und zahlreiche Wandelemente aus Lava. Na, und dass hier Palmen gedeihen, hast du der geothermalen Energie zu verdanken."
Sie wanderten zum Ausgang.
"Utgangur", las Monika. "Na, das verstehe sogar ich!"
"Til vinstri", sagte Ines wenig später und grinste. "Nach links!" Es machte ihr großen Spaß, ein wenig isländisch zu sprechen.
"Wir können den Flýbus nehmen, den Flughafenbus, der hält direkt vor der Jugendherberge."
Sie mussten nicht lange auf die nächste Abfahrt warten. Gespannt sah Monika auf der Fahrt nach draußen und sog die ersten isländischen Eindrücke in sich auf. Nach Reykjavik waren es etwa 40 Kilometer zu fahren.

"Sind wir schon da?" Monika war überrascht und sah auf die Uhr. Sie waren noch keine halbe Stunde unterwegs gewesen.
"Nein, das ist erst Hafnarfjörður, eine eigenständige Stadt. Aber sie und auch Kópavogur, eine hässliche Trabentenstadt, sind mittlerweile fast mit Reykjavik zusammengewachsen.
Reykjavik war Monika sofort sympathisch. Die einstöckigen Häuser leuchteten oftmals in kunterbunten Farben. Eigenwillige Architektur, Glas- und Marmorverkleidungen trugen zu einem modernen Großstadtflair bei. Dazwischen fanden sich immer wieder Holzhäuser mit kunstvoll geschnitzten Giebelfiguren.
Sie waren nicht die einzigen, die vor der Jugendherberge ausstiegen und zielstrebig zum Eingang pilgerten. Am Tor prangte ein Keramikschild.
"Farfuglaheimili", buchstabierte Monika.
Ines amüsierte sich: "Übersetzt heißt das sehr treffend: Zugvögelheim."

Schnell konnten sie das Zimmer beziehen, das Ines für sie reservieren lassen hatte. Sie teilten es mit vier weiteren Frauen und machten sich nicht die Mühe, etwas auszupacken. Ines brannte darauf, ihrer Freundin die Stadt zu zeigen.

"Möchtest du lieber eine Rundfahrt machen, oder sollen wir zu Fuß los? Die Sehenswürdigkeiten liegen relativ nahe beisammen."

"Oh ja, lass uns laufen, ich will schließlich Islandluft schnuppern."

Fröhlich plaudernd zogen sie Richtung Stadtzentrum los.

"Ich habe gelesen, dass hier in Reykjavik die Hälfte der Bevölkerung Islands lebt", berichtete Monika.

"Ja, Reykjavik ist der bedeutendste Wirtschaftsstandort des Landes. Die Verdienstmöglichkeiten sind hier eben viel besser als auf dem Lande. Es gibt zwei große Hafen. Weltbekannte Werften und Fischfabriken sind dort angesiedelt. Fischerei und Schafzucht dürften für die Berufswahl noch immer die größte Rolle auf der Insel spielen."

"Aber bringt eine Großstadt nicht auch die üblichen Probleme mit sich? Mehr Lärm, mehr Abgase, größere soziale Probleme?"

"Das stimmt natürlich. Dennoch ist die Abgasbelastung viel geringer, als in anderen europäischen Städten, denn hier gibt es keine Schornsteine. Geheizt wird mit der geothermalen Energie, die jeden Haushalt versorgt. Dadurch sind sogar die Straßen und Gehwege beheizt. Glatteis hat hier keine Chance. Und das Trinkwasser ist so sauber, dass es nicht einmal aufbereitet werden muss. Unvorstellbar, nicht? In den Flüssen rings um Reykjavik tummeln sich Forellen und Lachse.

Das Reservoir für das warme Wasser liegt auf dem Hügel Öskjuhlið. Das Gebäude wird Perle genannt und ist ein eindrucksvolles Bauwerk. Wenn du magst können wir es in die Besichtigungsrunde einplanen und dort einen Kaffee trinken."

"Gerne! Aber nun lass uns erst ein wenig an dem schönen Stadtsee entlangbummeln."

"Ja, der Tjörnin ist ein idyllisches Fleckchen. Er gilt sogar als das besondere Markenzeichen Reykjaviks. Es ist das wichtigste Brutgebiet für Seeschwalben."

Sie wanderten an der modern gestalteten Seepromenade entlang.
“In das Nationalmuseum möchte ich auch gerne, ein bisschen Kulturgeschichte kann mir nicht schaden. Volkskundliche und handwerksgeschichtliche Dokumente seh ich mir gerne an.”
“Da wirst du heute leider Pech haben. Das Museum liegt am südlichen Ufer, aber es hat mit Sicherheit schon geschlossen.”
“Und wann machen wir eine kleine Shopping-Runde? Um deinen traumhaft schönen Islandpulli beneide ich dich seit zwei Jahren. Woher hast du ihn?”
“Den habe ich damals im Falkenhaus gekauft. Das ist ein großer Souvenierladen in der Hafnarstræti. Früher wurden dort Falken gehalten, daher der Name. Falken waren damals ein begehrtes Gastgeschenk bei den Adligen. Außer Wollwaren bekommt man dort auch Felle, Gefäße aus Lavagestein und Silberschmiedearbeiten.”
“Oh je, da muss ich gut auf meinen Geldbeutel aufpassen!”
“Na, ein Islandpulli muss als Andenken unbedingt sein. Außerdem habe ich schon eine pfiffige Idee als Mitbringsel für deinen Mann. Schließlich hat er sich für die Betreuung meines Hundes ein dickes Dankeschön verdient. Aber ich musste mich auf meiner letzten Reise in dem Laden auch sehr beherrschen, um nicht in einen Kaufrausch zu verfallen. Wir werden es morgen Vormittag noch schaffen, dort hin zu gehen.”

Auf einem Hügel in der Nähe des Regierungsgebäudes fiel Monika ein Standbild auf. “Was war das denn für ein berühmter Mann?“ Sie las die Inschrift. „ Ingólfur Arnarson.”
“Ingólfur Arnarson war der erste Bewohner der Stadt. Es gibt eine nette Sage dazu, wie es ihn hierher verschlagen hat. Er warf im Jahr 870 seine Hochsitzsäulen als Symbol seiner norwegischen Heimat, die er nach Streitigkeiten verlassen musste, über Bord. Nach altem Wikingerbrauch sollten die Götter darüber entscheiden, wo er sich in dem neuen Land niederlassen sollte. Die Säulen wurden in Reykjavik angeschwemmt. Und weil es hier wegen den unzähligen heißen Quellen im Laugardalur überall dampfte, nannte er die Stadt Rauchbucht: Reykjavik.”

“Das klingt nett.”
“Bei dem herrlichen klaren Wetter heute müssten wir eine gute Fernsicht haben. So sollten wir unbedingt noch auf den Turm der Hallgrimskirche hinauf. Das ist das höchste Gebäude der Stadt.” Auch dazu war Monika allzu gerne bereit.

“ So ein Bauwerk hab ich ja noch nie gesehen,” entfuhr es Monika, als sie vor der Kirche standen.
“Guðjón Samúelsson ist der Architekt der Hallgrimmskirche. So viel ich weiß, war es sein Ziel, eine Verbindung zwischen der isländischen Naturlandschaft und der Architektur herzustellen. Die Außenfassade soll geometrisch angeordnete Basaltsäulen darstellen. Der Innenraum steht für die große, karge Weite des Landes. Die vorherrschende weiße Farbe soll an Gletscher erinnern.”
Mit dem Aufzug fuhren sie bis zur Aussichtsplattform hinauf. Monika staunte.
“Grandios! Diese leuchtenden bunten Dächer!”
Ines zeigte nach Süden. “Von dort kommen wir, das ist die Halbinsel Reykjanes mit dem Flughafen. Hier im Osten siehst du den Vulkan Hengill. Schade, bis zur Halbinsel Snæfellsness sieht man heute aber nicht.”
Sie verweilten noch eine Weile und genossen die Rundumsicht, bevor sie den Kirchturm verließen.
Den nächsten faszinierende Panoramablick hatten sie, als sie im Restaurant der Perle eine Pause einlegten, das sich langsam um die eigene Achse drehte. Ines hatte nicht zu viel versprochen, wenn sie von einem weiteren eindrucksvollen Gebäude sprach. Der Komplex aus Stahl und reflektierendem Glas bildete das Reservoir für die Warmwasserversorgung der Stadt und der gesamten Umgebung. Dabei glich das Gebäude einem überdimensionalen Wintergarten mit Palmen und Feigenbäumen und bot Platz für Restaurants, Konferenz- und Freizeiträume.
Völlig erschlagen von den vielen verschiedenen Eindrücken wanderten sie Richtung Stadtzentrum zurück.
“So! Und zum krönenden Abschluss führe ich dich noch ins

Laugardalur. Ein heißes Bad ist genau der richtige Abschluss für diesen Tag. Da können die müden Füße sich gut erholen.”

Nach dem Abendessen in der Jugendherberge schlenderten sie noch einmal zum Hafen und blickten auf das Meer hinaus. “Sieh nur”, flüsterte Ines andächtig.

Auf der Halbinsel Seltjarnes leuchtete der Berg Esja mit seinem schneebedecktem Gipfel feuerrot im Licht der Mitternachtssonne.

Hrafnsholt

Aufgeregt machten sich Ines und Monika nach einem ausgiebigen Frühstück auf den Weg zur Innenstadt. Sie hatten noch ein wenig Zeit für einen Schaufensterbummel und die Einkäufe im Falkenhaus, bevor sie sich zum Busterminal aufmachten. Dort galt es, ihre Reisegruppe zu finden. Monika wollte nach einem Reiseführer Ausschau halten, der vielleicht gut sichtbar ein Schild hochhielt, damit sie ihn finden konnten. Aber Ines amüsierte sich köstlich über die Vorstellung.

„Da kennst du die Isländer schlecht. Wahrscheinlich steht irgendwo ein Jeep und darin hält der Fahrer ein Nickerchen und wartet, bis sich die Gäste einzeln zu ihm durchgefragt haben. Wenn die Isländer erst mal in die Gänge gekommen sind, sind sie durch nichts mehr zu bremsen. Aber vorher haben es die Isländer selten eilig. Komm, wir wollen uns zwischen den Bussen orientieren!“

Ines sollte recht behalten. Auf einem Parkplatz neben den Bushaltestellen fanden sie zwischen vielen anderen geländegängigen Fahrzeugen einen blauen Nissan Pick-up mit der Aufschrift und dem ihnen bekannten Logo des Reiseveranstalters. Den dazugehörigen Fahrer erspähten sie jedoch nicht.

Monika staunte über die Autotypen. Sie fühlte sich wie auf einer Geländewagenausstellung. Manche Wagen hatten Räder mit gigantischen Ausmaßen.

“Wird hier gerade die Fortsetzung von Big Foot gedreht?”

Ines klärte sie auf.

“Das sind die isländischen Super-Jeeps. Die großen Reifen sind notwendig für die Fahrten im Tiefschnee. Die Geländewagen sind hier keine nutzlose Modeerscheinung wie bei uns, sondern reines Mittel zum Zweck. Absolute Notwendigkeit bei Fahrten ins Hochland.”

Zeitgleich mit den beiden Frauen steuerten zwei junge Männer das Fahrzeug an.

Monika stieß Ines in die Seite.

„Sieh mal, haben die nicht gestern im selben Flugzeug mit uns gesessen?“
„Ja, tatsächlich. Ob die ebenfalls mit auf die Reittour wollen?“
„Hallo!“ grüßten die beiden, als sie beim Auto aufeinander trafen.
„Ihr seid auch in Frankfurt eingestiegen, oder? Reitet ihr die Sprengi-Sandur Tour mit?“
„Hey, wie schön, gleich eine Bekanntschaft schließen zu können! Ja, wir reiten mit. Wir kommen aus Bamberg. Das ist Ines, schon zum zweiten Mal auf einer Tour dabei und ich heiße Monika!“
„Kevin“, stieg der eine sofort auf die Bekanntmachung ein und lachte sie herzlich an.
„Und mein Name ist Daniel. Wir kommen aus der Nähe von Bad Vilbel. Ich bin die gleiche Tour vor drei Jahren schon einmal mitgeritten. Es war fantastisch!“ Seine Augen blitzten und verrieten Vorfreude auf das Ereignis. Monika starrte ihm unverhohlen in die stahlblauen Augen. Daniel war athletisch gebaut und seine Stimme hatte etwas verführerisches. Seine verwaschenen Jeans, Camel-Boots, die abgetragene Lederjacke und ein drei-Tage-Bart gaben ihm ein verwegenes Aussehen. Der Mann mit den dunklen Haaren riss sie aus ihrem Bann. Kevin war kleiner und zierlicher als Daniel. Er hatte seine pechschwarzen schulterlangen Locken mit Haargel gebändigt und sah südländisch aus. Sein Gesicht war gebräunt, die Haut wirkte weich wie Samt. Er hatte die Ärmel von seinem schwarzen Hemd lässig hochgekrempelt. Einen Augenblick lang glaubte sie, den selben Ohrring wie bei Daniel aufblitzen zu sehen.
„Daniel hat mir so viel vorgeschwärmt von dem Ritt. Habt ihr eigene Islandpferde zu Hause?“
Monika fand ihre Sprache wieder. “Nein, leider nicht. Ich hatte bis vor zwei Monaten eine Vollblutaraberstute, aber sie lebt leider nicht mehr.“ Plötzlich wurde sie traurig in Erinnerung an Alisha.
„Oh, das ist schade”, entgegnete Kevin einfühlsam.
“Na, wer weiß, vielleicht nimmst du dir als Souvenir ein Pferd mit nach Hause?“ versuchte Daniel zu trösten. Monika schmunzelte. Das war eine schöne Vorstellung, aber ihr Sparbuch hatte sie vorsichtshalber zu Hause gelassen.

„Lach nicht, ich bin wirklich auf der Suche nach verkäuflichen Pferden. Ich züchte auf meinem Hof in kleinem Stil Islandpferde und würde gerne ein oder zwei gute Stuten erwerben. Deswegen möchte ich nach dem Ritt gerne noch eine Woche Aufenthalt dranhängen, um fündig zu werden. Die Rittführer kennen sich bestimmt gut aus, und wissen, ob jemand in ihrem Bekanntenkreis entsprechende Pferde zu verkaufen hat."

Während die Vier in ihre Gespräche vertieft waren, schlenderte ein Isländer auf sie zu und stellte sich als ihr Fahrer vor. Er trug ein verblichenes blaues T-Shirt zur gammeligen Jeans und roch merklich nach Alkohol. Wollte er tatsächlich so alkoholisiert fahren? Es hatte den Anschein. Kurz angebunden nannte er seinen Namen. Sigurdur verstanden sie. Er war nur gekommen, um ihnen zu sagen, dass sie noch eine Stunde warten müssten, weil mit einem anderen Flug noch weitere Gäste aus Deutschland erwartet wurden. Er forderte sie auf, ihr Gepäck auf die Ladefläche zu legen und schlug vor, dass sie sich die Stadt ansehen konnten. Er würde in der Kneipe da drüben sitzen und noch einen Kaffee trinken, deutete er über den Platz. In einer Stunde würde er wieder kommen, um sie nach Hrafnsholt zu bringen, auf den Hof, von dem aus die Tour losgehen sollte. Sagte es und war wieder verschwunden. Stehen gelassen sahen sich die Gäste ratlos an.

„Na, hoffentlich trinkt er wirklich einen Kaffee", meinte Daniel trokken.

„Sollen wir wirklich das Gepäck unbeaufsichtigt im offenen Wagen lassen?" Monika klang skeptisch.

Ines zuckte mit den Schultern.

„Hier hat man Gottvertrauen. Die Isländer sind ein ehrliches Völkchen. Die Wertsachen trägt man bei sich und ein paar Reitstiefel wird schon keiner stehlen".

„Wollen wir zusammen auch einen Kaffee trinken gehen? Es gibt hier in den Cafés äußerst leckere Kuchen, die solltet ihr unbedingt probieren, bevor wir in die Wildnis aufbrechen", schlug Daniel vor.

Sie schlenderten an den Schaufenstern in einer Einkaufsstraße vor-

bei und entdeckten bald ein gemütliches Bistro. Monika studierte die Speisekarte und stöhnte:
"Nun weiß ich, warum du die Verpflegung in der Jugendherberge in Anspruch nehmen wolltest. Mein lieber Jolly, das sind saftige Preise!"
"Ja, ich hab dich doch schon vorgewarnt. In Island essen zu gehen schröpft den Geldbeutel gewaltig. Aber dafür ist der Kaffee günstig und ein Stückchen Kuchen werden wir uns durchaus leisten können."

Überpünktlich waren sie zu der vorgegebenen Zeit wieder am Wagen zurück. Tatsächlich standen dort nun wartend und genauso fragend verharrend, wie sie vorhin bei ihrer Ankunft, vier weitere Personen. Sie machten sich untereinander bekannt.
Der hagere Mann, der seitlich von der Gruppe stand, stellte sich müde als Matthias Reichelt vor. Er kam aus Köln. Ines schätzte ihn auf 40 Jahre oder eher etwas älter. Er wirkte schlaksig und sein lichtes Haar wurde von einer gewagten, auffälligen Haartolle überlagert.
"Acht Uhr Köln, 15 Uhr Reykjavik und die schmierige Welle sitzt noch immer makellos auf seinem kantigen Schädel ", flüsterte Monika, als ihr die Haarspraywerbung dazu einfiel. Matthias blickte überheblich und mehr als einen schlaffen Händedruck brachte er nicht zustande.
„Jede Wette, dass der noch im Haushalt seiner Mutter lebt und sich die Unterhosen bügeln lässt", lästerte Ines.
"Wenn dieser Windhund sich den Ritt zutraut, werde ich es mit links schaffen", raunte Monika ihrer Freundin zu.
Er sei Fotojournalist, erklärte Matthias, und deutete mit einem Blick auf seine vielen Taschen, die sein Zubehör beherbergten.
"Hast du dir dafür ein eigenes Packpferd gemietet?" Auch Kevin konnte nicht anders und verfiel in einen leicht spöttischen Ton.

Brigitte wirkte sofort sympathischer. Sie war ziemlich dick und hatte ein ansteckendes, perlendes Lachen. Ihre kurzen rotbraunen Haare waren fransig geschnitten und mit Sicherheit gefärbt. Sie hatte lustige rehbraune Augen und Lachfältchen, die verrieten, dass sie viel Humor hatte. Wenn sie lachte, zeigten sich Grübchen auf ihren Backen. Trotz ihrer Körperfülle hatte sie ein hübsches Gesicht.

Etwas Abseits im Hintergrund hielt sich Ingrid. Sie wirkte nervös, reichlich eingeschüchtert und zurückhaltend, als ob sie sich am liebsten verstecken wollte. Ingrid hatte ihre ausgeblichene Reisetasche am Boden zwischen ihren Beinen abgestellt. Sie war offensichtlich kurzsichtig, denn sie trug eine dicke Brille, die entsetzlich altmodisch wirkte. Mit ihren langen natürlich gekräuselten Haaren und ihrer abgetragenen Kleidung sah sie unscheinbar aus, vor allem im Kontrast zu einer vollbusigen jungen Frau, die sich nun nach vorne drängte. Sie war aufgedonnert, als würde sie zu einer Modenschau fahren und stellte sich sofort gekonnt in den Mittelpunkt.

"Ich heiße Lydia Artmann", verriet sie der Gruppe, strich sich auffällig die hellblonden Haare aus der Stirn und warf abwechselnd Daniel und Kevin einen schmachtenden Blick zu.

Monika verdrehte die Augen. "Hoffentlich will diese Barbie-Puppe nicht mit ihren Stöckelschuhen aufs Pferd und hat neben dem knappen Kostüm auch eine Reithose im Gepäck."

Obwohl es keiner hören wollte, gab Lydia in einem überheblichen Tonfall zum Besten, dass sie der klassischen Reitkunst frönte und edle andalusische Pferde bevorzugte. Aber man müsse ja auch mal andere Reitweisen kennen lernen, meinte sie eine Spur abfällig.

Monika tauschte mit Ines einen vielsagenden Blick. Beide waren froh, dass sie Daniel und Kevin schon vorher getroffen hatten. Gegen die neu angekommenen Gäste, wirkten die zwei herzerfrischend unkompliziert und sie hatten jetzt schon das Gefühl, sie eine lange Zeit zu kennen.

Von dem Fahrer gab es keine Spur. Die Stunde war längst um. Kevin warf beherzt einen Blick in die angegebene Kneipe, aber dort fand er den Isländer nicht. So konnten sie nur warten. Geschlagene eineinhalb Stunden später kam Sigurdur angewankt, bedeutete ihnen wortkarg, sie mögen in das Auto steigen und auf die Ladefläche des Pick-ups klettern. Ungläubig sahen die Gäste ihn an, aber er schien es ernst zu meinen. Und kaum war die letzte Tasche verstaut, brauste er los. Die Fahrt über holprige Landstraßen, eingequetscht zwischen Reisetaschen und Rucksäcken erschien wie eine Ewigkeit. Das Fahrzeug schwankte und schaukelte bedenklich. Die Gäste atmeten auf, als nach über einer Stunde das Ortsschild Fluðir auftauchte. Von Fluðir aus war es nicht mehr weit bis Hrafnsholt. Ein kleiner typischer, isländischer Bauernhof erwartete sie dort. Der Hof lag einsam in der Landschaft. Vor einem quadratischen, einfachen Wohnhaus mit steiler Treppe parkte obligatorisch ein Geländewagen. Der ehemals weiße Putz blätterte an mehreren Stellen von der Hauswand ab.

Etwas weiter entfernt konnte man die Stallungen sehen, die als Winterquartier für Schafe und Pferde dienten. Separiert stehend fand sich ein windschiefer Geräteschuppen und in einer Holzbaracke ohne großartigen Komfort war das Gästehaus untergebracht. Es gab nur zwei Schlafsäle, eine Küche und eine heiße Quelle draußen als Badezimmer. Das warme Wasser wurde in einem natürlichen Becken gestaut. Große Kieselsteine bildeten die Umrandung. Der Einstieg sah glitschig und beschwerlich aus. Eine Treppe gab es nicht.

Sie waren die letzten Gäste, die zur Reittour eintrafen. Die Teilnehmer aus der anderen Herren Länder hatten bereits das Vergnügen und konnten sich wohnlich einrichten. Fünf Personen - aus Holland, Schweden und England - würden außer ihnen noch mitreiten, wie sie erfahren konnten. Es war eine überschaubare Gruppe, das war mit Sicherheit für die Atmosphäre von Vorteil. Und die Internationalität der Truppe würde bestimmt für ein lustiges sprachliches Kauderwelsch sorgen.

Kaum hatten sie ihr Gepäck ausgeladen und jeder sich einen Schlafplatz im Gästehaus gesichert, stürmte ein junger Typ ohne anzuklopfen herein. Er war mit einem Poloshirt, beigen Jodhpur-Reithosen und schmutzigen abgewetzten Stiefeletten bekleidet und blies sich die halblangen Haare aus der Stirn, die eigenwillig zurückfielen.

Temperamentvoll rief er in die Runde hinein: „Hey, wir werden uns jetzt gleich mal zu einer Rittbesprechung treffen und einen kleinen Ausritt machen. Ich möchte sehen, wie sattelfest ihr seid, damit ich weiß, welche Pferde ich für die Tour zusammenstellen muss. Wir treffen uns in zehn Minuten am Gatter bei den Pferden."

Schon war er wieder verschwunden.

„Na, der sieht ja schnuckelig aus", tuschelte Monika mit Ines. Die blonden, nordischen Männer lagen voll auf ihrer Wellenlänge.

Sofort machte sich wohliges Bauchkribbeln breit. Nun sollte es also zur Sache gehen. In Windeseile hatten alle ihre Reitkleidung angezogen und standen im Hof bereit. Aber natürlich war mal wieder kein Isländer weit und breit zu sehen. Dies sollten sie am allerersten Tag lernen. Wenn es hieß, gleich geht es los, kommt sofort, schnell, schnell, dann hatte man mindestens noch ein Stündchen Zeit, bevor es doppelt so schnell voran ging, um die verlorene Zeit wieder einzuholen. Doch jetzt war es angenehm, sich zunächst in aller Ruhe auf dem Hof umsehen zu können.

Monika sog tief die Luft ein. Wie gut es nach Pferd roch. Wie sehr sie den Geruch vermisste, seit sie Alisha nicht mehr hatte.

Eine stattliche Herde stand dösend auf engem Raum, in einem Paddock, der mit groben Latten eingefriedet war. Der Zaun sah reichlich morsch aus. Einem Sturm, oder einem Ausbruchsversuch der Pferde würde er bestimmt nicht standhalten. Aber die meisten Pferde hatten je ein Bein eingeknickt und blinzelten friedlich in die Sonne, die sie mit milden Strahlen streichelte. Auf einem dicken Balken aufgereiht hing eine Vielzahl von Sätteln und Zaumzeugen aus derbem Leder, mit dicken Gebissen . Darunter lagen übereinander gestapelt etliche geschnürte Bündel.

"Wie unscheinbar die isländischen Pferde aussehen", meinte Monika. Bewegungslos standen die Tiere im Halbschlaf in einem Pulk zusammen.

"Ja, das sind Energiesparpferde. Aber warte nur, bis du deinen Fuß im Steigbügel hast, dann wachen sie plötzlich auf! Sieh mal, wie unterschiedlich sie aussehen." Alle Farben und Farbnuancen, die man sich nur denken konnte, waren vertreten. Schwarze, Braune, Füchse, Schecken, Falben, ein völlig anderer Anblick als im heimischen

Reitstall, in dem 90 Prozent braune Warmblüter standen, die sich in der Farbe bestenfalls in hellerem und dunklerem Braun unterschieden. Die Größe der Tiere variierte sicherlich um 15 cm von ca. 1, 30 bis 1, 45 m Widerristhöhe. Viele hatten dicke, dichte Wuschelmähnen, unter denen man ihre Augen nur erahnen konnte.

Endlich kam der sportliche, attraktive Isländer aus dem Haus. Schwungvoll nahm er zwei Treppenstufen auf einmal.

„Ich heiße Snorri", stellte er sich lachend vor und aus seinen blauen Augen blitzte der Schalk. Er hatte eine Liste bei sich und verlas nun oberflächlich und kaum zu verstehen, die Namen der Gäste, die darauf standen. Er sah jeweils kurz auf, als sich derjenige bemerkbar machte, dessen Namen er verkündete. Es schien, als könne er mit einem kurzen Blick sofort feststellen, wen er vor sich hat. Er verfügt über Adleraugen, dachte Monika, es war ihr unheimlich, als sein Blick sie streifte und ein kalter Schauer lief ihr über den Rücken.

„Ich werde den Ritt zusammen mit Trausti führen, aber der kommt erst morgen zum Abritt. Heute müsst ihr mit mir Vorlieb nehmen. Also, wir machen das nun so: Jeder bekommt von mir so ein Bündel zugeteilt. Da ist ein Schlafsack drin und ein Regenoverall. Wenn ihr das verliert, wird es euch ziemlich frieren. Also passt gut darauf auf. Die Schlafsäcke werden mit dem Begleitfahrzeug transportiert, aber das Regenzeug habt ihr bitte immer auf die Sättel gebunden dabei, ja? Außerdem kriegt jeder einen Sattel und ein Zaumzeug von mir, was ihr den ganzen Ritt über für euch behalten werdet, damit wir nicht jedesmal die Bügel wieder neu verkürzen oder verlängern müssen. Die Kopfstücke müsst ihr an den Pferden natürlich jeweils nach Bedarf verstellen. Alles klar?"

„Aber passen denn die Sättel auf jedes Pferd, das wir reiten?" brachte die hübsche Schwedin Britta ein. Sie sprach ein tadelloses Englisch und wirkte so gepflegt, als käme sie direkt aus dem Kosmetiksalon. Sie trug eine auf Taille geschnittene Reitweste, die Stiefel waren blank poliert.

„Ja, na klar, die sind so gut eingeritten, darauf müssen wir nicht achten!“ Snorri blickte sie verständnislos an. „Gut, ich hoffe, wir haben keine Reitanfänger dabei, denn darauf möchte ich keine Rücksicht nehmen müssen.“

Zaghaft und leise meldete sich Ingrid zu Wort.

„Ich bin zwar kein Reitanfänger, aber ich hätte gerne ein liebes, braves Pferd. Ich bin nicht besonders mutig und manchmal etwas unsicher. Vielleicht kannst du das berücksichtigen, wenn du mir ein Pferd zuteilst, Snorri“.

Snorri lachte. Klang es verächtlich?

„Alle unsere Islandpferde haben viel Temperament, wir reiten sie flott in allen Gangarten und daran wirst du dich rasch gewöhnen. Aber wir haben keine Pferde, die beißen, treten oder den Reiter vorsätzlich abbocken, das tun sie grundsätzlich nicht. Na ja, zumindest die meisten. Noch irgendwelche Sonderwünsche?“

Monika hätte sich vom Gefühl her gerne an Ingrid angeschlossen. Auch ihr war nicht wohl bei dem Gedanken, auf einem wildfremden Pferd durch das Gelände zu preschen, aber sie hielt den Mund.

Snorri hatte sich mehrere Trensen über die Schulter gehängt und sprang mit einem eleganten Satz über das Gatter. Er drängte sich behutsam mitten in die Herde hinein. Leise vor sich hin brummend legte er dem ersten Pferd - einem Grauschimmel - die Hand auf die Kruppe. Das Pferd sah ihn aufmerksam an und ließ sich willig das Zaumzeug überstreifen. Schon zäumte er den Fuchs mit der hellen Mähne, der daneben stand und bis sie sich versahen, hatte auch schon ein Brauner das Trensengebiss im Maul. Diese drei zerrte Snorri durch das Gewühl an Pferdeleibern zum Ausgang hinter sich her.

„Kommt bitte und nehmt mir die Tiere ab!“ rief er der Gruppe zu.

„Ingrid, nimm du gleich den Schimmel, das ist Grettir. Er ist so sanft wie ein Lamm. Nun schau nicht so erschrocken, er ist wirklich brav. Ich lüge nur selten. Monika reitet die Fuchsstute hier, Vindstjarna. Und den Braunen nimmt Jan. Er heißt Alsvinnur.“

Monika war perplex, dass Snorri sich tatsächlich alle ihre Namen eingeprägt hatte.

Die drei angesprochenen Personen eilten zum Zaun. Snorri warf ihnen zielsicher die Zügel entgegen und war schon wieder in der

Pferdeherde verschwunden. Ruhig und bewusst suchte er die nächsten Pferde aus. Er schien sie alle gut zu kennen.
„Komm her kleine Inga, du wirst den Rappen reiten, Brynjar. Und deine Mutter nimmt Bakkus. Die beiden laufen gerne nebeneinander. Daniel, du warst schon mal dabei, du hast die Erfahrung für Glaumur, diesen Fuchsschecken, er ist ein bisschen heftig."
Wieder nahmen Reiter ihre Pferde in Empfang.
"Lydia, du reitest Hriki. Tja, leider ist er nicht so weiß wie deine Reithosen. Er wälzt sich mit Vorliebe im Dreck!" Snorri grinste.
"Ines, du probierst mal den Kyndill. Wo steckt er denn? Ach, dort drüben, der auffällige Rotbraune!"

Auf die selbe Art und Weise wurden auch die anderen Pferde an ihre Reiter verteilt. Kevin bekam die Zügel eines Rappen namens Smyrill in die Hand. Matthias hielt vorsichtig einen klobigen Braunschecken, Teigur. Samuel kämpfte mit einem sturen Schimmel, der lieber bei der Herde bleiben wollte. Er wurde Ylur genannt. Brigitte schmuste mit einem mächtigen Fuchs namens Gloppa, der einen ebenso beachtlichen Umfang aufzuweisen hatte wie sie selbst. Nun fehlte nur noch ein Pferd für Melissa. Snorri lief einer zierlichen braunen Stute hinterher, die vor ihm davonlief. Aber geschickt drängte er sie so gegen die anderen Pferde, dass er seine Hand auf ihre Kruppe legen konnte. Daraufhin blieb sie ergeben stehen.
„Das ist Nös. Sie ist ein bisschen stur, aber beim Reiten sehr zuverlässig."
„Die sieht aber lieb aus." Melissa nahm die zarte Stute mit ihrer eigenwilligen Zeichnung, einer gekrümmten weißen Schnippe zwischen den Nüstern, begeistert in Empfang.

„So! Mein Reitpferd steht dort drüben im Stallgebäude. Mein Hengst Blakkur". Snorri nickte zu einigen spitzwinkligen niedrigen Holzhütten mit weiß gestrichenen Giebeln und Grasdächern hinüber, die neben dem Bauernhaus ihren Platz hatten. „Also, bis ich wieder da bin, habt ihr alle gesattelt und könnt schon aufsitzen!"
Schon war er mit langen Schritten entschwunden. Da standen die

Gäste nun hilflos mit ihren Pferden herum. Sollten sie die Pferde anbinden? Gab es kein Putzzeug? Und sollten die Sättel nicht verteilt werden? Ines und Daniel, die beiden erfahrenen Islandreiter gaben den anderen die nötige Orientierung.

Ines behauptete: „Geputzt wird auf Island kein Pferd. Mit der Hand wird mal über die Sattellage gewischt. Meist sind die Pferde ziemlich sauber. Der ständige Wind bläst ihnen den Staub aus dem Fell. Mehr als eine Kardätsche für alle werden wir auf dem Ritt wohl nicht dabei haben."

"Die Zügel behaltet ihr am besten immer in der Hand, oder ihr helft euch gegenseitig", schlug Daniel vor.

„Komm, Monika, am besten wir schnappen uns gleich einen guten, bequemen Sattel, das wird das A und O eines genussvollen Rittes sein. Manche sind nämlich sehr hart und da möchte ich die nächsten zwei Wochen nicht mit zubringen. Nimm dir so einen mit einer gerippten Sattelfläche! Und achte darauf, dass die Steigbügelriemen unter dem Sattelblatt liegen, so kann auf keinen Fall eine Schnalle am Schenkel drücken!"

Im Umgang mit den Pferden zeigte sich jeder erfahren. Lediglich der übergewichtigen Brigitte rutschte beim Aufsitzen der Sattel entgegen. Aber Kevin hielt ihr beim zweiten Versuch gentlemanlike dagegen und auch sie saß rechtzeitig im Sattel. Alle blickten zu dem Stall, in dem Snorri verschwunden war, als dort die Tür mit einem lauten Knall aufgestoßen wurde. Snorri schoss mit einem pechschwarzen Pferd heraus. Er töltete auf die Reitergruppe zu und parierte sein Pferd kurz davor ziemlich scharf, was dem Schwarzen nicht gefiel: er stieg kerzengerade in die Luft.

„Das ist mein Blakkur, er ist ein wenig ungestüm", entschuldigte Snorri das Verhalten des Tieres. Aber sein Lachen kündete gleichzeitig davon, dass er wusste, wie er sich mit seinem kohlrabenschwarzen Hengst eindrucksvoll in Szene setzen konnte. Blakkurs Mähne wallte auf beiden Seiten seines mächtigen Halses bis weit über die Schultern hinunter. Seine Augen waren verdeckt unter dem dicken Stirnschopf. Aber sie blitzten jedes mal feurig auf, wenn er mürrisch den Kopf warf, als könne er nicht erwarten, bis sich die geballte Energie endlich in einem Stakkato seiner Hufe entladen durfte. Wieder stieg er weit auf die Hinterhand. Er protestierte, dass Snorri noch immer wagte, ihn zurückzuhalten. Wie viele junge, sportliche Isländer liebte er es, wenn ein Pferd ein bisschen „crazy“ war. Während andere einen großen Bogen um den Teufel machen würden, der nun voller Ungeduld mit dem Vorderhuf scharrte, sprach Snorri auf isländisch mit ihm und der Stolz auf diesen wunderschönen Hengst sprang ihm aus jedem Knopfloch.

Auf einmal sahen auch die anderen Pferde ganz anders aus. Sie waren hellwach geworden. Wie weggeblasen war ihre Trägheit und ohne auf ein Reiterkommando zu warten, schlossen sich die Pferde Blakkur an. Als Snorri seinem Wildling endlich die Zügel hingab, hätte es niemand gewundert, wenn unter seinen Hufeisen die Funken stoben. Sofort verließen sie die Straße und ritten querfeldein über steinigen, zum Teil bemoosten Boden. Das Tempo war von Anfang an scharf. Es wurde nur getöltet. Manchmal fiel ein Pferd in Trab und der Reiter deshalb reichlich durchgeschüttelt. Von der ersten Stunde an wusste jeder, weshalb die Naturtölter, also Pferde, welche die Gangart Tölt von sich aus anboten, sehr begehrt sein würden. Die Pferde, die im Tempo etwas zurück blieben holten im Galopp auf, so dass sie immer einen Pulk bildeten. Der feurige, pechschwarze, glänzende Hengst blieb immer an der Spitze. Seine Mähne wehte Snorri wild entgegen. Seine Hände und die Zügel waren unter der wallenden Pracht kaum mehr zu sehen.

Monikas kleine Fuchsstute, deren helle Mähne in der Abendsonne kupfern leuchtete, begeisterte sie sofort. Sie versuchte ihr alles recht zu machen und reagierte sensibel auf ihre Signale. So machte das Reiten Spaß und ihre Zweifel, sie könne den Ritt nicht durchhalten, waren wie weggeblasen. Wenn sie verstohlen in die Gesichter der anderen blickte, sah sie überall nur strahlendes Lachen und leuchtende Augen. Auf den ersten Blick erkannte sie, dass erfahrene Reiter im Sattel saßen. Sogar die dicke Brigitte machte eine passable

Figur. Die Unsicherheit von Ingrid war unbegründet. Sie wirkte sattelfest und geschmeidig. Inga, das junge Mädchen hielt sich excellent. Sie lachte unbekümmert und glich das ernste Gesicht ihrer Mutter aus. Die anderen ritten hinter Monika. Sie wagte nicht, sich im Sattel umzudrehen.
In großem Bogen ritten sie nach etwa einer Stunde auf den Hof zurück. Ein viel zu kurzer Ausflug, da waren sich alle einig, aber sie sollten die nächsten Tage noch länger im Sattel sitzen, als ihnen vielleicht lieb sein würde.

„Da seid ihr ja wieder!“ Hofbesitzer Larus Arnarsson stand am Paddock und winkte ihnen entgegen.
„Sattelt die Pferde rasch ab, es gibt Abendessen!“
Er hatte seinen kleinen, weißblonden Sohn auf den Armen, der fröhlich krähte und die Gäste auf seine Weise willkommen hieß. Sogar der Junge trug schon einen handgestrickten Islandpullover. Den kleinsten, den die Welt je gesehen hatte. Alle hatten einen Bärenhunger nach dem langen Tag und dem flotten Ritt. Sie ließen es sich nicht zweimal sagen, gleich bei Tisch zu erscheinen. Frau Jónsdottir, Herrn Arnarssons Ehefrau hatte die rustikale Holztafel im Gästehaus gedeckt. Aus den Schüsseln dampfte es, und der Inhalt verströmte einen verführerischen Duft. Zum ersten Mal lernte Monika den Geschmack von Hammelfleisch kennen, sie fand es gewöhnungsbedürftig. Aber ihrem knurrendem Magen hätte zu dem Zeitpunkt kurz vorm Verhungern sogar ein Kanten altes Brot geschmeckt.
Während dem Essen konnten sie nun endlich mehr über die anderen Teilnehmer erfahren. Vor dem Ritt war jeder so aufgeregt gewesen, dass keiner daran dachte, sich vorzustellen. Es waren lediglich einige Namen gefallen, die sie wahrgenommen hatten.
Jan und Melissa van Dyk kamen aus Holland. Sie hatten kürzlich ihren fünfzigsten Geburtstag gefeiert, wie sie erzählten und guckten sich ständig so verliebt an, als hätten sie sich soeben erst kennen gelernt. Tatsächlich schenkten sie sich die Reise zu ihrem zwanzigsten Hochzeitstag. Beide waren quirlig und gesprächig, sprachen nicht sehr gut Englisch , aber ein verständliches Deutsch und gestikulierten

viel mit den Händen, um sich Gehör zu verschaffen. Sie führten in der Nähe von Hengelo ein Sportgeschäft mit einer Reitsportabteilung, was ihre exclusive Markenkleidung erklärte. Melissa war kaum zu bremsen und erzählte enthusiastisch, dass ihre Tochter mit ihrem Islandpferd auf Turnieren startete und Jana sei es auch gewesen, die ihnen den Floh ins Ohr gesetzt hatte, dass sie unbedingt einmal die Heimat ihrer Stute Björk erleben mussten.

Auffallend still und in sich gekehrt stattdessen waren Britta und Inga. Sie waren in Schweden zu Hause. Inga war die Tochter von Britta und erst zwölf Jahre alt. Sie sah ihrer Mutter sehr ähnlich. Beide kamen sich etwas verloren vor und redeten nur, wenn sie direkt angesprochen wurden. Und dann war da noch Samuel, ein betagter Engländer, schon über sechzig, aber zäh wie Leder, behauptete er. Außerdem gab er zu verstehen, dass er auf eigene Faust schon viel gereist sei, und bekannte im Brustton der Überzeugung, dass er keinem Abenteuer abgeneigt sei. Seinen grauen Bartstoppeln zur Folge, pflegte er auf seinen Reisen den Rasierapparat zu Hause zu lassen. Weltgewandt und redselig sorgte er für eine ausgelassene Stimmung.

Bei Tisch meldete sich Snorri wieder zu Wort:

„Wie ich gesehen habe, sitzen die meisten von euch ganz passabel im Sattel, das freut mich. Da kann ich auch ein paar jüngere, unerfahrenere Pferde auf die Tour mitnehmen. Ich denke, ihr werdet mit denen zurechtkommen. Matthias, nur bei dir fiel mir auf, dass du ziemlich unsicher im Sattel sitzt. Es gab eine Grundvoraussetzung an Reitkenntnissen für die Zulassung zu diesem Ritt. Hast du dabei gemogelt? Es wird dein eigener Schaden sein! Bist du sicher, dass du dir nicht zu viel zumutest? Noch könntest du zurücktreten!"

Matthias wirkte peinlich berührt und blieb ihm eine Antwort schuldig.

"Habt ihr noch irgendwelche Fragen? Ansonsten sehen wir uns morgen früh um neun Uhr zum Abritt. Ich hoffe, ihr habt euch eure Pferde gut eingeprägt. Ihr reitet zunächst die selben wieder!“

Seine Frage nach weiteren Fragen war offensichtlich rein rhetorischer Art, denn für Snorri war die Arbeit nun erledigt und er entschwand, bevor einer noch eine Frage hätte stellen können. Die Gäste saßen zurückgelassen am Tisch und stellten sich heimlich alle die gleiche Frage, ohne sie auszusprechen. Wie sollten sie aus der großen Herde am nächsten Morgen ihre Pferde wieder herausfinden? Sie hatten sie doch nur dieses eine Mal gesehen. Keiner mochte sich eine Blöße geben, aber jeder schlich noch einmal unauffällig bei der Herde vorbei, um nach seinem Pferd Ausschau zu halten. Viele Pferde hatten sich nach dem Fressen nun hingelegt, was die Suche erheblich erschwerte.

"Warum hast du mir nicht gesagt, dass ich eine Farbsprühdose mitnehmen muss, um mein Pferd zu kennzeichnen?"

Monika trug es mit Humor.

"Diejenigen, die einen Schecken reiten haben es einfach, aber wie soll ich meinen Fuchs unter mindestens fünfzehn Füchsen finden? Immerhin konnte ich mir einprägen, dass Vindstjarna ihre Mähne nicht nur einseitig trug. Ein Teil davon kippte auf die linke Halsseite hinüber. Sollte sie sich über Nacht also nicht anders frisieren, habe ich eine vage Hoffnung, sie morgen wieder zu finden."

Noch ein wenig fremd untereinander löste sich die Reitertruppe nach dem Essen in alle Himmelsrichtungen auf. Manche wollten ihr Gepäck ordnen, oder richteten sich ihren Schlafplatz. Ines wollte spazierengehen, wozu Monika gerne bereit war. So konnten sie gemütlich plaudernd den ersten Tag Revue passieren lassen.

Sie waren noch nicht vom Gelände, als sie auf Daniel und Kevin stießen, die denselben Wunsch nach Bewegung hatten. Sie beschlossen zusammen zu laufen, und wollten - ja nun, in welche Richtung? Die Landschaft zeigte sich monoton. Sanfte, zartgrüne Hügel erstreckten sich gleichmäßig in alle Himmelsrichtungen bis zum Horizont. Ein Ziel konnten sie in der Ferne nicht ausmachen. So wollten sie zumindest nicht zu weit vom Hof marschieren, um wieder zurück zu finden.

„Das waren heute schon mal richtig nette Pferde" stellte Kevin fest.

„Wenn die alle so laufen, können wir sehr zufrieden sein.“
“Wir werden dazwischen bestimmt die Ehre haben, mal einen Dreigänger mit harten holprigen Gängen zu reiten“, relativierte Ines und stöhnte.

“Meint ihr, Snorri gehört die gesamte Herde? Ich habe versucht, sie zu zählen und bin einmal auf neunundsechzig und das andere Mal auf dreiundsiebzig Pferde gekommen. Sie mochten leider nicht auf einem Fleck stehen bleiben.” Monika hob bedauernd die Schultern.
“Wahrscheinlich nicht”, entgegnete Ines. “Ich nehme an, dass eine Hälfte dem anderen Rittführer gehört und einige davon vermutlich den Bauern aus der Umgebung.”
“Es kann gut sein, dass Jungpferde darunter sind, die wir auf die Strecke mitnehmen sollen, weil sie dadurch eine prächtige Kondition bekommen, bevor sie im Herbst oder Winter eingeritten werden.” So war es bei Daniels letztem Ritt der Fall gewesen.
Er rieb sich die Hände. „Ich hoffe sehr, dass auch einige Turnierpferde darunter sein werden, die ebenfalls zum Konditionsaufbau auf solche Touren mitgeschickt werden. Da hätten wir dann hin und wieder ein Traumpferd unterm Hintern, das würde mich freuen!“
Sie waren länger unterwegs geblieben, als sie geplant hatten. Im Juli wird es in Island fast nicht dunkel, so verschätzten sie sich erheblich in der Zeit. Die anderen hatten sich bereits in die Schlafsäle zurückgezogen. Müde waren sie ebenfalls, aber viel zu aufgedreht zum Schlafen.
„Lasst uns zum Abschluss dieses Tages noch einen kvöldkaffi trinken“, schlug Daniel vor.
„Jetzt noch einen Kaffee?“, fragte Monika entrüstet.
„Dann stehe ich die ganze Nacht senkrecht im Bett, kannst du das verantworten?“
„Keine Sorge“, widersprach Ines, „den isländischen kvöldkaffi kannst du unbesorgt trinken. Nicht umsonst heißt er Abendkaffee. Das ist nur eine schwache Brühe.“

Das Tal der Geysire

Monika hatte das Gefühl, gerade erst eingeschlafen zu sein, als die Hausherrin Frau Jónsdottir die Gäste um sieben Uhr weckte. Noch völlig erschlagen drehte sie sich gähnend zur anderen Seite, aber da alle anderen Personen im selben Schlafraum unternehmungslustig aus den Betten sprangen, beschloss sie, ebenfalls munter zu werden. Frau Jónsdottir hatte ein reichhaltiges Frühstück vorbereitet und verabschiedete sich im gleichen Atemzug, weil sie zur Arbeit nach Reykjavik fahren musste. Dort war sie in einem internationalem Hotel im Service-Bereich tätig. Von den Übernachtungen der wenigen Gäste konnte die Familie auf dem kleinen Hof nicht existieren. Sie besaßen selbst nur wenige Pferde und boten auf ihnen für reiterfahrene Touristen kleinere Sternritte in die Umgebung an. Daneben stellten sie vor allem Quartier für Wanderreiter zur Verfügung und boten genügend Platz, um die große Herde von Snorri und Trausti unterzubringen, wenn sie die Sprengi-Sandur-Tour von Süd nach Nord oder umgekehrt führten.

Während sich ihr Mann um die Bewirtschaftung des Hofes mit Pferden und einigen hundert Schafen kümmerte, ein Au-pair-Mädchen aus Amerika sich um Kind und Haushalt, musste sie für die Familie noch zuverdienen.

Das Frühstück schmeckte ungewohnt und Monika vermisste schon am ersten Tag frische, knusprige Brötchen. Lappiger Toast war noch nie ihr Fall gewesen, aber davon sollte ihre gute Laune die nächste Zeit nicht abhängig sein. Dafür weckte der Kaffee Tote auf. Kein Vergleich zu dem dünnen Gebräu am Vorabend. Monika befürchtete, der Löffel würde in der tiefschwarzen Flüssigkeit stecken bleiben. Vorsichtshalber nahm sie drei Stück Würfelzucker und füllte ihren Becher randvoll mit Milch auf.

Es blieb keine Zeit für ein ausgedehntes, gemütliches Frühstück. Draußen ertönte ein Hupkonzert, und Sigurdur, diesmal ohne Alkoholfahne, wies die Gäste wild gestikulierend an, ihr Gepäck in sein Auto zu verfrachten.

„Was hier vergessen wird, wird verkauft,“ scherzte er und wollte damit sagen, dass sie an diesen Ort nicht mehr zurückkehren würden. Hastig holten sie ihre Taschen aus den Schlafzimmern.

Reisefertig liefen sie erwartungsvoll zu den Paddocks und machten sich unsicher daran, die Sättel und Overalls bereitzulegen, wie Snorri ihnen geheißen hatte. Anschließend versuchten sie, ihre Pferde in der Herde zu finden. Sie hängten sich die Trensenzäume über die Schulter und wollten die jeweiligen Tiere behutsam einfangen. Bei Snorri hatte es so leicht und unbeschwert ausgesehen, aber vor den fremden Personen wichen die Pferde doch manches Mal zurück. Monika hörte ihr Herz laut pochen. Ihr war nicht wohl dabei, sich einen Weg durch die Masse an Pferdekörpern zu bahnen. Hoffentlich würde keines nach ihr ausschlagen. Doch scheu machten die Tiere ihr Platz. Nach geraumer Zeit hatten es alle geschafft, ihr Pferd zu zäumen. Samuel stand bis zuletzt am Tor und öffnete es immer wieder bereitwillig, um den nächsten mit seinem Pferd hinaus zu lassen. Gewissenhaft wischten sie den Pferden über die Sattellage, dann konnten die Sättel aufgelegt werden und die Regenoveralls wurden darauf festgezurrt. Die Pferde standen brav und ergeben am Anbindebalken. Nur Ingrids Schimmel führte einen wahren Affentanz auf. Das nervöse Tier ließ sie mit dem Sattel nicht herankommen. Jan wollte ihr helfen, aber dadurch fühlte sich der Schimmel noch mehr in die Enge getrieben und es wurde eher noch schlimmer. Bevor Grettir gar nicht mehr zu bändigen war und sich endgültig losriss, wollten sie lieber aufgeben und auf Snorri warten. Ingrid war ziemlich blass um die Nasenspitze. Ausgerechnet sie, die sich offen zu ihrer Angst bekannt hatte, musste sich nun mit so einem wilden Pferd auseinandersetzen. Dabei war Grettir am Vortag recht friedlich gewesen. Sie kämpfte mit den Tränen, schluckte sie aber tapfer hinunter. Monika konnte ihr gut nachfühlen. Sie hätte nicht mit Ingrid tauschen wollen. Sie war froh und glücklich, dass sie Vindstjarna an ihrer zweiseitigen Mähne erkannt hatte, die Stute sich brav einfangen und satteln ließ und nun artig neben ihr döste. So stand die Gruppe leise plaudernd bei ihren Pferden, bereit zum Abritt, aber von Snorri war keine Spur zu sehen. Pünktlichkeit schien für die Isländer ein Fremdwort zu sein, das hatten sie schon in Reykjavik erlebt.

„Kennst du dieses Gefühl?“ vertraute sich Monika Ines an.

„Ich spüre gerade ein Bauchkribbeln wie in der Achterbahn. Du sitzt schon im Wagen, festgeklemmt zwischen den Haltebügeln und es gibt kein Zurück mehr. Ein Aussteigen ist unmöglich. So geht es mir gerade.“

Ines lachte schallend.

„Und erinnerst du dich auch daran, welchen Heidenspaß die Fahrt macht? So wird es dir die nächsten zwei Wochen gehen!“, prophezeite sie.

Endlich fuhr ein blauer Range Rover vor. Sie erkannten Snorri darin, der sich eine schwarze Schirmmütze verkehrt herum aufgesetzt hatte. Er hupte mehrmals übermütig, bevor er ausstieg. Dann zerrte er sein Gepäck vom Rücksitz und warf es schwungvoll auf die Ladefläche von Sigurdurs Pick up. Zum Abschied gab er seiner Autotür einen unsanften Tritt und schlenderte zu der Gruppe.

Er nickte den Wartenden freundlich zu.

„Super, ihr seid schon fertig“, stellte er fest und musterte die Reiter mit Argusaugen.

Als er Ingrid neben ihrem Pferd stehen sah, fragte er entgeistert:

„Was willst du denn mit Eyvindur? Du hattest gestern doch Grettir!“

„Oh“, entfuhr es Ingrid. Das war also des Rätsels Lösung, sie hatte das falsche Pferd aus der Herde gepflückt. Snorri hielt sich den Bauch vor Lachen und klopfte sich auf die Schenkel. Für ihn war das der Witz des Tages.

„Eyvindur ist noch keine vier Jahre alt, auf dem ist noch nie ein Reiter gesessen! Aber du kannst ihn gerne einreiten, wenn du magst“. Er schüttelte spöttisch den Kopf. Ingrid war knallrot geworden.

“Nimm es nicht so schwer“, kam Daniel ihr zu Hilfe. „Du solltest selbst darüber lachen. Warum sollte es dir peinlich sein? Schließlich hatten wir alle größere oder kleinere Probleme gehabt, die entsprechenden Pferde wieder zu finden.”

„Du erkennst Grettir an einem dunklen Fleck an der Schulter”, wies

Snorri sie an und zeigte auf einen verbliebenen Schimmel in der Herde.

"Präge dir das Merkmal gut ein, so findest du ihn leicht aus 1000 Pferden heraus," lenkte Snorri ein.

„Trausti wird übrigens unterwegs erst zu uns stoßen, ihr müsst also zunächst noch mit mir alleine Vorlieb nehmen!"

Hauptsache, Snorri war erstmal da. Die Gruppe konnte es nun wirklich nicht mehr erwarten, bis sie endlich starten konnten. Dabei sollten sie sich ein Beispiel an ihren Pferden nehmen, die dösend und gelassen neben ihnen verharrten. Es schien, als wüssten die Tiere, welche Strapazen auf sie warteten und nutzten erfahren jede Gelegenheit, um sich auszuruhen.

„Susan!" rief Snorri Richtung Haus.

Susan, das Au-pair-Mädchen streckte den Kopf zum Fenster heraus.

„Susan, bitte sattle mir Blakkur, wir sind spät dran!"

„Oho, der Herr lässt für sich satteln," raunte Ines Monika zu.

Snorri hatte einige Starallüren, das musste man ihm lassen. Aber er konnte es sich wohl leisten. Er sah nicht nur blendend aus mit seinem braungebrannten Gesicht und dem modischen Haarschnitt, er ritt auch phantastisch. Kein Wunder, dass Susan lächelnd an ihm vorbei flanierte und ihm den Gefallen gerne tat.

Währenddessen hatte sich Snorri wieder in die Pferdeherde hineinbegeben und wählte die Pferde aus, die sie auf den Ritt mitnehmen würden. Ob mit Handpferden geritten werden sollte? Manchmal hätten sich die Reiter mehr Informationen gewünscht, aber Snorri hüllte sich in Schweigen. Unbeirrbar fuhr er in seinem Tun fort. Ein Pferd nach dem anderen packte er am Stirnschopf, zog es bis zum Tor und ließ es frei aus dem Paddock hinauslaufen. Dabei murmelte er leise die Namen vor sich hin und zählte gleichzeitig die Anzahl. Die freigelassenen Pferde trotteten ohne Eile zu ihren gesattelten Artgenossen. Die Pferde standen friedlich da und grasten. Es herrschte

keinerlei Unruhe in der Herde. Nur noch etwa fünfzehn Pferde verblieben im Paddock, als Snorri das Tor schloss.
„Wir werden die Pferde frei mitlaufen lassen," erklärte er.
„Das ist der einfachste Weg, um viele Ersatzpferde dabei zu haben. Das heißt aber auch, dass die Herde das Tempo bestimmen wird. Pausen gibt es nur, wenn die Tiere bereit sein werden, eine Pause zu machen."
Die Reiter guckten entsetzt und deshalb fügte er lachend hinzu:
„Keine Angst, so bald wir an Stellen kommen, die dichter mit Gras bewachsen sind, machen die Pferde freiwillig Rast. Ein Teil unserer Gruppe wird vorneweg reiten und die Tiere anführen, der Rest reitet dahinter, um die langsameren Tiere anzutreiben. Das klingt schwieriger als es ist, aber ihr werdet es rasch lernen! Ich teile euch bevor wir losreiten immer in "front" und "back" ein, und diese Positionen haltet ihr bitte immer bis zur nächsten Pause ein. Alles klar?"
Wieder stellte er eine seiner rhetorischen Fragen. Den Reitern war überhaupt nichts klar, aber es würde sich schon finden.
„Müssen die Mädels nochmal zur Toilette?" fragte er spottend.
"Dieser Macho", zischte Brigitte
Aber natürlich verschwanden alle diskret um die Ecke. Schließlich hatte Snorri angekündigt, dass die nächste Pause weit entfernt liegen könnte.

„Kannst du denn deinen Hengst auf die Tour mitnehmen?" fragte Jan.
„Nein, leider nicht", entgegnete Snorri.
„Ein Hengst würde zu umständlich sein. Wir haben für die Nächte oft nur einen Paddock für die Stuten und Wallache zusammen, da würde er zu viel Unruhe stiften. Na ja, das ist milde ausgedrückt." Er grinste anzüglich.
"Trausti wird heute mit dem Transporter zu unserer ersten Station kommen. Blakkur soll wieder zurück auf den Hof meiner Eltern und wird gegen Hvellur und Tryllingur ausgetauscht, die ich auf der Strecke überwiegend reiten werde. Mein Bruder fährt den Hänger dann zurück."

“Und warum ist so ein Pferd wie Eyvindur mit von der Partie, den man nur verwechseln, aber nicht reiten kann?” wollte Ingrid wissen.
“Wir werden insgesamt vier junge Pferde mitnehmen. Sie absolvieren auf der Strecke ein super Konditionstraining, bevor sie dann an einen Sattel und das Reitergewicht gewöhnt und eingeritten werden. Für uns ist das sehr praktisch, denn es würde sonst viel Zeit kosten, um die Kraft und Ausdauer der Pferde an der Longe oder als Handpferd aufzubauen.”

Susan kam mit Blakkur am Zügel angeschlendert und knuddelte den wilden und doch so sanften Hengst liebevoll an der Nase. Er stupste sie dafür mit dem Kopf und verlangte aufdringlich nach noch mehr Streicheleinheiten. Snorri nahm ihr die Zügel ab und brummte unwirsch:
„Was verwöhnst du ihn so? Er soll nicht verzogen werden!“ Dann wandte er sich wieder der Gruppe zu.

„Wir sitzen nun gleichzeitig auf! Hilft mal einer Brigitte, bevor sie am Boden liegt und wir ohne sie losreiten?“
Brigitte gab den anderen durch ein Nicken zu verstehen, dass sie das sehr gut alleine schaffen würde.
“Der kann einen ganz schön fiesen Ton drauf haben, dieser Schönling,” merkte Ines an.
Als Snorri alle Reiter im Sattel wähnte, töltete er los, und rief die Pferde mit einem lauten „Jaja, Jaja“ an. Tatsächlich warfen alle Tiere die Köpfe hoch und folgten seinem Ruf und ihrem Anführer Blakkur sofort. Automatisch tölteten auch die Reitpferde los und die Geschwindigkeit steigerte sich rasant.
“Wie sollen wir dieses Tempo den ganzen Tag durchhalten?” schrie Monika zu Ines hinüber. Sie war sich sicher, dass sie schon nach den ersten beiden Stunden völlig k.o. sein würde und war heilfroh, als sich die Pferde nach etwa zwanzig Minuten ein wenig beruhigten und das Tempo verlangsamten. Die Bewegungen ihrer Stute wurden gleichmäßiger, sie konnte sich im Sattel entspannen und anfangen, den Ritt zu genießen. Ohne ihr Zutun wechselte Vindstjarna immer

wieder die Gangarten. Bodenunebenheiten glich sie manchmal mit einem sanften Schaukelgalopp aus. Über Geröll balancierend nahm sie die Nüstern tiefer und fiel in einen bequemen Trab. Dann wechselte sie von selbst wieder in den Tölt, wenn es geradeaus vorwärts ging. Monika fand es überwältigend, mit so einer großen Herde zu reiten, eins zu werden mit den Tieren.

Bis zur ersten Rast fiel kein einziges Wort zwischen den Reitern. Jeder war tief in die eigenen Gedanken versunken. Nach etwa eineinhalb Stunden erreichten sie ein flaches Flussbett in einem Tal, das in der Ferne merklich grüner wurde. Die Pferde hatten von sich aus das Tempo wieder verschärft. Bald wurde klar, dass sie die Stelle kannten und wussten, dass ihre erste wohlverdiente Futterpause rasch erreicht war. Nach der Ankunft dort steckten sie sofort die Nasen in das saftige Gras und taten, als würden sie kurz vor dem Verhungern stehen. Glücklich und erschöpft ließen sich die Reiter aus den Sätteln gleiten.

„Ihr könnt die Pferde absatteln und einfach frei lassen", bestimmte Snorri.

„Wir machen etwa 20 Minuten Pause, ihr könnt auch eine kleine Siesta halten. Genießt die Sonne, sie wird uns in den nächsten Tagen bestimmt wieder verlassen", meinte er bedauernd.

„Nach der Pause wechseln wir die Pferde, das werden wir immer so handhaben. Ihr werdet bald jedes Tier in der Herde kennen."

Fast war Monika traurig, die freundliche, kleine Fuchsstute verlassen, und sich auf ein neues Reitpferd einstellen zu müssen. Aber die Notwendigkeit sah sie vollkommen ein. So hatten sie jeweils ein ausgeruhtes Pferd unter dem Sattel, keines musste das Reitergewicht den ganzen Tag tragen. Für die Pferde bedeutete es eine wichtige und notwendige Entlastung und Erholung.

Die Reiter legten sich eine Weile ins warme trockene Gras, aber bevor sie richtig zum Träumen kamen, rief Snorri schon wieder zum Aufbruch. Diesmal deutete er nur noch auf die Pferde, die sie reiten sollten. Fangen mussten sie die Tiere selbst. Aber jetzt liefen sie keinen Schritt vor den Menschen davon. Gierig rissen sie noch immer die saftigen Halme ab, als erwarteten sie, an dem Tag kein weiteres Futter mehr zu bekommen.

„Melissa, du reitest jetzt Silfri, das ist ein Grauer. Der da hinten. Er ist etwas träge, aber hinter der Herde läuft er ganz gut mit. Brigitte nimmt den dicken Fleygur, das ist der Schwarze mit dem Kugelbauch."
Verletzt über die dumme Anspielung auf ihr eigenes Gewicht, entgegnete Brigitte mit finsterem Blick:
„Du hast wohl Angst, dass mich ein anderer nicht tragen kann? Ich dachte immer, eure Pferde seien so stark. Ich mag vielleicht etwas klein und unförmig sein, aber ich glaube nicht, dass ich mehr Gewicht als du auf die Waage bringe, Meister Gudmundsson."
Statt einer Antwort grinste Snorri nur und fuhr unbeirrt weiter fort, die Pferde einzuteilen.

„Matthias, du reitest Dreki, das ist nur ein Dreigänger, da musst du durch, er ist reichlich unbequem. Es ist der Hellgraue dort links. Samuel, du nimmst Leiftri, den Fuchs mit den blauen Augen. Sei vorsichtig beim Anreiten, das ist ein ganz sensibler. Ines, du versuchst dich mal mit Hrafn, das ist der zierliche Schwarze mit dem spärlichen Stirnschopf. Kevin, du nimmst Lysingur, den hellen Falben dort am Rand. Er ist schon ein alter Knochen, aber nicht tot zu kriegen. Er hat einen excellenten Rennpass, du wirst ihn mögen. Lydia nimmt Katla, das ist die Rappstute gleich hier vorne, auch mit gutem Pass. Wir werden später mal Pass reiten, einige Strecken eignen sich gut dazu. Britta nimmt Hjalti, den schmalen, langbeinigen Fuchs. Aus ihm musst du den Tölt gut herausreiten, sonst fällt er dauernd in einen entsetzlich stoßenden Trab und du hast keine Freunde an ihm. Daniel, für dich habe ich die schmale kantige Kergja vorgesehen. Denk dir nichts dabei, wenn sie die Ohren anlegt, wenn du sie einfangen willst, sie ist grundsätzlich erst einmal zickig, aber ein gutes Pferd. Sie hat sogar schon ein paar tolle Fohlen gebracht. Inga, du reitest

Drottning, eine ganz liebe Unkomplizierte mit weichen Gängen. Sie ist etwas scheu, aber du wirst dich schnell mit ihr anfreunden. Jan, versuche du, die Falbstute dort zu fangen, Flugsvinn. Sie ist misstrauisch gegenüber den Menschen, aber ein tolles Reitpferd. Monika, probiere du mal den Skratti, diesen Rappen mit der undurchdringlichen Doppelmähne. Nachdem du mit Vindstjarna so gut klar gekommen bist, müsste es mit ihm auch einigermaßen klappen. Vindstjarna ist nämlich gar nicht so einfach, ich wollte es dir nur vorher nicht sagen, damit du nicht unsicher wirst. Die Pferde merken das sofort. Und dann fehlt noch Ingrid. Reite du den Floki, das Schmuckstück eines Braunen hier direkt vor dir. O.k. Lasst uns satteln und dann auf zu unserer zweiten Tagesetappe!“

Mit seinen Worten hatte Snorri Monika stark verunsichert. Vindstjarna hatte sich absolut liebenswürdig benommen, was sollte mit dem Pferd denn sein? Sie war etwas nervös und hatte einen enormen Vorwärtsdrang, ließ sich aber gut regulieren. So ein Verhalten war sie von Alisha gewohnt. Und nun sollte sie Skratti probieren. Hätte sich Snorri die vagen Andeutungen nicht sparen können? Sie holte beherzt Luft und wollte genauso unbedarft an ihn herantreten.

„Skratti, das heißt übersetzt übrigens Teufel“, raunte Samuel ihr zu.

Musste diese Information denn obendrein noch sein? Kneifen kam nicht in Frage, würde sie eben einen Teufel reiten. Was sollte schon passieren? Noch immer durchritten sie im Tiefland eine Gegend mit sanften Hügeln und hellgrünen Tälern, die an manchen Stellen von flachen Bachläufen durchzogen wurden. Daran würde sich am ersten Tag nichts ändern. Die Mittagsstation war noch knapp zwei Stunden entfernt - der Große Geysir. Sie war schon mächtig gespannt auf dieses erste Highlight, das sie bereits aus Ines Fotoalben kannte und streifte dem Schwarzen entschlossen das Zaumzeug über die puscheligen Ohren.

„Jaja, Jaja!“ ertönte wieder Snorris Schlachtruf. Die Pferde stieben los, als hörten sie einen Peitschenknall, der sie erbarmungslos vorwärts trieb. Trotz dem Blitzstart fühlte Monika sich sofort wohl auf ihrem dunklen Pferd mit der Wuschelmähne. Skratti hatte flache Bewegungen, die sie unter dem Sattel kaum spürte und er drängte eifrig vorwärts. Sollte er laufen, der kleine Teufel, laufen bis zum Horizont. Wenn sie die Zügel ein klein wenig annahm, warf er alle Gangarten durcheinander. Das war ein komisches Gefühl. Monika kam sich vor wie auf Sleipnir, dem achtbeinigen Götterpferd.

Plötzlich, ohne Vorwarnung, schoss die Herde davon. Snorri hatte sein Pferd auf einem ebenen Weg in Pass gelegt, die Herde folgte im Galopp. Jan und Kevin flogen mit ihren beiden leuchtenden Falben Seite an Seite mit Snorri dahin. Unter Monika gab es einen kleinen Ruck und nun legte auch Skratti noch einmal gehörig im Tempo zu. Er ließ sie bequem sitzen und kämpfte sich Meter für Meter weiter nach vorne. Als Snorri, Jan und Kevin das Tempo wieder drosselten, schoss Skratti an ihnen vorbei. Monika hatte keine Chance, ihn durchzuparieren. Sie fühlte sich plötzlich sehr hilflos, auf dieser abgeschossenen Rakete, die mit ihr machte, was sie wollte. Als Skratti sich alleine an der Spitze wähnte, legte er fast eine Vollbremsung hin und nur ein rechtzeitiger Griff in seine Mähne verhinderte, dass Monika Islands Boden küsste. Nun stand Skratti still und ließ die anderen brav aufschließen. Er schäumte vor Aufregung und kaum hatten ihn die anderen erreicht, war er nicht mehr dazu zu bewegen, langsamer zu bleiben und sich überholen zu lassen. So ritt Monika die nächste Stunde an der Spitze neben Snorri. Als sich der Pudding in ihren Knien wieder verfestigt hatte, strahlte sie über das ganze Gesicht. Snorri lachte:

„Das ist Skratti, wie er leibt und lebt. Nach dem ersten Pass ist er hellwach und nicht mehr zu bremsen. Aber du reitest ihn gut, bleib immer schön weich mit der Hand. Lass ihn ruhig vorneweg gehen, sonst hast du jetzt einen bösen Kampf mit ihm. Skratti hat schon so manche Rennen mit meinem Bruder gewonnen, er kann noch schneller."

„Danke, das Tempo hat mir vollkommen genügt. Ich habe mich reichlich ausgeliefert gefühlt auf der Kanonenkugel. Warum heißt er eigentlich Skratti? Ich habe nicht den Eindruck, dass er böse ist, eher, dass sein überschäumendes Temperament öfter mit ihm durchgeht!“

„Als mein Bruder ihn einritt, hat er ihn am laufenden Band abgesetzt. Der Schwarze war ein richtiges Wildpferd. Da hat Nonni in seiner Wut geflucht und ihm den passenden Namen gegeben. Mittlerweile ist Skratti zwar verlässlicher geworden, aber an vielen Tagen verdient er den Namen immer noch. Er hat wirklich eine Macke in der Birne.“

Snorri tippte sich vielsagend an die Stirn.

Monika bedankte sich insgeheim bei Skratti, dass er seinen teuflischen Charakter nicht herauskehrte, wenn sie im Sattel saß. Trotz seiner stürmischen Eskapaden fühlte sie sich nicht unsicher im Sattel. Sie hatte nicht die Befürchtung, dass er es darauf anlegte, sie abzuwerfen.

Von einem Teil der Gäste wurden ärgerliche Stimmen laut. Niemand hatte etwas gegen einen flotten Galopp einzuwänden, aber ein kleiner Hinweis von Snorri auf ein Pferderennen wäre ihnen wünschenswert erschienen. Doch Snorri winkte nur unbekümmert ab.

Die Reitwege wurden nun felsiger und immer wieder führten die Pfade leicht bergauf. Die Pferde hatten sich von selbst wie auf einer Perlenkette eingereiht. Auf dem schmalen Trampelpfad zwischen den zackigen braunen Felsblöcken konnten sie nur noch hintereinander laufen. So schlängelte sich der langgezogene Tross durch eine gigantische Schlucht. Brúarlöð wurde sie genannt. Trübes Gletscherwasser zwängte sich durch bizarre Felsformationen und fast andächtig war wieder jedes Gespräch zwischen den Menschen verstummt. Man hörte nur das beständige Klappern der Hufeisen auf dem felsigen Grund und das zufriedene Prusten und Schnauben der Islandpferde.

Es war ein einziger Genuss gewesen, mit Snorri vor der Herde her zu tölten. Wehmütig stellte Monika fest, dass das erste Etappenziel in Sicht war. Die Pferde wurden in einen engen Pferch getrieben und abgesattelt. Sigurdur empfing die hungrige Gruppe mit randvoll geschlichteten Lunchpaketen und meinte grinsend:

„So einen Service gibt es nur heute. Die nächsten Tage müsst ihr euch beim Frühstück euren Proviant selber einpacken und in den Satteltaschen mitnehmen."

„Ihr könnt euch hier nun etwa eine Stunde lang aufhalten, den Geysir und das Geo-Zentrum besichtigen. Ich versuche, Trausti zu finden. Er wollte hier mit dem Pferdehänger eintreffen. Bis nachher!"

So waren die Reiter wieder einmal entlassen und strebten erwartungsvoll dem Geysir zu. Ein rauchendes Wasserloch empfing die Besucher, schillerte in zarten Farben, wirkte aber nicht unbedingt beeindruckend. Das dumpfe Geblubber klang ein wenig unheimlich. Jan hatte seinen Reiseführer gezückt, als sie sich um das Kalksinter-Becken versammelt hatten.

„Stellt Euch vor, der Stori Geysir ist schon 10.000 Jahre alt. So wie heute hat er als eine gewöhnliche heiße Quelle sein Dasein gefristet. Erst nach einem Ausbruch des Vulkans Hekla, dem starke Erdbeben einher gingen, hat er sich in eine Springquelle verwandelt. Sechzig Meter hoch schleuderte er seine Wasserfontänen. Aber nun ist er in Rente gegangen und mag nicht mehr regelmäßig spucken."

Während sie lachend den altersschwachen Geysir bedauerten, zischte es plötzlich etliche Meter neben ihnen, und wie als wolle er sich über das Gerede und Gelächter beschweren, schleuderte der Nachbargeysir Strokkur seine heiße Fontäne meterhoch in die Luft. Sofort hatte Matthias seine Kamera schussbereit, kam aber zu spät, um das Schauspiel rechtzeitig einzufangen. Er fluchte wie ein Rumpelstilzchen.

„Keine Sorge", meinte Ines, „der spuckt regelmäßig alle paar Minuten."

"Ich finde Strokkurs heiße Wassersäule bereits sehr eindrucksvoll, die vielleicht zehn Meter hoch sein mag. Nun stellt euch vor, wie das aussah, wenn aus diesem breiten Krater, was mag er für einen Durchmesser haben, achtzehn Meter vielleicht, eine Fontäne sechzig Meter hoch geschleudert wurde. Irre, oder?" Monika nickte voller Anerkennung. "Na, jedenfalls möchte ich dem Spucknapf nicht zu nahe kommen, das Wasser ist kochend heiß, das reicht für eine satte Verbrühung!"

Amüsiert beobachteten sie das Naturschauspiel des Strokkurs einige Male. Erst die harmlosen, großen Gasblasen, die er in seinem Kessel sammelte, bis er genügend Kraft hatte, um die Wasseroberfläche glockenförmig anzuheben. Sekundenbruchteile später entlud sich die geballte Energie nach oben und die Fontäne schoss fauchend gen Himmel. Für einen Moment vermischte sich die Gischt mit dem Weiß der Wolkenfetzen und schon war die Vorstellung wieder zu Ende. Manchmal bluffte der Geysir nur und tat so, als würde er gleich spucken.

Zwischen den Geysiren befand sich eine besonders leuchtende Quelle, sie wurde Blesi genannt und schimmerte in den herrlichsten Blautönen.

„Wie mögen nur diese intensiven Farben zustande kommen?", wunderte sich Ingrid.

Daniel erklärte ihr ausführlich, dass dies mit der Lichtbrechung der in Wasser gelösten Kieselkristalle zu tun hatte.

„Woher weißt du das so genau?", fragte sie ihn.

„Gestatten, Kerner, Diplom-Geologe!" Daniel grinste und deutete eine Verbeugung an.

„Alles klar!", lachte Ingrid.

Matthias war ständig am Fotografieren und rannte begeistert von einer Quelle zur anderen.

„Hoffentlich hat er genügend Filmmaterial dabei, wir sind doch erst am Anfang unserer Reise", witzelte Britta.

Ines spottete: „Wahrscheinlich ist Matthias deswegen so dünn, weil er statt Proviant nur Filme in die Satteltaschen eingepackt hat."

Amüsiert hatte sie sich bei Monika untergehakt und sie schlenderten zum Geo-Zentrum weiter. Dort konnten sie in einer Multi-Media-Show und anhand von verschiedenen Modellen einen Eindruck von den unvorstellbaren Kräften der Erde, von den Wasserfällen, der Gletscher, von Vulkanausbrüchen und Erdbeben erhalten. Monika fühlte sich tief berührt. Kevin ging es genauso. Er stand am Ausgang und sinnierte:

„Ich möchte gar nicht wissen, was unter mir in der Erde so alles brodelt. Hoffentlich bricht nicht ausgerechnet in den nächsten Wochen ein Vulkan aus. Hier zu leben, stelle ich mir für die Bevölkerung schon manchmal als eine große Herausforderung vor.“

Auch die anderen hatten ihre Besichtigung beendet und spazierten ohne Eile zu den Pferden zurück. Dort waren Snorri und ein weiterer Mann beschäftigt, fünf Pferde aus einem LKW-Transporter zu führen. Snorri geleitete anschließend seinen Blakkur hinein und band ihn mit dicken Seilen auf zwei Seiten fest. Dem Hengst gefiel es überhaupt nicht, dass er nun alleine, ohne Sichtkontakt zu der Herde eingesperrt wurde. Er trampelte unruhig und wieherte schrill.

Der Mann, der die Ladeklappe hinter Blakkur schloss, entpuppte sich tatsächlich als der erwartete zweite Rittführer Trausti Larusson. Er hätte Snorris Vater sein können, sie sahen sich ähnlich, hatten beide dieselbe, schlanke, drahtige Konstitution. Trausti stellte sich vor und schüttelte allen freundlich lachend die Hand. Tausend Lachfältchen in dem wettergegerbtem Gesicht, aus dem trotz seines Lachens ernste, stahlblaue Augen blickten, machten ihn sofort vertrauenswürdig. Er erkundigte sich nach dem Befinden der Reitgäste und jeder fühlte sich allein durch seine Anwesenheit gut aufgehoben. Von ihm würde man keine leichtfertigen Sprüche zu hören bekommen. Sogar Snorri hielt sein vorlautes Mundwerk und Monika fand es angenehm, dass Trausti die Gruppe als Respektperson auf dem weiteren Ritt zusätzlich begleiten würde.

Trausti übernahm ganz selbstverständlich das Kommando und fragte die Reiter zunächst über ihre Reitkenntnisse aus. Es war hochinteressant zu hören, welch unterschiedlichen Erfahrungen ein jeder äußerte. Neben Daniel und Kevin verfügte nur Ingrid und Ines über intensivere Islandpferdeerfahrung. Ingrid ritt wöchentlich in einer renommierten Islandpferde-Reitschule. Ein Isländer war dort als Bereiter und Reitlehrer angestellt. Trausti fragte nach dem Namen und als Ingrid Magnus Eggertsson nannte, pfiff Trausti anerkennend durch die Zähne. Anschließend ließ er sich schildern, welche Pferde die Gäste an dem Tag schon geritten hatten, und wie sie mit ihnen ausgekommen waren. Als Jan ihm vorschwärmte, dass Flugsvinn so einen tollen Pass gelaufen war, blickte Trausti wütend zu Snorri hinüber, der sich wortlos abwandte.

"Mit der gesamten Herde reiten wir keinen Pass. Die meisten Reiter sind vorher noch nie in ihrem Leben Rennpass geritten und das Tempo der Herde wird leicht unkontrollierbar. Das ist zu gefährlich! Snorri ist da leider ziemlich leichtsinnig."

Jeder sollte nun das Pferd satteln, das er am Morgen geritten hatte. Sogar Snorri bekam nun ein Pferd zugeteilt. Trausti bat ihn, den Schimmel zu reiten, den er zuletzt aus dem Hänger geladen hatte. Mimir hieß das klobige, mächtige Tier und Snorri widersprach nicht. Trausti ließ seinen Fuchs Eldjarn mit der Herde laufen und hatte den Rappen Afi für sich selbst gesattelt. Afis Stirnhaare waren schon ergraut, aber dennoch war dem Pferd das Alter nicht anzusehen. Er tänzelte ungeduldig, bis Trausti sich endlich mit ihm an die Spitze setzte.

Gesittet ritten sie flussaufwärts, der Beina entlang. Trausti erklärte:

„Gleich habt ihr hier oben von den Königssteinen noch einmal einen herrlichen Aussichtspunkt auf das Tal der Geysire, auf das Haukadalur, das Tal der Habichte, wie es von uns genannt wird. Es ist ein geschichtsträchtiger Platz, der fast in Vergessenheit geraten ist. Dabei war genau das eine bedeutende Stelle von Macht und Bildung im Mittelalter."

Sie sahen zurück auf die türkisfarbenen Tümpel des Thermalgebietes. Inga amüsierte sich köstlich darüber, dass jede der heißen Quellen einen Namen hatte. Snorri erzählte ihr dies und sie versuchte lachend die Namen nachzusprechen: Konungshver, Stóri Geysir, Óþerrishola, Litli Geysir, Smiður.....

Der Ritt zur nächsten Station dauerte nicht lange. Es waren weniger als zehn Kilometer zu reiten, aber sie kamen wegen dem felsigen Boden nur gemächlich voran. Dann erreichten sie wieder eine Ebene, die sich charmant vor ihnen ausbreitete und folgten dem Fluss Hvitá, dem weißen Fluss.

Auf dem Wildwasser erspähten sie ein vollbesetztes Schlauchboot.

Die Crew, mit roten Schwimmwesten und Sturzhelmen ausgestattet, war hektisch am Rudern und das Boot wurde heftig zwischen den milchigen tobenden Strudeln hin- und hergerissen.

“Ich wusste gar nicht, dass hier auch Rafting möglich ist”, stellte Daniel fest.

“Doch, speziell hier auf der Hvitá wird es angeboten”, wusste Snorri.

“Da werde ich schon vom Zusehen seekrank!” Brigitte tat so, als würde sie gleich schwankend vom Pferd fallen. Alle lachten.

“Wir machen Rast am Gullfoss, gleich sind wir da!”, bestimmte Trausti.

“Hier in der Ebene soll einer der berühmtesten Wasserfälle Islands sein? Wo denn bitte? Ein Wasserfall im Tal?” Kevin schüttelte ungläubig den Kopf.

Bei den Geysiren, in der felsigen Schlucht, hätten sie den Wasserfall vermutet, aber nicht an diesem Platz. Gerade weil der Gullfoss dann so unerwartet vor ihnen auftauchte, war die Überraschung immens. Das Tosen des Wassers hatte sich von weiter Ferne schon ganz leise, fast unmerklich, in jedes Unterbewusstsein geschlichen, bis das Geräusch nicht mehr wahrgenommen wurde und zur Umgebung dazu gehörte. Trausti stoppte mit beruhigenden Tönen die Herde, die Tiere hörten ihn und standen still.

„Wir sitzen hier ab, ihr könnt den Gullfoss besichtigen. Aber sattelt nicht ab, Snorri kann die Reitpferde halten. Ich komme auch mit, war schon lange nicht mehr an diesem herrlichen Ort.“ Er saß ab und übergab Snorri die Zügel seines Pferdes. Dieser stand bald da wie ein lebendiger Anbindepfahl, umringt von den Reitpferden und behängt mit den Zügeln wie ein chaotisch dekorierter Weihnachtsbaum. Monika bewunderte die braven, gut erzogenen Tiere, die den Menschen deutlich respektierten. Es wäre ihnen ein Leichtes gewesen, sich zu befreien. Was hätte Snorri gegen sechzehn Pferde ausrichten können? Aber sie standen friedlich im Kreis um ihn herum, knickten sofort ein Hinterbein ein und nutzen die kurze Rast zum Dösen. Die anderen Tiere fingen sofort zu grasen an. Trotzdem zog Trausti ein dickes langes Seil um die Herde. In mehrere Felsblöcke waren Ringe eingelassen, durch die er das Seil fädeln konnte. Im Nu hatte er eine provisorische, aber zweckdienliche Einfriedung geschaffen.

"Können die Pferde nicht frei stehen bleiben, wenn sie mit Fressen beschäftigt sind, so wie wir das heute Vormittag gemacht haben?", fragte Inga.

Trausti holte tief Luft und sah aufgebracht zu Snorri hinüber, der so tat als sei er voll und ganz mit den Pferden beschäftigt, die er an den Zügeln hielt.

"Nein, die Pferde sollten nie ohne Umzäunung laufen. Es sei denn, du möchtest gerne quer über die Insel laufen, statt zu reiten. Es geht so schnell, dass sie vor etwas erschrecken und mal eben durchstarten. Und dann?"

"Ich hatte mich schon gewundert", fügte Ines hinzu.

"Bei meinem letzten Island-Wanderritt mussten wir immer einen Kreis um die Herde bilden und hielten das Seil in den Händen. Wir errichteten sozusagen immer einen Zaun mit menschlichen Pfählen."

"Genauso werden wir das ebenfalls machen, wenn nicht die Möglichkeit besteht, das Seil wie hier zu befestigen."

Er warf Snorri auf isländisch einige Worte zu, die reichlich erbost und vorwurfsvoll klangen, dazu musste man sie nicht übersetzen.

Trausti lief zielstrebig über einen mit dunklen Flechten überzogenen, festgetretenen Pfad voraus. Schon bald war die Gischt des Wasserfalls zu spüren und netzte prickelnd die Gesichter. Millionen kleiner Wassertröpfchen, die im gleißenden Sonnenlicht wie pures Gold glänzten, stieben umher. Sofort war jedem klar, warum der Gullfoss der goldene Wasserfall genannt wurde. Staunend standen sie vor einer Schlucht mit über siebzig Metern Tiefe, die in den letzten 10.000 Jahren von den Wassermassen, die Schutt und Geröll mit sich führten, geformt wurde. In zwei rechtwinkligen Kaskaden fiel das Wasser etwa dreißig Meter tief hinab, um sich mit dem sprudelnden, aufgewirbeltem Wasser im Flussbecken zu vereinen. Ein märchenhafter Regenbogen bildete sich in den Sonnenstrahlen der Nachmittagssonne. Der Anblick war überwältigend. Spontan fielen sich Daniel und Kevin johlend in die Arme. Jan und Melissa reichten sich feierlich die Hände und küssten sich liebevoll. Inga hatte sich an ihre Mutter gekuschelt, die ihr zärtlich über das strohblonde Haar strich. Von Matthias hörte man nur das beständige Klicken des Auslösers seiner Kamera. Brigitte fing vor Glück zu tanzen an. Es sah lustig aus, wie sie singend und mit den Armen rudernd ihren Regenbogentanz aufführte. Ingrid stand still und versunken da. Tränen liefen ihr über das Gesicht.

Ines und Monika fielen sich in die Arme. „Womit habe ich verdient, dass ich das erleben darf? Verrate es mir! Ich habe noch nie so ein faszinierendes Naturschauspiel gesehen."

„Tja, wenn Engel reisen, oder sollte ich lieber sagen, reiten, dann lacht die Sonne. Aber wir haben wirklich Glück mit dem traumhaften Wetter. Du erinnerst dich an die Fotos aus meinem Album? Von dort kennst du den Gullfoss bereits, ebenfalls prächtig, aber im Nieselregen längst nicht so eindrucksvoll."

Lydia hatte sich zu Trausti gesellt, der direkt vor dem Abgrund stand und in die Weite blickte. Sie umarmte ihn plötzlich von hinten um die Taille, aber er machte sich sofort lächelnd von ihr los und drehte sich zu den anderen um.

„Wisst ihr eigentlich, dass ihr diese Naturschönheit einer Bauerntochter verdankt? Sigriður Tómasdóttir hieß das tapfere Kind, das der Regierung drohte, sich in dem Wasserfall zu Tode zu stürzen, wenn der Gullfoss zur Energiegewinnung erschlossen werden sollte. Eine Gedenktafel steht irgendwo da drüben. Jahre später durfte sie eines natürlichen Todes sterben."

„Das war aber ganz schön mutig", fügte Samuel an. „Sie konnte ja nicht wissen, ob sich die Regierung darauf einlassen würde, was zählt denn manchmal ein Menschenleben?"

„Wie muss sie dieses Land geliebt haben, um sich selbst dafür zu opfern", wunderte sich Kevin.

„Könntest du das?", richtete er seine Frage an Daniel.

„Ich weiß nicht, für einen Wasserfall vielleicht nicht, aber für einen Menschen, den ich über alles liebe?" Er sah Kevin lange in die Augen.

„Vielleicht war sie auch einfach nur blöd", gab Lydia von sich. Es klang bissig. Sie schmollte und fühlte sich verletzt, weil Trausti nicht auf ihre vertrauliche Geste eingegangen war.
„Lasst uns weiterreiten, es wird Zeit", beschloss Trausti.
Im Vorbeigehen fragte er Ingrid leise: „Ist alles in Ordnung mit dir?" Er hatte mitbekommen, dass sie geweint hatte. Sie nickte und sah zu Boden. Fast unhörbar teilte sie ihm mit:
„Ich habe mich nur einem Moment lang so alleine gefühlt."
Sanft berührte er sie an der Schulter, und lief dann mit großen Schritten zu den Pferden zurück.

Snorri sah ungeduldig und genervt aus, als er endlich von dem Gewirr an Zügeln befreit wurde. Sobald alle im Sattel saßen, legte er ein forsches Tempo vor. Ohne weitere Pause ritten sie noch einmal gut zwei Stunden an der Hvitá entlang bis zu ihrem Nachtquartier. Búðartunga hieß ihr Ziel und wie aus dem Nichts tauchte vor ihnen eine einfachen Holzbaracke auf. Das Firmenlogo mit dem töltenden Pferd war an der Tür angebracht. Es hing ein wenig schief. Das Metall war unter der Witterung verrostet. Britta wunderte sich darüber, dass die Veranstalter eigene Berghütten unterhielten. Sie fanden ihr Quartier eng, aber gemütlich und sauber. In zwei Schlafräumen reihten sich Stockbett an Stockbett aneinander und die Reiter freuten sich, die müden Füße aus den Stiefeln schälen zu können.

Sigurdur hatte sich bei den Geysiren von den Reitern verabschiedet, nachdem er das Gepäck auf einen anderen Jeep umgeladen hatte. Das dunkelblaue Geländefahrzeug gehörte zu einem dicken Mann, der seine langen grauen Haare straff zu einem Pferdeschwanz gebunden hatte. Er hieß Birgir Olesson und lachte gurrend, als er sich den Reitern vorstellte und meinte, sie dürften ihn Biggi nennen. Sein Zuhause sei seine rollende Küche, behauptete er. Von nun an würde er ihren Ritt als Trossfahrer begleiten, das Gepäck befördern, und die Gäste an den jeweiligen Tagesetappen verpflegen. Zum Abschied war er hupend in einer Staubwolke verschwunden. Nun parkte der Jeep verlassen vor der Hütte.

Ein Berg aus Taschen und Schlafsäcken lag wild durcheinander im Eingangsbereich des Gästehauses und wartete auf die jeweiligen Besitzer. Birgir werkelte in der behelfsmäßigen Küche. Laut schepperte er mit blechernen Kochtöpfen und sang dazu. Er schien bester Laune zu sein. Sein kugelrunder Bauch verhieß gutes Essen. Offensichtlich schmeckte ihm zumindest selber was er kochte, das konnte als gutes Zeichen gewertet werden. Als die ersten Gäste das Haus betraten, streckte er vorwitzig seine Nase durch die Tür, begrüßte sie mit einem isländischem Redeschwall und fing dann schon wieder zu singen an. Genauso fröhlich umkreiste Biggis kleiner brauner Hund Stjarni die Ankommenden. Er sprang winselnd an allen Personen einzeln hoch und war ganz aus dem Häuschen, als hätte er die Gäste fürchterlich vermisst.

Snorri betrat das Gästehaus und warf fluchend seine Stiefel in eine Ecke. Zum Koch gewandt fragte er grinsend:

„Hey, Biggi, wie geht´s? Welches Pferd möchtest du denn heute Abend für dein Gulasch schlachten?"

Als Birgir die entsetzten Gesichter der Reiter sah, klopfte er sich lauthals lachend auf seine dicke Wampe, die dabei urig bebte. Er fand Snorris Witz großartig, während die Gäste überhaupt nicht darüber lachen konnten.

„Na, was ist denn, stimmt es etwa nicht? Biggi macht das beste hrossakjöt weit und breit. Das ist auf Island nun einmal so. Ein Pferd, das nichts taugt, kommt in die Suppe."

Birgir lachte schon wieder schallend los und ließ alle in dem Glauben, dass Snorri dies doch nicht so ernst gemeint haben könnte. Monika war jedenfalls gar nicht wohl dabei, wenn sie das Pferd, das sie heute noch geritten hatte, morgen im Eintopf wieder finden würde.

„Wie gut, dass ich überhaupt kein Fleisch esse", brachte Kevin sich ein. „Wegen mir muss kein Tier sterben. Eine Kuh, ein Schwein, ein Pferd, haben sie nicht alle dieselbe Daseinsberechtigung?"

„Da gebe ich dir schon recht", pflichtete Jan ihm bei. „Aber wir Menschen essen nun einmal Pflanzen und Fleisch, im Tierreich ist das ja ähnlich. Wie wirst du denn hier satt auf dem Wanderritt? So furchtbar viele Beilagen gibt es bestimmt nicht."

„Ja, gut, in Island esse ich auch Fisch, aber zu Hause nicht einmal das. Fleisch braucht man zu einer vollwertigen Ernährung einfach nicht."

„Das stimmt", mischte sich nun auch Ines ein. „Sich vegetarisch zu ernähren, heißt ja nicht, nur die Beilagen zu essen. Es gibt eine Vielzahl von irre leckeren Gerichten."

Nun meldete sich Birgir aus der Küche wieder zu Wort:

„Kann es sein, dass ihr Hunger habt, weil ihr dauernd vom Essen faselt? Kommt zu Tisch, bevor ihr euch die Köpfe heiß geredet habt. Bei mir wird keiner hungrig vom Tisch aufstehen, sonst ist er jedenfalls selbst schuld. Es ist für jeden was dabei."

Birgir kochte wirklich vorzüglich. Gleich am ersten Abend verwöhnte er seine Gäste mit heißem frisch geräuchertem Lachs. Nach dem Essen streckten sie sich wohlig auf ihren Matratzen aus. Birgir hatte seine Küche wieder auf Hochglanz gebracht und die Töpfe, die er nicht mehr brauchte, schon wieder im Auto verstaut. Nun kam er mit gespielter Entrüstung in den Schlafraum der Frauen.

„Was denn, was denn, was sind das denn für müde Kriegerinnen? Ihr wollt doch nicht etwa schon schlafen, jetzt, wo der Abend gerade erst anbricht? Die Jungs haben nebenan gerade eine Flasche Mountain Water geköpft und ich soll euch herzlich dazu einladen. Ich verlasse den Raum nicht ohne eure Begleitung. Ein paar sind ja schon drüben!"

Entschlossen verschränkte er seine Arme und blieb im Türrahmen stehen, bis die restlichen Damen ihm folgten.

Im Nachbarraum ging es wirklich bereits feuchtfröhlich zu. Trausti hatte eine Gitarre hervorgezaubert und Lydia tanzte, nur spärlich bekleidet, aufreizend zu seinen Klängen. Daniel und Kevin klatschten und schnalzten rhythmisch dazu. Snorri sang und Biggi fiel lauthals in die Weise mit ein. Lachend suchten sich die Ladys einen Sitzplatz und bekamen sofort etwas von dem Mountain Water angeboten. Mountain Water war natürlich kein frisches, klares Bergwasser. Es war ein Gemisch aus hochprozentigem Wodka mit Apfelsaft. Je nachdem war der Anteil des Apfelsaftes ziemlich gering. Es schmeckte abscheulich. Aber mangels einer Alternative wurden alle in das Gelage mit hineingezogen. Tatsächlich schmeckte das Teufelszeug nach jedem Becher besser. Brigitte kannte viele isländische Lieder, häufig fiel sie in den Gesang mit ein, wenn Trausti ein neues Lied angestimmt hatte.

„Woher kennst du all die Lieder?", fragte Ines neugierig.

„Ach", meinte sie spitzbübisch, „weißt du, manche können hervorragend reiten, damit kann ich nicht auftrumpfen, aber ich habe schon immer gerne gesungen und habe glaube ich auch eine ganz akzeptable Stimme. Vielleicht liegt das an meinem gewaltigen Resonanzkörper", lachte sie und sah an sich herunter. "Ich habe schon mehrere Kurse besucht, um die isländische Sprache zu lernen und in einem kleinen Kreis aus dem Kurs treffen wir uns regelmäßig. Wir lernen neue Lieder und übersetzen sie. Das macht genial viel Spaß."

„Oh je, ich habe auch probiert, isländisch zu lernen, aber rasch wieder aufgegeben, es war mir zu kompliziert." Ines musste passen.

Unmerklich zogen sich im Laufe des Abends Jan und Melissa, Inga, Britta und Ingrid zurück. Zu vorgerückter Stunde meinte Ines:

„Also, wenn ich jetzt nicht schlafen gehe, bringt mich morgen nur ein Kran aufs Pferd„

„Da stimme ich dir zu, lass uns verschwinden!" Monika schloss sich bereitwillig an.

Die fröhlichen Klänge aus dem Nachbarzimmer hielten noch lange an und mischten sich in ihre Träume.

Liparit in Rauðukambar

Birgir weckte die Männer und Frauen mit lautem Krach, den er mit seinen Blechtöpfen fabrizierte. Er schien den Lärm jeden Morgen mit Absicht zu veranstalten, schepperte zwei Topfdeckel aneinander und rief dann aus Leibeskräften:

"Morgunverður, Frühstück!" War er überhaupt schlafen gegangen? Er musste in aller Herrgottsfrühe aufgestanden sein, denn er hatte sogar schon Lunchpakete mit deftigen Sandwiches vorbereitet und neben jede Tüte eine unzerbrechliche Trinkflasche bereitgestellt, deren viele Beulen auf die Teilnahme an bereits etlichen Wanderritten schließen ließ.

Aber zum Frühstück erschien nur die Hälfte der Truppe, die sich schweren Herzens aus den Schlafsäcken geschält hatte. Die andere träumte noch von Mountain Water oder isländischen Weisen und verzichtete auf die Morgenmahlzeit. Lydia war nicht in ihrem eigenen Bett gelegen. Sie erschien nach der durchgezechten Nacht auf einmal in Unterwäsche, grau im Gesicht und stahl sich in das Schlafzimmer, um sich umzuziehen. Man konnte nur raten, bei wem sie die letzten Stunden verbracht hatte.

Über Nacht war das Wetter umgeschlagen und passte nun hervorragend zu der verkaterten Stimmung nach der langen ausgelassenen Feier. Samuel war versucht, seine Kopfschmerzen auf den Wetterumschwung zu schieben und frühstückte eine doppelte Aspirin. Feiner Nieselregen lud nicht unbedingt dazu ein, sich in den Sattel zu schwingen, aber Trausti und Snorri drängten beharrlich zum Aufbruch. Noch in der Hütte rollten beide ihre isländischen Overalls auseinander, zwängten sich hinein, und rieten den Gästen, dasselbe zu tun.

Sie befolgten den Rat bereitwillig. Nur Lydia zauberte einen sündhaft teuren, chicen weißen Reitregenmantel aus ihrem Gepäck hervor. Er sah nagelneu aus und so flott auf Taille geschnitten wirkte er eher wie ein Ausgehmantel als ein taugliches Regenzeug und Trausti schüttelte den Kopf.

“Ich glaube nicht, dass der Mantel den Regen lange abhalten wird. Du solltest besser....”
Lydias Blick hielt ihn davon ab, weiterzureden. Sie war ja erwachsen, dachte er sich, also sollte sie selbst entscheiden.
Doch die Reiter lernten die Overalls bald zu schätzen. Sie entpuppten sich als absolut wind- und wasserdicht und waren bequem auf den Pferden zu tragen. In den knalligen orangen Anzügen fielen sie damit in der Landschaft wie Leuchtkäfer auf. Mit dieser Signalfarbe würde auf der nächsten Etappe bestimmt keiner verloren gehen.

Nicht nur von oben spürten sie heute die Nässe. Gleich in der ersten Stunde des Rittes mussten sie den Fluss Búðará überqueren. Er hatte ein sandiges, kiesiges Flussbett und war nicht tief. Die Steine schimmerten ockerfarben durch das seichte Wasser. Die Herde watete ruhig hindurch. Fast alle Pferde senkten die Köpfe und tranken das erfrischende köstliche Nass in tiefen Zügen.
Trotz des Regens war es mild. Das Klima in Küstennähe machte sich noch deutlich bemerkbar. Während die Gruppe am Vortag die typischen, felsigen, mit Moosen und Flechten überzogenen Wege kennen gelernt hatte, ritten sie nun zuerst durch ein Tal, das wie eine Oase auf sie wirkte. Sie durchquerten landwirtschaftlich intensiv genutzte Flächen. Die Wiesen dienten zur Heu- und Silagegewinnung. Auch Grascobs wurden davon hergestellt und sogar weltweit exportiert, wie Trausti erzählte. Ein moderner Traktor knatterte mit hochgeklapptem Mähwerk dicht an ihnen vorbei. Braune, dunkle Moorgebiete, die sie großzügig umritten, boten die einzige Abwechslung in dem satten Grün.
Sie überquerten Wiesen mit gehaltvollem Riedgras und hatten Mühe, die Herde voran zu treiben. Weite Felder mit Wollgras breiteten sich wie ein dicker Teppich vor ihnen aus. Im Laufen rissen die Pferde immer wieder ein Maul voll von den Blüten ab. Die weißen Köpfe des Wollgrases wiegten sanft im Wind.
Immer wieder kreuzten Flüsse ihren Weg. Sie durchritten die Leirá und den Stóra-Laxá.
Dort standen Angler mit dunkelblauen hüfthohen Gummihosen im Wasser und versuchten an den Steinterrassen ihr Glück. Die grauen

Kunststoffbehälter, die sie am Ufer abgestellt hatten, waren nicht durchsichtig. Gerne hätten die Reiter gewusst, ob schon Fische gefangen wurden. Die Angler winkten wohlwollend herüber und warteten, um ihre Ruten erneut auszuwerfen, bis die große Herde vorübergezogen war.
“Dies ist einer der Lachsflüsse”, erklärte Trausti.
“Oh, dann wurden wir gerade von Millionären gegrüßt”, behauptete Samuel.
“Wieso von Millionären?”, wollten die anderen wissen.
Trausti lachte. Samuel antwortete:
“Nun, ich habe mich selbst schon einmal um eine Angellizenz für Island bemüht, aber bei etwa 1000 Dollar Tagesgebühr musste ich dann leider passen. So gern ich Lachs esse.”
“Die Sportfischerei ist hier ein teures Hobby”, gab Trausti ihm recht.
“Aber immerhin bekommst du quasi eine Fanggarantie inclusive. Die Flüsse sind fischreich, die Lachse sehr begehrt und du kannst natürlich ein vielfaches verdienen, wenn du einen größeren Fang verkaufen kannst.“

“Durch wie viele Flüsse müssen wir heute denn noch?”
Ines stöhnte und schüttelte sich. Es hatte endlich zu regnen aufgehört. Für heute reichte es ihr mit Wasser.
Snorri spottete: “Also bitte, das waren heute doch erst drei von den 250 Flüssen, die es in Island gibt. Und das hier in der Gegend sind ja die lieblichen Bäche. Warte nur auf das Hochland, dann wirst du erleben, was Flüsse sind!”
“Oh, das weiß ich noch zur Genüge. Die Flüsse im Hochland haben oft außerordentlich starke Strömungen. Da ist es nicht so lustig, hindurchzureiten wie hier.”
Snorri lief ein kleines Stück flussaufwärts und trank kniend von dem kristallklaren Wasser. Ines tat es ihm nach, wusch sich dann das Gesicht und füllte ihre Feldflasche, bevor sie diese wieder sorgfältig in der Satteltasche verstaute.
“Bist du dir wirklich sicher, dass man das Flusswasser bedenkenlos trinken kann?”, fragte Monika entgeistert. Im Geiste sah sie die Freundin schon mit Magenkrämpfen darnieder liegen.

"Aber ja, aus kalten klaren Bächen und den Quellflüssen kannst du jederzeit trinken!"
"Und woran erkenne ich, ob das nun ein Quellfluss ist?"
Snorri erklärte: "In Quellflüssen fließt das Wasser ruhig, das Flussbett ist sandig, oder führt feines Geröll. Die Ufer sind mit Pflanzen bewachsen. Die Gletscherflüsse stattdessen sind grau und trüb, die Ufer vegetationslos. Na, und aus den heißen Quellen kannst du natürlich auch nicht trinken, aber auf die Idee ist bislang eh niemand gekommen."
Vertrauensselig füllten alle ihre Flaschen neu, und kosteten zaghaft von dem eisigen Wasser.

Die Reiter waren froh, in der Mittagspause wieder aus den Overalls schlüpfen zu können, in denen sie zu schwitzen anfingen, als die Sonne einzelne Strahlen durch die dunklen Wolken schickte. Sie breiteten die nassen Teile auf dem Boden zum Trocknen aus. Als Lydia ihren Mantel auszog, wiesen ihre Kleidungsstücke darunter deutliche nasse Stellen auf. Snorri konnte sein loses Mundwerk nicht zügeln.
"Na, Lydia, hast du so geschwitzt auf dem Ritt?"
Sie warf ihm einen vernichteten Blick zu, schlug mit ihrem Mantel nach ihm, um ihn zum Schweigen zu bringen und zog sich verstohlen den Pulli aus. Snorri lachte hämisch. Dann aber zerrte er einen trokkenen Pullover aus einer seiner Packtaschen und legte ihn Lydia fürsorglich um die Schultern. Zum Dank umarmte sie ihn und drückte ihm einen raschen Kuss auf den Mund. Wohlig wühlte sie ihr Gesicht in den Pulli und atmete Snorris Geruch ein, der darin haftete. Lachend zog sie das Kleidungsstück über den Kopf und krempelte die Ärmel hoch. Der viel zu große verwaschene Pullover sah zu ihrem sonst maßgeschneiderten Outfit merkwürdig aus. Aber es war Snorris Pullover und sie trug ihn am Körper wie eine Trophäe.
Die Pferde stürzten sich gierig auf die würzigen Gräser. Wählerisch zupften sie einzelne Kräuter heraus. Der Wind hatte ihr Fell und die Mähnen im Nu getrocknet und zauste nun spielerisch die wuscheligen Strähnen. Brigitte lief suchend auf der Wiese umher und war angetan von der Artenvielfalt des Bewuchses. Sie erzählte etwas

von Hahnenfuß, Wiesenstorchenschnabel und Frauenmantel, aber es hörte keiner zu. Hungrig wie die Pferde die Nasen ins Gras gesteckt hatten, waren auch die Reiter in ihre Lunchpakete vertieft.

"Die nächste Pause gibt es erst wieder am Haifoss!", verkündete Trausti. "Auch heute haben wir wieder einen Wasserfall auf unserer Route."

"Willkommen im Land der 1000 Wasserfälle", jubelte Brigitte und breitete die Arme aus.

Sie folgten ein Stück dem ausgewiesenen Wanderpfad durch das Fossádalur, auf dem etliche Fußgänger zu einer Tagestour unterwegs waren. Die Wanderer machten der Pferdeschar Platz und wechselten freundlich einige belanglose Worte mit den Reitern. Der Weg verlief am Strangarfjall entlang. Sie mussten auf dem Bachschotter reiten, denn das Gelände neben dem Flussbett war noch unwegsamer.

Der Haifoss war nicht weniger beeindruckend als der Gullfoss. Aber er verkörperte nicht die goldene, farbenfrohe Stimmung, sondern wirkte eher wie ein Ort am Ende der Welt. Das Wasser stürzte dort an einem schmalen Einschnitt 122 Meter tief hinab. Aus der Ferne sah der gleichmäßige Wasserstrom aus wie gezeichnet.

"Könnte eine Rutschbahn sein", merkte David an.

"Klar, mit der Erfahrung des feelings für einen freien Fall", pflichtete sein Freund ihm bei. "Magst du es einmal ausprobieren?"

"Meine Güte, komme ich mir hier winzig vor", sagte Ingrid und lugte vorsichtig über den Rand der Steilklippe.

"Heute könnt ihr eine richtige Sight-seeing-Etappe genießen", verkündete Trausti als er wieder in den Sattel stieg.

"In knapp einer Stunde Reitzeit erreichen wir die Rauða flussaufwärts die Schlucht Gjáin. Sie liegt ganz in der Nähe von Stöng, einem Bauernhof aus der Sagazeit. Wir haben etwas Zeit für eine Besichtigung der Ausgrabungsstätte vorgesehen. Ich nehme an, es interessiert euch. Dort wurden die einst verschütteten Häuser freigelegt.

Als sie durch die Schlucht ritten, erklärte Trausti: "Die Schlucht wurde durch die Wasser der Þjorsá ausgehöhlt. Die eigenartigen Lavaformationen entstanden, als sich vor 3.200 Jahren ein Teil der Þjorsádalur-Lava hier hinein ergoss."
Das schwarze Gestein war mit einer glitschigen Schicht aus dunkelgrünen, würzig riechenden Algen überzogen. In den felsigen Einschnitten wuchsen vereinzelt einige Farne.

Der Hof Stöng war als Freilichtmuseum eingerichtet und hinterließ bei den Besuchern einen ehrfürchtigen Eindruck, über das Leben in dem Gebiet vor langer Zeit. Jan war wieder in seinen Reiseführer vertieft:
„1895 stieß der Dichter Thorstein Erlingsson auf Reste der verschütteten Höfe. 1939 fanden dort die bedeutendsten Ausgrabungen der Archäologen statt. Es fanden sich die besterhaltensten Reste eines nordischen Langhauses und man versuchte das Wohnhaus zu rekonstruieren. Es entstand der Hof Þjóðveldisxrinn. Gott, das kann man ja nicht aussprechen."

Monika hatte zeitgleich mit Daniel das Bauernhaus betreten. Sie mussten sich bücken, so niedrig war die Eingangstür. Ein geschnitzter Holzgiebel darüber mit nach innen gebogenen Balken erinnerte sie flüchtig an den Wikingerhelm, den der kleine Wickie in der Zeichentrickfilmserie immer auf dem Kopf hatte. Ihre Augen mussten sich zunächst an die Dunkelheit gewöhnen. Mitten im Hauptraum war ein Feuerplatz angelegt.
„Die Lebensweise wirkte damals aber nicht sehr gemütlich", bemerkte Monika.
„Hier auf diesen Erdbänken, die ihr an den Wänden seht, schliefen die Bewohner", wusste Daniel. „Da waren Rückenschmerzen vorprogrammiert." Er lief gebückt und presste sich eine Hand ans Steißbein, als hätte er einen Hexenschuss.
„Aber immer noch besser als das Leben ihrer Sklaven, die sich wie Hunde in einer Ecke auf dem blanken Erdboden zusammenrollen mussten", spottete Kevin.

„Vor allem das Wohnklima war sehr ungesund“, bestätigte Trausti. “Es war feucht, dunkel, modrig und stickig.”

“Brrr”, Brigitte schüttelte sich. “Ein idealer Nährboden für Krankheiten.”

“Erst in der ersten Hälfte des vorigen Jahrhunderts verwendete man Torf als Baumaterial. Holz gab es noch nie sehr viel, es wurde wenn notwendig aus Norwegen beschafft. Statt diesen langgezogenen, unpraktischen Häusern entstanden später mehr und mehr die Gebäude, wie wir sie heute noch überwiegend als Ställe verwenden. Mehrere kleinere Gebäude nebeneinander, mit kurzen, steilen Dächern, grasbewachsen, denen Wind und Wetter so schnell nichts anhaben konnten. Die Blockhäuser waren den klimatischen Anforderungen nicht lange gewachsen, deshalb baut man in Island überwiegend mit dem klimabeständigen Wellblech.“

Neben den Resten des Langhauses waren auch einige Torfrasenhäuser wieder aufgebaut, die Kirche, der Friedhof, zwei Schmieden und Nebengebäude zu sehen. Teile der Anlage waren überdacht worden, um den alten Bauten Schutz vor dem Klima zu bieten.

Im gleichmäßigen Tempo tölteten die Pferde sicher über loses Geröll. Sie wussten, wo sie jeden Schritt hinzusetzen hatten. Nie hatten die Reiter bislang erlebt, dass ein Pferd stolperte, oder sich vertrat. Auf diesem Teilabschnitt des Weges ritt Monika einen Wallach, Moldskjoni, der von sich aus viel trabte. So stand sie längere Zeit in den Steigbügeln, um den Rücken des Pferdes zu entlasten. Zu stehen und mit den Fußgelenken in der Bewegung locker mitzufedern, war für sie nicht so anstrengend, wie beständiges Leichttraben. Sie hatte ihre Hände locker auf den Hals des Pferdes gestützt und gab dem unbequemen Schecken die Zügel hin. Er hatte eine auffällige grau- weiße Zeichnung mit einem dunklen Kopf.

Trausti ritt abwechselnd neben jedem einzelnen Reiter, korrigierte den Sitz, und gab Tipps, um die Pferde besser zu reiten. Er töltete neben Ingrid her, deren Pferd immer wieder aus der gewünschten Gangart fiel.

“Versuch mehr Spannung ins Pferd zu bekommen. Setz dich weiter hinten in den Sattel, nimm die Zügel gut auf, aber ohne mit der Hand starr zu werden. Im Endeffekt kannst du nur spüren, wann die Spannung nachlässt und Hjalti wieder in Trab fällt. Diesem Moment musst du zuvorkommen und rechtzeitig kräftig mit Kreuz und Schenkeln treiben. Du kannst ihn auch vorsichtig mit der Gerte an die Hinterhand tippen. Hier, nimm mal meine. Aber nur leicht touchieren, manche Pferde reagieren darauf sehr heftig. Wir reiten normalerweise ohne Gerte und setzen sie nur kurzfristig zur Korrektur ein."

Ingrid bemühte sich verzweifelt, alle Ratschläge umzusetzen. Aber so bald sie mit ihren Hilfen nachlässiger wurde, befand sie sich schon wieder im Trab.

"Meine Güte, Islandpferde zu reiten ist ja eine Wissenschaft für sich", stöhnte sie.

"Manchmal habe ich den Eindruck, irgendwo unter dieser dichten Wuschelmähne liegt ein Töltknöpfchen verborgen. Wenn man es findet und symbolisch darauf drückt, klappt alles wunderbar, aber wenn ich es im dem Gewühl der Mähne nicht finde, habe ich leider Pech gehabt."

"Das ist ein netter Vergleich. Guten, taktklaren Tölt zu reiten ist schwierig und noch schwieriger zu erklären, denn es gibt nicht wie beim Antraben oder Angaloppieren eine klare Tölthilfe. Jedes Pferd ist etwas anders zu tölten, da kann man nur Erfahrungen sammeln."
Daniel und Kevin schlossen auf der anderen Seite zu ihnen auf.

"Was meinst du, was Daniel sich schon die Zähne ausgebissen hat, mich zu unterrichten", lachte Kevin.

"Für mich war es am Anfang wichtig, ein Pferd zu reiten, das von Natur aus einen sicheren Tölt hatte, um überhaupt erst einmal zu erfühlen, was das Pferd da unter mir tut. Lange Zeit musste Daniel die Pferde immer wieder korrigieren, wenn ich sie einige Male hintereinander geritten hatte. Ich danke dem Meister für seine endlose Geduld". Er deutete eine kleine Verbeugung an.

"Das schwierigste ist es, ein Pferd wirklich taktklar zu tölten", pflichtete Daniel bei. Viele Pferde verschieben im Tölt den Takt hin zum Trab oder zum Pass. Um das nachhaltig verbessern zu können muss man viele Pferde im Tölt erlebt haben. Das klappt nicht von heute auf morgen."

Monika trieb Moldskjoni kräftig an, um wieder zur Spitze aufzuschließen.

“Ich habe festgestellt, dass die Pferde im Tölt ein sehr individuelles Tempo haben. Moldskjoni hier töltet ziemlich langsam, ich habe das Gefühl, da kommt nicht mehr, auch wenn ich deutlich treibe. Während Vindstjarna im Tölt zu fliegen scheint. Das Tempo kann bei ihr stufenlos reguliert werden, das ist ein tolles Gefühl. Bei Skratti zum Beispiel merke ich auch als Laie sehr deutlich, dass er in höherem Tölttempo stark zum Pass tendiert. Wie gebe ich ihm denn die Hilfen zum Pass? Derzeit habe ich immer das Gefühl, er geht eben Pass wenn er das für richtig hält und schießt dann mit mir davon, aber das kann es ja wohl nicht sein...”

“Nein, so soll es natürlich nicht sein.” Trausti schüttelte den Kopf.

“Aber auch beim Pass ist es so, dass man für jedes Pferd das Gefühl entwickeln muss, wie man es am besten in den Pass legt. Aus dem Galopp heraus gibt man eine einseitige Zügelhilfe, um das Pferd zu strecken und treibt es dabei energisch vorwärts.”

Trausti lachte über Monikas verständnislosen Blick.

“Da hilft nur eins: Täglich Islandpferde reiten!”

Die Reiter scherzten ausgelassen miteinander.

„Na, Snorri, heute Abend wieder Mountain Water?“ spöttelte Samuel.

Snorri grinste vielsagend. „Ach, weißt du, jeden zweiten Tag halte ich mich zur Abwechslung an Brennevín!“

„Heute Abend wird es wohl etwas gesitteter zugehen. Wir übernachten in einer Hütte, in der wir bestimmt nicht die einzigen Gäste sein werden.“

Trausti wollte mit seiner Truppe nicht unangenehm auffallen.

„Na, um so besser“, warf Samuel ein. „Dann wird es ja noch lustiger werden!“

„Oh ja, lasst uns wieder singen“, schlug Brigitte vor und schon stimmte sie ein Reiterlied an. Kaum einer verstand den Text, aber es war eine bekannte Melodie und in den Refrain konnten alle bald lautstark mit einstimmen. Die Pferde liefen schneller. Ob sie den schiefen Tönen davon laufen wollten? Oder spornten sie die ausgelassenen Lieder an?

„Heute habe ich noch eine schöne Überraschung für euch!" behauptete Trausti.

„Unsere Endstation ist Rauðukambar. Mehr verrate ich noch nicht."

„He, wer A sagt, muss auch B sagen. Nun verrate das Geheimnis, was uns dort erwartet!" bettelte Inga.

"Kannst du schweigen?", fragte er sie.

"Ja, na klar, welche Frage!" Inga sah ihn erwartungsvoll und treuherzig an.

"Ich auch!" Trausti grinste. „Ihr werdet schon sehen, nur Geduld. Es ist ein traumhaft schöner Ort."

„Trausti, machen wir vorher noch einmal eine Pause?"
Melissa fragte danach und Trausti sah sie erstaunt an. Sie wirkte durchtrainiert und hielt bislang hervorragend mit.

„Das haben wir nicht geplant. Hier gibt es weit und breit keinen Grashalm, da wird es schwierig sein, die gesamte Herde zum Anhalten zu bringen. Aber wir haben nur noch eine gute halbe Stunde vor uns. Warum fragst du?"

„Ach, ist schon gut."

„Du siehst etwas blass aus, Liebe, ist wirklich alles in Ordnung mit dir?" Jan runzelte besorgt die Stirn.

„Ja, es ist nichts, der Tag im Sattel wird mir nur etwas lang."

Sie saß zusammengesunken im Sattel. Ein Blinder konnte sehen, dass etwas nicht stimmte. Trausti reagierte sofort. Mit einem lauten „Ho, ho" stellte er sein Pferd vor der Herde quer und Snorri tat es ihm nach. Sie mussten es mehrmals wiederholen, bis die Herde reagierte und in den Schritt überwechselte. Jan war schon abgesessen und griff in die Zügel von Blettur, den Melissa ritt. Ihr Gesicht war schmerzverzerrt. Sie glitt aus dem Sattel in Jans Arme, stöhnte und krümmte sich.

„Um Himmels Willen, Melissa, was ist mit dir? Sag doch, was hast du?"

„Es ist nicht so schlimm, wird gleich vorbei sein, nur ein bisschen

Bauchschmerzen. Ich muss mich nur ein wenig ausruhen."
Die Reiter waren ebenfalls abgesessen und standen ratlos um Melissa und Jan herum. Brigitte strich ihr fürsorglich über den Arm und fragte:

„Wo genau hast du denn Schmerzen? Wenn es der Blinddarm ist, sollten wir versuchen, verdammt schnell Hilfe zu holen."

„Es ist nichts!"

Melissa herrschte sie mit einem wütenden Blick an. Sie musste sich schrecklich fühlen, dass sie sich so im Ton vergaß. Melissa kannten sie bislang nur höflich, zurückhaltend und freundlich.

„Sorry, aber ich kenne mich ein wenig aus." Brigitte ließ sich nicht abweisen.

Jan beugte sich über sie. „Du solltest dir helfen lassen, Schatz. Wenn es tatsächlich der Blinddarm ist, und so sieht es fast aus, kann das sonst böse enden."

Die Herde drängelte und war unruhig.

„Snorri, reitet ihr schon mal voraus. Wir treffen uns auf alle Fälle in Rauðukambar. Wir versuchen, langsam hinterher zu kommen, so bald sich Melissa etwas erholt hat", schlug Trausti vor, aber es klang wie ein Befehl.

Bedrückt folgten die Reiter seinem Rat und saßen wieder auf.

„Ich kann auch weiter", behauptete Melissa und zog sich mühsam hoch.

„Es war nur der Kreislauf, ist schon wieder besser. Ich sagte doch, ich muss nur mal kurz vom Pferd runter. Es geht schon wieder."

Sie biss die Zähne zusammen und versuchte sich in den Sattel zu ziehen. Trausti bestand darauf, Blettur zur Sicherheit als Handpferd zu nehmen. Melissa weigerte sich nicht. Jan wirkte nervös, er schien sich große Sorgen um seine Frau zu machen.

Es war das erste Mal, dass die Gruppe trotz geeignetem Untergrund eine Strecke im Schritt ritt. Nur so konnte sich Melissa im Sattel halten. Sie versuchten, ihr Verhalten zu interpretieren. Warum war sie so abweisend gewesen? Warum äußerte sie sich nicht über ihre Schmerzen? Ob sie weiterhin an dem Ritt teilnehmen konnte?
Die Karawane zog sich weit auseinander, aber nach über einer Stunde

kamen alle wohlbehalten in Rauðukambar an. Melissa seufzte erlöst, aber sie hatte nun wieder etwas Farbe im Gesicht. Es ging ihr deutlich besser. Die Sonne hatte sich in den Abendstunden mehr und mehr durchgesetzt. Sie strahlte auf eine Bergkette, die das Sonnenlicht in knallig roten Farben spiegelte.
„Ist das etwa Liparit-Gestein?", fragte Ingrid.
„Ja", antwortete Trausti. „Aber noch besser als die roten Felsen ist das Freibad zu Fuß dieser Berge. Das ist die Überraschung, die ich euch versprochen habe. Die Þjórsádalslaug ist ein öffentliches Schwimmbad und hat bis 21 Uhr geöffnet. Die warmen Quellen unter dieser Kulisse solltet ihr euch nicht entgehen lassen, sie sind eine einzige Wohltat und ich freue mich heute schon den ganzen Tag darauf."

Ingrid fühlte sich von den leuchtenden Bergen magisch angezogen und blickte immer noch fasziniert auf das rote Gestein. Zu sich selbst sagte sie: „Aber bevor ich baden gehe, versuche ich einen schönen Stein zum Mitnehmen zu finden."
„Interessierst du dich denn für Steine?" fragte Daniel.
„Oh ja, sehr", antwortete sie ihm. Aus ihren Augen strahlte Begeisterung. „Ich befasse mich vor allem viel mit Edelsteinen und deren Heilwirkung."
„Das finde ich ja klasse. Ich schwimme zwar nicht so auf der esoterischen Welle, aber du weißt ja, ich bin Geologe und somit teile ich dein Interesse. Wollen wir zusammen auf eine Exkursion zu den Bergen gehen?"

Auf die Pferde wartete wieder ein windschiefer Pferch und als Futter ein großer Rundballen duftendes Heu. Die Männer rollten ihn mit vereinten Kräften aus einem Unterstand in den Paddock hinein. Sie verteilten die Heuschichten zu etlichen Haufen, damit alle Pferde zu fressen hatten, auch die rangniederen Tiere.

Die Reiter ließen es sich nicht zweimal sagen. Sie bezogen rasch ihre Zimmer im Gästehaus, kramten die Badeanzüge aus dem Gepäck und dann folgte Entspannung pur. Bald lagen sie lang ausgestreckt in dem heißen, dampfenden Wasser und konnten die strapazierten Glieder von sich strecken. Melissa plauderte leise mit Trausti. Sie fühlte sich wieder wohl. Aber sie hatte alle zutiefst erschrocken. Was wäre, wenn ihnen in dieser Einsamkeit wirklich etwas passieren würde? Auf Hilfe musste man bestimmt länger als ein paar Minuten warten. Sie verdrängten den Gedanken - was wäre wenn - jedoch sofort wieder

Ingrid und Daniel kamen begeistert von ihrer Exkursion zurück. Sie hatten nicht nur einige rot glänzende Steine gesammelt, sondern obendrein dunkle Basaltbröckchen, in denen sich Olivinkristalle befanden und dunkelgrün schimmerten. Ingrid hatte die merkwürdigen Basaltsäulen lange ehrfurchtsvoll bewundert. Sie sahen aus wie von Menschenhand in den Fels gemeißelt. Daniel hatte ihr erklärt, dass die Säulen entstehen, wenn Lava stagniert und langsam abkühlt. Die Masse erstarrt in vier- oder sechseckigen Säulen, die sich stets im rechten Winkel zur Abkühlfläche orientieren. Sie fand das Phänomen unglaublich, denn die Steinkanten sahen aus, als wären sie maschinell geschliffen und poliert worden.

Inga sah sich die glitzernden Fundstücke der beiden mit großen Augen an. Es war ihr anzusehen, wie gerne sie auch solche Steine gehabt hätte.

„Warum holst du dir nicht selbst welche?" fragte Daniel.

"Es ist gar nicht so weit zu den Bergen wie es aussieht. In zehn Minuten bist du dort. Es liegen jede Menge kleine Splitter und Brokken am Boden, du musst sie nur auflesen."

„Das mache ich!", rief Inga begeistert. „Ich sage nur rasch meiner Mutter Bescheid!" Sie rannte zur Hütte und wechselte dort ihren Badeanzug gegen Jeans und T-Shirt.

Daniel spülte die gesammelten Edelsteine unter Wasser ab und brachte sie ins Haus. Rasch zog er sich um und streckte sich dann seufzend in dem heißen Pool aus, in dem es Ingrid sich bereits gemütlich gemacht hatte.

„Aber du gehst nicht alleine, Inga!“ Britta reagierte heftig auf die Anfrage ihrer Tochter.
„Warte, bis ich mich angezogen habe, dann begleite ich dich!“
„Verdammt noch mal, ich bin doch kein Baby mehr, kann ich denn nicht mal einen einzigen Schritt ohne dich tun?“ Inga stampfte trotzig mit dem Fuß auf.
“Ich geh alleine! Wage nicht, mir nachzulaufen, das werde ich ja wohl schaffen!“
„Rede nicht in so einem Ton mit mir“, rief Britta ihr noch verzweifelt hinterher, aber das hörte sie schon nicht mehr.
„Lass sie doch gehen,“ meinte Samuel milde. Er war Zeuge ihrer Auseinandersetzung geworden.
„Junge Menschen muss man loslassen, sonst werden sie störrisch wie die Maultiere.“
„Ach, Samuel, was weißt du schon von meiner Tochter. Sie darf sich in ihrem Alter einfach noch nicht einbilden, dass sie tun und lassen kann, was sie will.“
„Gut, das ist ja auch etwas anderes, aber deswegen kannst du ihr doch einige Freiräume zugestehen.“ Samuel lächelte.
„Freiräume, sie nimmt sich pausenlos Freiräume!“ Britta seufzte resigniert.
„Wenn du beruhigt bist, laufe ich ihr ein Stückchen entgegen. Ich hätte sowieso gerne auch einen Stein zur Erinnerung mitgenommen. Soll ich dir auch einen mitbringen?“
„Ja, gerne Samuel. Sie ist so verletzlich. Sie braucht mich, unbedingt. Es wäre schön, wenn du nach ihr sehen würdest. Vielen Dank!“

In den letzten Sonnenstrahlen stöberten Inga und Samuel noch lange nach einigen hübschen Reiseandenken am Fuße der Liparitberge. Die Steine glänzten wunderschön. Inga wollte sie polieren und daraus Anhänger basteln. Sie hatte eine klare Vorstellung davon, wie der Talisman für ihren Vater und für dessen Freundin aussehen sollte.

Wie Trausti prophezeit hatte, waren sie nicht die einzigen Gäste in der Herberge. Einige Touristen, die mit ihren Jeeps eine Hochlanddurchquerung geplant hatten, übernachteten im selben Haus. Birgir verkaufte ihnen soeben eine größere Menge an geräucherten Würsten und freute sich über seinen Zusatzverdienst. Er hielt die dicken Würste einladend in die Höhe.

"Blöðmör," sagte er und hielt die dicken Pellen in seiner rechten Hand in die Luft. Dann hob er die linke Hand mit länglicheren dünneren Würsten empor und verkündete: "Lifrarpylsa"

"Was sollen das für Dinger sein?", wollte Kevin wissen.

"Slátur! Es sind Schafswürste!" übersetzte Snorri.

„Bei uns heißen die wohl Blut- und Leberwürste", nahm Kevin an.

"Ich hoffe, du lässt uns auch noch welche übrig, Biggi!" Snorri klang, als hätte er Angst, hungrig ins Bett gehen zu müssen.

Birgir warf ihm einen verächtlichen Blick zu. "Sei froh, wenn ich welche davon hergebe, sonst könnt ihr die nächsten Tage von früh bis spät noch viele von den Würsten verdrücken!"

Trausti und Snorri unterhielten sich während des Essens mit den anderen Gästen. Sie hatten bei ihnen angefragt, welche Route sie am besten durch das Hochland wählen sollten. Zu den Reitern meinte er: „Das sind wenigstens mal welche von der vernünftigen Sorte. Sie sind gut ausgerüstet und informieren sich, was machbar ist und was nicht. Ich erlebe immer wieder, dass ein paar Verrückte von den Wegen abfahren und mit ihren Fahrzeugen im Treibsand oder in Schneefeldern stecken bleiben. Dabei sind Übersichtskarten, die wöchentlich aktualisiert werden, an jeder Tankstelle zu haben." Nachdenklich schüttelte er den Kopf.

„Oder erinnerst du dich an den Typen vom letzten Jahr, Snorri? Der meinte, er könne an beliebigen Stellen durch den Fluss fahren. Sein Auto wurde von den Fluten kilometerweit mitgerissen. Er konnte froh sein, dass er noch am Leben war."

„Ja, natürlich erinnere ich mich! Viele Touristen unterschätzen das Hochland. Sie denken sich, was sind schon 100 Kilometer, das fahren sie zu Hause auf der Autobahn in einer Stunde. Aber auf den schlecht befestigten Wegen kommen sie nur langsam voran und müssen immer mit einer unvorhergesehenen Panne oder einem dramatischen Wetterumschwung rechnen. Viele sind nicht darauf eingestellt, vielleicht eine Nacht im Wagen verbringen zu müssen. Sie haben keine einzige Decke mit, auch kein Telefon und geschweige denn Proviant oder einige Kanister mit Benzin. Tankstellen werden sie im Hochland kaum finden."

„Das ist äußerst leichtsinnig. Wenn sie Pech haben, kommt zwei Tage lang keiner vorbei. Das kann ganz schön ungemütlich werden." Trausti beugte sich wieder über die Landkarte, die sie gemeinsam studierten.

„Morgen müssen wir etwas früher los. Die nächsten Ritte werden beschwerlicher als sie bisher waren. Aber ihr habt das alles gut gemeistert, ich habe keine Bedenken mit den nächsten Tagesritten."

Besorgt sah er bei diesem Satz zu Melissa hinüber, die ihm wortlos zunickte. Es waren keine Worte notwendig. Sie gab ihm durch ihren Blick zu verstehen, dass sie wieder fit sei, und die Tour weiter mitreiten würde.

Die Lavafelder der Hekla

„Heute führt unser Ritt über die ausgedehnten Lavafelder der Hekla”, erklärte Trausti während des Frühstücks und belegte nebenher einige Toastscheiben fingerdick mit kaltem geräuchertem Fisch. Die Reiter hörten nur mit einem halben Ohr hin und quälten sich ein zähflüssiges Porrige in den Bauch, das bestenfalls nach gar nichts schmeckte. Verstohlen kippten sie sich etliche Löffel Zucker darüber. Einzig die Isländer schaufelten es begeistert in sich hinein.

“Hast du noch etwas von der Dickmilch von gestern übrig, Biggi?”, fragte Inga, die ihren halbvollen Teller von sich geschoben hatte.

“Warum, schmeckt es dir nicht?” Er sah sie scharf an.

“Doch, doch”, entgegnete sie schüchtern. „Ich bin schon satt.“ Aber im Geist tauchten die leckeren Schokoriegel vor ihr auf, die sie noch in ihrem Zimmer auf dem Bett liegen hatte.

„Die Hekla wird in Sicht sein, so bald wir den Fluss Sultartangalón überquert haben und dann allgegenwärtig sein. Der Vulkan liegt noch etwa zwanzig Kilometer östlich von hier.“

“Bless!” riefen die zurückbleibenden Gäste ihnen an der Hütte nach und winkten, als die Reiter die Herde lautstark antrieben.

Lydia hatte Snorri so lange gebettelt und ihm schöne Augen gemacht, bis er endlich einwilligte und sie seinen Tryllingur reiten durfte. Seinen Pullover hatte sie noch immer an, dabei war ihr eigener längst wieder getrocknet. Demonstrativ hatte sie nach dem Frühstück ihre Reitstiefel gewienert und eine frische, sündhaft teure, beige Reithose mit Ganzlederbesatz angezogen. Als wenn es nicht außer Frage stand, dass sie auf dem chicen, großrahmigen Mausfalben sowieso eine gute Figur abgegeben hätte.

Monika sollte zum ersten Mal Leiftri reiten, einen schmalen langbeinigen fahlen Fuchs mit bläulichen, sogenannten Glasaugen. Das Tier kam ihr riesig vor, sie schätzte den Wallach auf bestimmt einen Meter und vierzig. Der Anblick dieser Fischaugen, wie sie es nannte, störte sie gewaltig. Sie mochte nur Pferde mit großen schwarzen

Kulleraugen und beäugte Leiftri genauso mißtrauisch, wie er sie. Sie wusste nicht so recht, ob sie ihn reiten wollte. Trausti bemerkte es.

"Wenn du dich ihm so zögernd näherst, bekommt er Angst, weil er glaubt, es droht ihm irgendeine Gefahr. Er hat feine Antennen und spürt die Stimmung des Reiters sofort. Du wirst auch im Sattel merken, dass er in jeder Lebenslage hochsensibel ist."

„Ich finde ihn so hässlich, ich glaube nicht, dass ich mich mit ihm anfreunden kann."

„Also bitte, hier zählt nun wirklich nicht die Schönheit eines Tieres. Unsere Pferde müssen wetterfest und genügsam sein und in dem unwirtlichen Gelände, das ihr bald kennen lernen werdet, ist nicht Eleganz gefragt, sondern Ausdauer. Völlig egal, wie ein Pferd aussieht, Hauptsache, es trägt den Reiter sicher über Geröllhalden, Lavafelder, durch reißende Flüsse und unwegsame Sümpfe."

„So hatte ich es doch gar nicht gemeint", meinte Monika leise.

Trausti half ihr, Leiftri aufzutrensen. Mit möglichst viel Abstand kam der Fuchs hinter ihr her und wich beim Satteln furchtsam zur Seite aus. Ängstlich rollte er mit den Augen, dass ständig das Weiße darin aufblitzte. Monika behandelte ihn wie ein rohes Ei, verlor aber nach und nach ihre Unsicherheit. Das Pferd tat ihr leid, warum fürchtete es sich so vor den Menschen? Beruhigend berührte sie ihn am Hals, an der Schulter, strich ihm zart am gesamten Körper entlang. Erst hielt Leiftri die Luft an und stand angespannt wie eine Bogensehne, aber bald seufzte er tief und verlor seine Hab-Acht-Stellung. Er ließ Hals und Kopf sinken und konnte sich auf die sanften Berührungen einlassen. Als Monika sich vorsichtig in den Sattel zog, war seine Verspannung sofort wieder da. Er riss ungestüm den Kopf in die Höhe, begann nervös zu trippeln, drückte den Rücken weg und sein Hals fühlte sich bretthart und steif an. Ihrem Gefühl nach hätte Monika das Pferd gerne vorwärts abwärts geritten, im Trab am langen Zügel, aber Leiftri nahm ihre Hilfen nicht an. Er töltete hektisch und behielt seine unbequeme Körperhaltung bei, die auch Monika nicht komfortabel sitzen ließ. Sie fühlte sich so nicht wohl auf ihm. Vermutlich hatte er Rückenschmerzen und das wollte sie nicht noch verschlimmern. Sie versuchte beim Reiten seinen Hals leicht zu massieren, drückte immer wieder sanft auf sein Genick, um ihn zum Senken des Kopfes zu veranlassen. Doch sie konnte ihn nicht zum Traben bewegen. Erst als sie ihn angaloppierte, wagte er, seinen Hals etwas fallen zu lassen. Monika lobte ihn sofort und gab mit den Zügeln nach. Mehr und mehr streckte sich Leiftri nun und forderte noch mehr Zügel. Monika lachte und gab sie ihm bereitwillig.

"Das hast du gut gemacht", sagte Trausti, der sie beobachtet hatte.

"So sollte er jeden Tag geritten werden, er bräuchte eigentlich eine feste Person, auf die er sich beim Reiten einstellen könnte."

"Was hat er, warum ist er so ängstlich?"

"Nun, es gibt in Island wie überall auf der Welt gute und schlechte Reiter. Manche verstehen es, ein junges Pferd behutsam anzureiten, manche brechen es auf die Schnelle und dann kommt so etwas dabei heraus."

Sie ritten über einen dicht geschlossenen Teppich aus Graumoosen, Sträuchern und hellen Flechten.

Zwischen einigen kantigen Steinen sah Inga auf einmal einen Vogel aufgeregt flattern. Die Herde war schon an der Stelle vorüber und sie zügelte ihr Pferd, um sehen zu können, was mit dem Vogel sei. Erst dachte sie, er wäre in einer Schlinge gefangen, aber dann erkannte sie, dass er frei war. Er flatterte wild, rollte über den Boden und wirkte jämmerlich hilflos.

"He, wartet mal!", rief sie.

"Hier ist ein verletzter Vogel, sieht so aus, als hätte er den Flügel gebrochen! Oh, der Arme, wie können wir ihm nur helfen?"

Als letzter Reiter hatte Samuel sein Pferd gewendet, um sich das Unglück anzusehen. Als er den Vogel erkannte, lachte er los:

"Das ist ein Goldregenpfeifer! Der tut nur so, also ob ihm etwas fehlen würde. Diese Vögel sind die geborenen Schauspieler. Er simuliert dir einen gebrochenen Flügel, um auf sich aufmerksam zu machen, weil er uns von seinem Nest ablenken will. Wahrscheinlich hat er sein Bodengelege da drüben in den Büschen liegen und empfindet uns als Eindringlinge. Lass uns ein Stückchen weiterreiten und sehen, was passiert!"

Als sie sich entfernt hatten, hörte der Vogel plötzlich auf zu zappeln. Auf magische Weise genesen flog er auf und kehrte dann in großem Bogen zu seinem Nest zurück.

"So ein Schlaumeier! Und ich hatte schon überlegt, was wir für ihn tun könnten."

Lachend und scherzend galoppierten sie den anderen hinterher.

Tatsächlich tauchte die langgezogene Hekla bald vor ihnen auf, als sie den Fluss überquert hatten. Diesmal führte eine Betonbrücke hinüber, über die eine ausgebaute Straße führte. Aber weit und breit war kein Fahrzeug zu sehen, die Herde konnte problemlos darüber getrieben werden.

Der Gipfel der Hekla war bedrohlich in eine dunkelgraue Wolke gehüllt. Düstere Fronten zogen am Himmel auf, aber der Riese schien friedlich zu schlafen und sie wollten ihn tunlichst nicht wecken. Jeder hatte, wenn auch unbegründet, ein mulmiges Gefühl.

Trausti erklärte: „Zur Besiedlungszeit im Mittelalter war diese Gegend hier dicht bevölkert. Dass heute so viel Gras wächst, liegt an dem fruchtbarem Lavaboden. Das ganze Tal wurde unter Lava, Asche und Bimsgestein nach einem Ausbruch der Hekla bedeckt. Alle Häuser wurden unter der dicken Ascheschicht komplett begraben. Dadurch wurde das Tal unbewohnbar."

Jan hatte die Zügel in eine Hand genommen und seinen Reiseführer aufgeschlagen: „Oh Gott, hier steht, dass die Hekla seit ihrer Entstehung in dieser Zeit ca. 100 mal ausgebrochen ist, stimmt das Trausti?"

„Ja, die Hekla zählt noch immer zu den aktiven Feuerbergen, sie kann auch heute jederzeit wieder ausbrechen, aber nun ist das Tal ja nicht mehr bewohnt."

„Na, das tröstet aber", warf Kevin ein. „Du sagst, sie könnte jederzeit wieder ausbrechen? Jetzt? Heute? Einfach so?"

„Nun ja, die Wissenschaftler beobachten die Vulkane natürlich, sie würden rechtzeitig warnen, wenn der Vulkan wieder aktiv wird. Man könnte deutlich ein Erdbeben spüren, das einem Ausbruch voran gehen würde."

„Also, ich finde, die Erde vibriert hier schon ein bisschen“, wandte Ingrid kläglich ein.
„Das ist das Getrappel der Pferdehufe, du Dummchen“, meinte Snorri verächtlich.
Alle lachten.
Daniel runzelte die Stirn. “Aber sind denn die Vulkanausbrüche alleine verantwortlich für die dramatische Erosion auf der Insel?”
“Nein, natürlich nicht. Zur Zeit der Besiedlung war Island zwischen Strand und Bergen größtenteils bewaldet. Man kann sich das heute gar nicht mehr vorstellen, nicht? Neben den kurzen Vegetationsperioden und der unbestimmten Wetterlage hat der Mensch schon auch sein Scherflein dazu beigetragen. Für die Höfe und die Einzäunungen der Weiden wurde viel Holz gebraucht. Sehr viel Material war als Brennstoff für die Holzkohlemeiler zur Verhüttung des Sumpferzes nötig und die frei weidende Schafe, die erhebliche Tritt- und Bißschäden hinterlassen, stellen ein großes Problem dar. Vor allem die jungen Birken scheinen für sie eine besondere Delikatesse zu sein.”
Snorri fügte hinzu: “Richtig große Aufforstungsgebiete gibt es nur noch in den Gebieten um Hallormsstaður und der Wald Vaglaskógur im Fujóskadalur. Dort gibt es sogar Baumschulen und es werden Versuche mit Anpflanzungen von ausländischen Baumarten gemacht. Es sind sehr schöne Erholungsgebiete mit vielen Wanderwegen.”

Jan stöberte noch immer in seinem Buch und pfiff durch die Zähne.
„Alle Achtung, die Hekla, hat sich in den letzten 7000 Jahren bei ihren zahlreichen Ausbrüchen zu einer vier bis sieben Kilometer langen Spalte aufgeschichtet. Sie ist 1521 Meter hoch. Bei einem Ausbruch 1980/82 hat sie sich um 30 Meter erhöht. Der letzte Ausbruch war 1991.“
„Habt ihr denn schon mal einen Vulkanausbruch live miterlebt?“
Der sonst so wortkarge Matthias meldete sich zu Wort und wandte sich an die beiden Isländer. Seine Augen leuchteten dabei. Er als Fotograf hätte es bestimmt gerne gesehen, wenn die Hekla mal eben etwas Feuer gespuckt hätte.
„Nein, zum Glück nicht, aber natürlich fährt man schon mal in die

Nähe des Gebietes, wenn einer ausgebrochen ist, um sich die Auswirkung einer solchen Katastrophe anzusehen."
Kevin meinte: "Es gehört schon eine Portion Mut dazu, in einem Land zu Leben, das immer wieder bedrohlich unter seinen Füßen schwankt. Bei mir schleicht sich das Gefühl ein, Island lässt sich nicht bereisen, man muss das Land für sich erobern!"

„Ja, du musst bereit sein, dich mit Haut und Haaren darauf einzulassen, auf die Unberechenbarkeit der Natur, ihre Menschenfeindlichkeit, damit du die überraschende verwegene Schönheit entdecken kannst.", merkte Samuel an.
Trausti schmunzelte. "Nun, als Isländer hat man nur zwei Möglichkeiten. Entweder flüchten, oder der Natur trotzen. Vulkane gehören zu unserem Leben dazu. Schließlich ist Island dadurch entstanden, dass vor zwanzig Millionen Jahren unterseeisch Vulkane ausgebrochen sind."

"Und über Jahrmillionen förderten vulkanische Aktivitäten vulkanisches Material und schichteten Plateau- und Flutbasalten auf. Island und seine Inseln sind ja ein Teil des mittelatlantischen Rückens – so heißt die Nahtstelle der Kontinentalplatten - dessen Gipfel hier aus dem Atlantik ragen. Im Nordosten Islands verschwindet dieser Gebirgszug wieder unter der Wasseroberfläche und taucht nach etwa fünfundsechzig Kilometern bei der Insel Kolbesey erneut wenige Meter über dem Ozean auf.", erklärte Daniel.

"Wenn ich so einen Erdkundelehrer wie dich gehabt hätte, wäre mir die fünf in dem Fach erspart geblieben!" Brigitte staunte über sein Wissen.

„Sind bei einem Vulkanausbruch auch Pferde umgekommen?" fragte Ingrid entsetzt.
„Oh ja, da gab es schon erhebliche Verluste.", ereiferte sich Snorri. „Mein Großvater selbst hat dadurch schon einmal einen Teil seiner Herde verloren."

Trausti pflichtete ihm bei. „Auch lange Zeit vorher, wann war das? 1783 glaube ich, da ist bei einem Ausbruch der Lakispalte ein Großteil aller Islandpferde umgekommen. Die ausgeworfenen Giftgase, ungenießbar gewordenes Wasser und anschließend die Futterknappheit für die Tiere war ein verheerendes Unglück. 10.000 Menschen starben, das war damals ein Viertel der Bevölkerung. Es hieß, dass achtzig Prozent des Pferdebestandes verendet war. Schafe und Rinder natürlich ebenso. Es hatte eine schlimme Hungersnot zur Folge. Sehr, sehr viele Personen sind nach Amerika ausgewandert."

„Meine Güte", Ingrid war sichtlich betroffen. „Dann ist es ja gar nicht selbstverständlich, dass es überhaupt noch Islandpferde gibt."

„Ja, es ist ein Glück, dass die Rasse überleben konnte. Heute gibt es wieder ca. 63.500 Pferde auf der Insel."

„Und wir Glücklichen reiten einige davon", meinte Ines.

Trausti pflichtete ihr bei: „Jou, und das ist das Stichwort. „Reiten! Lasst uns ein bisschen im Tempo zulegen!"

Den ersten Teil ihrer Tagesetappe kamen sie flott voran. Sie konnten stellenweise einen befahrbaren Weg zum Reiten nutzen, der an den Belag einer Aschebahn auf einem Sportplatz erinnerte. Korngroße graue Steinchen knirschten unter den beschlagenen Pferdehufen. Der Weg war griffig und eben. Lagunenhafte Tümpel lagen träge zwischen fruchtbaren, grasbewachsenen Hügeln. Sie näherten sich einem Fluss, hinter dem eine triste Mondlandschaft auf sie wartete.

„Irgendwie sieht das so aus, als ob der Fluss hier das Heklagebiet vom Paradies trennen würde", fiel Kevin auf.

„Vielleicht ist der Vulkan deswegen manchmal sauer und spuckt Galle, weil die Hekla auch gerne im Paradies dabei sein möchte", meinte Daniel. „Es muss ja wütend machen, wenn man ständig etwas entbehren muss. Ich würde da auch zornig werden."

„Die Hekla steht als Symbol für das Christentum", erklärte Trausti. „Man nannte sie früher - Das Tor zur Hölle. Eine Sage berichtet, dass verdammte Seelen darin gequält werden. Schreckliche Gespenster hausen in ihrem Inneren."

"Wenn man sich der Hekla nähert, kann man das Jammern und Stöhnen derer hören, die darin im Fegefeuer schmoren", setzte Snorri noch obendrauf.

„Langsam krieg ich es mit der Angst zu tun", meinte Ingrid. „So viele Gruselgeschichten, dabei liegt der Berg friedlich schlafend vor uns da. Den Gipfel in eine glitzernde Schneehaube gehüllt. Ich kann mir gar nicht vorstellen, dass er so wütend werden kann."

„Na, danke, ich will mir das auch gar nicht vorstellen", merkte Ines an.

„Also, ich finde, die Hekla sieht einfach aus, wie ein umgedrehtes Ruderboot", scherzte Brigitte, um die trüben Gedanken endgültig zu verdrängen.

Bei der Mittagsrast zupften die Pferde das spärliche, karge Gras und tranken von dem eiskaltem Flusswasser. Die Personen fühlten sich in der Ebene unscheinbar und winzig klein. Wie unbedeutend waren die Menschen im Gegensatz zu den Naturgewalten, die sich hier offenbarten. Jeder suchte Raum für sich, keiner wollte im Gruppenverband hocken bleiben und sie wanderten alleine, oder paarweise in alle Himmelsrichtungen ein Stückchen davon. Es tat gut, ein wenig alleine zu sein, oder mit der vertrauten Person zusammen. Nur Britta blieb bei Trausti und Snorri sitzen, die ihre Overalls als bequemere Sitzgelegenheit umfunktioniert hatten. Inga hatte sich nach einem Streit schon wieder von ihrer Mutter abgewandt und wollte ohne sie sein.

"Das ist kein einfaches Alter", meinte Trausti wohlwollend.

Snorri grinste. "Du hast noch ein bisschen Zeit, bis deine Drei in die Pubertät kommen!"

Nach einer Weile kehrten alle zu der Biwakstelle zurück, wieder mit sich selbst im Reinen. Es fehlten nur noch Daniel und Kevin und auch Inga. Von den dreien fehlte jede Spur. Doch plötzlich kam Inga mit geröteten Backen angerannt und ließ sich stürmisch auf die Satteldecke neben ihre Mutter auf den Boden fallen. Sie holte tief Luft.

„Mama, die knutschen da hinten!" Das Mädchen war sichtbar aufgeregt.

„Wer knutscht?", entgegnete Britta ihrer Tochter verständnislos.

„Na, die beiden Männer! Daniel und Kevin!"

Britta wurde verlegen. „Inga, ich glaube nicht, dass uns das was angeht!"

„Mama, sind die schwul?“

Die peinliche Szene ging unter, weil Snorri urplötzlich aufsprang, lauthals zu rufen anfing und wild mit den Armen fuchtelte. Drei Reiter erschienen am Horizont, sie ritten in rasantem Pass und kamen immer näher.

„Das sind Runa, Beggi und Aðalsteinn. Ich glaube ich spinne, was machen die denn hier?“

Snorri war völlig aufgelöst. In Windeseile knallte er seinem Braunen Hvellur den Sattel auf den Rücken und zog heftig den Gurt an. Dann schwang er sich mit einem gekonnten Satz hinauf und preschte den drei Reitern ungestüm entgegen. Es gab ein großes Hallo und ein Tohuwabohu aus Pferdeleibern, weil die Freunde versuchten, sich vom Sattel aus alle gleichzeitig in die Arme zu fallen.

„Skeið!“ rief Snorri ausgelassen und gab Hvellur die Absätze in die Flanken. Sofort waren die Vier nebeneinander und galoppierten ein Stück von Dannen. Dann wendeten sie ihre Pferde und wie aus der Pistole geschossen legten sie sie in den Rennpass und veranstalteten ein Wettrennen. Den Zuschauern blieb die Luft weg bei dem rasanten Anblick. Wer mochte gewinnen? Noch preschten die Vier Seite an Seite dahin. Staub wirbelte auf. Steine wurden wie Geschosse nach hinten geschleudert.

Die zierliche, drahtige Isabellstute, mit Islandkandare gezäumt, legte sich mühsam an die Spitze und ging mit einer Pferdelänge Abstand durch ein imaginäres Ziel. Kopf an Kopf folgten die anderen drei. Die Frau, die im Sattel saß, strahlte über das ganze Gesicht und fiel ihrem Pferd um den Hals.

Matthias war ebenfalls glücklich. Er war rechtzeitig vor Ort gewesen und konnte die Szene hervorragend mit der Kamera festhalten. Das würden geniale Bilder werden.

Trausti lachte und deutete auf die edle Stute, die kaum zu bändigen war. Sie wirkte, als wolle sie dieselbe Strecke gleich noch einmal laufen. Diesmal noch schneller, mit dem Wind um die Wette.

„Das ist Tilviljun, ein sehr erfolgreiches Turnierpferd. Sie hat unter Runa schon viele Rennen gewonnen und scheint in Topform zu sein.“

„Wer sind die drei? Sind das Freunde von Snorri?", fragte Brigitte.
„Nun, Runa ist Snorris Freundin. Die anderen beiden würde ich eher als Rivalen bezeichnen, und nicht als seine Freunde."

Im akzentuierten Tölt kamen die Passreiter auf die Gruppe zugeritten. Die Pferde glänzten schweissnass, ihre Flanken bebten, aber die Augen leuchteten genauso wie die ihrer Besitzer. Trausti war aufgestanden und erwartete sie. Er klopfte Tilviljun lobend den Hals, sprach anerkennende Worte zu Runa und küsste sie auf die Wangen.

Sie stiegen von den Pferden, sattelten sie ab und ließen sie zu den anderen laufen, wo sie sich gleich ausgiebig wälzten.

„Ist das eine Überraschung, ich krieg mich gar nicht mehr ein."

So fröhlich lachend und aufgedreht hatten sie Snorri die Tage noch nie erlebt. Er küsste Runa leidenschaftlich und umarmte sie liebevoll. Lydia schien zu platzen vor Eifersucht. Böse zischte sie:

„Das hätte mir der Mistkerl auch sagen können, dass er eine Freundin hat."

„Hast du ihn denn danach gefragt?", reagierte Brigitte schnippisch.

„Gibt es hier denn noch was zu essen?"

Aðalsteinn hatte es sich am Boden zwischen den Packtaschen bequem gemacht. Von allen Seiten wurde ihm etwas angeboten und er griff zu, als hätte er seit Tagen gehungert.

„Wir hätten nicht gedacht, dass ihr schon so weit seit."

„Wie kommt ihr überhaupt auf die Idee, uns nachzureiten?" fragte Snorri.

„Das war so eine Schnapsidee von deiner Runa. Die Pferde müssen trainiert werden meinte sie, und so könnten wir gleich eine längere Tour machen."

„Tja, du kannst ja leider nicht mitreiten am Wochenende, Snorri. Das tut mir aber aufrichtig leid, dann haben Gnyfari und Farandi einen Konkurrenten weniger. Tilviljun ist ja leider nicht zu schlagen."

Beggi lachte hämisch.

„Wenn man von Beruf Sohn seines Vaters ist und das ein Leben lang bleiben will, hat man gut lachen", erwiderte Snorri gekränkt. „Unsereins muss sich seine Brötchen eben anders verdienen."

„Nun streitet doch nicht. Die Turniersaison geht noch länger, also was soll´s, Snorri." Runa hatte sich zärtlich an ihn geschmiegt.

Im Nu waren die Reiter miteinander im Gespräch und alles drehte sich um Pferde, Pferde, Pferde. Die drei berieten, sich anzuschließen und die Gruppe zu ihrem Nachtquartier zu begleiten. Dort wollten sie ebenfalls übernachten und am nächsten Morgen zurückreiten.

Ines verstand sich prima mit Aðalsteinn. Bald glaubte sie, ihn schon ein Leben lang zu kennen. Sie hatten sich viel zu erzählen und taten, als müssen sie ihren ganzen Lebenslauf in diesen Abend packen. Er bot ihr sogar an, Gnyfari zu reiten. Ines platzte vor Stolz. Gnyfari war ein traumhaft schöner, windfarbener Wallach mit üppigem, fast schneeweißem Behang und Ines war tief berührt, weil Aðalsteinn ihr sein wertvolles Tier anvertraute.

Fröhlich plaudernd legten sie den Rest des Weges zurück, bis sie an der Berghütte Gljúfurleit ankamen. Die Hütte war umgeben von verwilderten Wiesen und wieder überraschte die Artenvielfalt der Vegetation. Das Gebäude wurde von haushohen Rhabarberstauden beschützt, Bärlapp wucherte ringsherum. Engelwurzstauden ragten kerzengerade empor und trugen ihre Dolden stolz wie Königskronen. Ein Drahtzaun war um die hügelige Umgebung gezogen, der den Pferden als Begrenzung genügte.

Monika spazierte mit Kevin zum nahen Fluss hinunter. Dort standen die Pferde in einer Talsenke dicht an dicht gedrängt, als wären sie von einem unsichtbaren Zaun gefangen, denn dort war das Gras grüner und gehaltvoller. Der Fluss wirkte unnatürlich blau in den sonst eher tristen, gedeckten Farben. Wolken zogen vorüber und hinterließen schnelle schwarze schwebende Schatten, die sich gegenseitig verfolgten. Die Pferde mit ihren verschiedenen Farbtönen schmiegten sich perfekt in das Landschaftsbild ein. Nur die Schimmel und die weißen Flecken der Schecken fielen auf wie Fremdkörper. Sie wären auch bei Dunkelheit noch gut zu sehen gewesen.

Monika lachte. "Islandpferde scheinen sich nicht daran zu stören, dass die verräterischen Schimmel unter ihnen leben."
"Wie meinst du das?", fragte Kevin.
"Nun, die weißen Flecken könnten Raubtiere meilenweit anziehen, während die dunkleren Pferde kaum zu sehen sind. Es heißt doch, dass sich Schimmel deswegen mit Vorliebe im Dreck wälzen, um sich besser zu tarnen. Bei uns im Stall zu Hause wurden die Schimmel oftmals böse von den Herdenchefs angegangen. Sie wollten die Schimmel nicht im Gruppenverband haben. Es kehrte erst Ruhe ein, als der Stallbesitzer die Schimmel zusammen auf eine extra Weide stellte. Dann waren alle Pferde zufrieden. Aber das waren eben Warmblüter."
"Vielleicht ist das in Island deswegen nicht der Fall, weil sich im Winter dann der Verrat ausgleicht", lachte Kevin.
"Im Schnee fallen die Schimmel kaum auf, dann sind sie am besten getarnt, während die Füchse wie Signalfeuer leuchten."
"Oh, und das ist unser Signal! Sieh, da kommt Inga. Ich hatte sie gebeten, uns Bescheid zu sagen, wenn es Essen gibt."
Sie winkte dem Mädchen entgegen.

Birgir hatte an dem Abend Luða vorbereitet. Heilbutt. Die zarten Stücke waren in einen würzigen Kräutermantel gehüllt und die Reiter griffen hungrig zu.
Kurz nach dem Abendessen zogen sich Snorri und Runa zurück. Lydia reagierte wütend darauf.
„Sind hier auf dem Ritt denn nur Vollidioten und Schwule dabei?"
Hoppla, das hatte gesessen. Peinliches Schweigen legte sich auf einmal über die Runde. Daniel räusperte sich:
„Gut, Schluss mit der Heimlichtuerei, es gibt nichts zu verbergen. Kevin und ich sind schon seit langem ein Paar und dazu stehen wir voll und ganz."
„Also ich weiß nicht, zwei Männer, das ist doch ekelhaft, das ist doch nicht normal!", echauffierte sich Jan.
„Das ist genauso wenig ekelhaft, wie wenn sich Mann und Frau lieben", meinte Kevin leise.

„Warum darf nicht jeder nach seiner Fasson glücklich sein?“, bemerkte Ines. „Stört es denn jemand? Mich jedenfalls nicht!“
„Danke, du bist wirklich lieb,“ nickte Kevin ihr zu.
Aber Lydia ereiferte sich weiter. Sie merkte, dass sie heute bei niemandem landen konnte und war darüber maßlos verärgert. Also schimpfte sie fleißig weiter und hatte an allem und jedem etwas auszusetzen. Die anderen hielten sich bald die Ohren zu und versuchten nicht mehr hinzuhören. Sie waren schließlich nicht verantwortlich für ihre Wut. Der Tag endete in einer unguten Stimmung. Nur Ines redete immer noch unbekümmert mit Aðalsteinn. Sie saß mit ihm vor der Hütte und sie genossen in warme Pullis gehüllt die letzten Sonnenstrahlen des Tages. Aðalsteinn hatte fürsorglich eine kuschelige Decke über ihre Beine gebreitet. Ines hatte die Augen geschlossen, lehnte ihren Kopf sanft an seine Schulter und fragte ihn haarklein über jede Einzelheit seines Pferdes aus. Aðalsteinn zog sie eng an sich. Sie konnte nicht genug über Gnyfari hören.
Monika brauchte lange, bis sie an diesem Abend einschlafen konnte. Sie wälzte sich unruhig auf ihrer Matratze hin und her. Sie träumte von einem Vulkanausbruch. Die Hekla schleuderte Lava und Asche aus ihrem Schlot und erstickte sie unter heißer, schwerer Magma. Die Pferde donnerten im Rennpass davon, um im letzten Moment dem sicheren Tod zu entkommen. Schweißgebadet wachte sie auf. Ihr Rucksack, den sie an das Fußende ihres Bettes gestellt hatte, war auf sie gefallen. Das war wohl die Ursache, die so ein beklemmendes Gefühl hervorgerufen hatte. Aufatmend warf sie ihn auf den Boden und zog sich die Decke wieder über den Kopf.

Das Þjórsátal

Am nächsten Morgen vermieden alle das heikle Thema vom Vorabend. Jeder hatte seine eigene Meinung über Homosexualität, konnte sie überprüfen, verändern oder sein Urteil einfach stehen lassen. Die Gäste frühstückten still, oder unterhielten sich leise mit den drei Reitern, die zu Besuch waren. Nach einem letzten starken Kaffee sattelten Runa, Aðalsteinn, Beggi und Snorri ihre Pferde und verschnallten die Packtaschen. Sie waren bereit, ihren Heimritt anzutreten. Snorri wollte vor allem Runa, mit der er ständig turtelte, noch ein Stückchen begleiten. Ines war so unglücklich, dass sie Gnyfari nun wieder hergeben musste, dass sie bittere Tränen vergoss. Sie stand an der Tür, hielt die Hände vor das Gesicht und schluchzte laut. Das verfehlte seine beabsichtigte Wirkung nicht. Aðalsteinn lief zu ihr und nahm sie in die Arme. Er drückte sich an sie und küsste sie. Ines ließ es geschehen. Er nahm sie wortlos an der Hand und zog sie mit zu den Pferden. Ines schlang die Arme um Gnyfaris stämmigen Hals und wühlte ihr Gesicht in die helle zerzauste Mähne des Pferdes. Gnyfari brummelte leise durch die Nüstern.

"Ich werde ihn so vermissen", seufzte Ines und wischte sich mit dem Handrücken neue Tränen fort.

Aðalsteinn war ratlos. Er streichelte Ines bedächtig über die blonden Haare. Es zerriss ihm schier das Herz, als er sie so leiden sah. Er neigte den Kopf zur Seite und überlegte:

"Na gut, dann werde ich dir Gnyfari als Andenken überlassen. So wirst du dich jeden Tag an mich erinnern." Machtlos über so viel weibliches Gefühl, (oder war es eiskalte Berechnung?), hob er die Arme und ließ sie wieder fallen. Er blickte zu Trausti hinüber, der lachend nickte:

"Ich suche dir ein Pferd aus der Herde aus, das geht schon in Ordnung."

Aðalsteinn übergab Ines die Zügel.

„Pass gut auf mein Goldstück auf! Ich brauche ihn sowieso bald in Akureyri und müsste ihn dort hin transportieren. So hole ihn an eurer Endstation wieder ab. Laufen macht ihm weitaus mehr Spaß als im

Hänger gefahren zu werden.“
Ines war platt. Sie stand mit offenem Mund da und sog geräuschvoll die Luft ein. Ein bisschen Mitleid wollte sie schon gerne erhaschen, aber mit so einer Reaktion hatte sie im Leben nicht gerechnet.
„Du bist ja wahnsinnig”, stammelte sie. “Ich weiß gar nicht, ob ich diese große Verantwortung wirklich übernehmen mag.“ Sie stöhnte und wollte es nicht glauben. „Brauchst du ihn denn wirklich nicht?“
„Ach, was!” Aðalsteinn winkte unbekümmert ab.
”Auf dem Turnier am Wochenende reite ich nur Passrennen, da hat Gnyfari sowieso keine Chance auf einen Sieg. Er war mehr mein Kandidat für das Gædingarkeppni, die Fünfgangprüfung. Aber mein Vater hat genügend gute Pferde im Stall. Reite ihn so, wie du ihn gestern geritten hast, dann kann nicht viel schief gehen. Es ist mir eine Ehre, wenn ich ihn dir anvertrauen darf.“

Er küsste sie noch einmal, lachte, schwang sich in den Sattel von Mimir, den Trausti für ihn gesattelt hatte und winkte einen letzten Gruß zum Abschied. Dann folgte er den anderen, die schon gestartet waren.
Sprachlos, aber voller Stolz stand Ines neben dem ihr anvertrauten Pferd und sah den Reitern gedankenverloren nach, die langsam am Horizont in einer trüben Staubwolke verschwanden. Sie fand, dass das nur ein Traum sein konnte und befürchtete, jeden Augenblick aufzuwachen. Sie hatte nicht registriert, dass die anderen längst mit dem Satteln fertig waren und bereits aufgesessen waren. Erst Monika holte sie in die Realität zurück, als sie scherzte:
“Kommst du nun mit, oder sollen wir dich als Standbild hier lassen?”
In Windeseile zog Ines den Gurt fest und setzte mit vor Aufregung zitternden Knien den Fuß in den Steigbügel.

Der fünfte Reittag sollte sie immer am Fluss Þjórsá entlang führen. Trausti erklärte, dass die Þjórsá ihren Ursprung im Sprengi-Sandur-Gebiet hatte, das sie in den nächsten Tagen erreichen würden. Er erzählte, dass die Þjórsá mit etwa 230 Kilometern der längste Fluss

Islands sei und wegen den enormen reißenden Wassermengen von mehreren Kraftwerken zur Energiegewinnung genutzt würde. Einst war der Fluss trotz bekannter Furten und Fähren ein großes Verkehrshindernis gewesen, bevor 1994 eine moderne Brücke gebaut wurde.

Sie durchritten eine Heidelandschaft mit magerem Gestrüpp, und durchquerten anschließend ein mooriges Gebiet. Spärliche Birken säumten ihren Weg. Die Bäume wirkten lächerlich klein, man konnte sie bestenfalls als Büsche bezeichnen. Sie waren nur knapp einen Meter hoch und sahen aus wie Bonsai-Bäumchen mit ihren grob gesägten, eiförmig zugespitzten Blättern und der weißlich bis rotbraunen Rinde. Dazwischen fanden sich auch einzelne Zwergbirken und verschiedene Weidenarten.

Bei einer kurzen Pause verschwand Brigitte in dem Gestrüpp und kam nicht wieder. Ungeduldig meinte Trausti nach einigen Minuten:

"So lange kann es doch nicht dauern, was immer sie dort tut!"

"Ich gehe mal nachsehen, wo sie steckt", meinte Ingrid bereitwillig. Doch dann blieb auch Ingrid verschwunden.

Trausti trommelte mit den Fingern auf sein zerkratztes schwarzes Sattelblatt. Samuel, der nicht an das spurlose Verschwinden in schwarzen Löchern glaubte, ging als Nächster und versprach, die beiden endlich zurück zu bringen.

"Wo steckt ihr?", rief er in die Bäume hinein. Er bahnte sich einen Weg durch das Dickicht und sah Brigitte und Ingrid schon bald auf allen Vieren herumkriechen. "Was um Himmels Willen tut ihr da?"

"Wir haben Birkenpilze gefunden. Sieh doch nur, Unmengen von Birkenpilzen. Wir bringen sie Birgir mit, dann kann er uns heute Abend ein leckeres Pilzgericht zubereiten."

"Tatsächlich!" Samuel überzeugte sich schnell von dem delikatem Fund und fing ebenfalls an, Pilze aus dem Mycel zu drehen. Vorsichtig legte er sie in seinen Pulli, den er zu einer Tragetasche verknotet hatte. Im Nu war auch er dem Sammlerrausch verfallen. Nach einer Weile richtete er sich jedoch ruckartig auf, schüttelte den Kopf über sich selbst und drängte zur Rückkehr.

Trausti empfing sie wütend. "Ich stand kurz davor, einen Suchtrupp

nach euch los zu schicken. Wo zum Teufel habt ihr so lange gesteckt?"
Samuel öffnete sein Bündel und zeigte ihm stolz die Pilze.
"Was soll das denn sein?", meinte er ungehalten.
"Na, Birkenpilze, das siehst du doch!"
"Kenne ich nicht. Können wir nun endlich weiterreiten?"
Die drei Pilzesammler sahen sich verständnislos an und nahmen sich die Zeit, in ihren Packtaschen so viel Platz zu schaffen, um die Pilze heil transportieren zu können. Sie steckten die anderen mit ihrer Begeisterung auf ein leckeres Abendessen sofort an.
"Ich bin zwar nicht sonderlich pilzkundig", meinte Britta, "aber wenn ihr euch alle drei sicher seid,.....essen werde ich sie gerne!"

Als Snorri nach etwa zwei Stunden mit einem abgekämpften, vor Schweiß triefenden Pferd wieder zu der Gruppe stieß, blickte ihn Lydia finster an: „Na, ist sie wieder weg, deine Geliebte?"
„Ja, leider! Aber sag, was willst du eigentlich von mir? Habe ich dir irgendwas versprochen, was ich nicht gehalten habe?"
„Nun, die eine Nacht war schon ziemlich eindeutig, findest du nicht?"
„Du hast dich angeboten wie...wie....ach, was weiß ich! Ich war stockbesoffen, ich könnte nicht mal mehr sagen, ob ich mit dir das Bett geteilt habe oder nicht!"
Verletzt schossen Lydia die Tränen in die Augen.
„Du bist ein Schwein, Snorri. Wie kannst du es wagen, so mit mir umzugehen?"
Hysterisch trieb sie ihr Pferd dicht an seine Seite und ging auf ihn los. Sie schlug mit der flachen Hand heftig auf seinen Rücken ein und krallte sich in seine Jacke. Aber Snorri legte energisch seinen Schenkel an den Pferdebauch. Hvellur trat rasch zur Seite und wich so dem Angriff geschickt aus. Trausti lenkte sein Pferd dazwischen und herrschte Lydia an.
„Nun reicht es aber! Du brauchst dich wirklich nicht zu wundern, dass du ausgenutzt wirst, wenn du dich so anbiederst. Und zu dir, Snorri Gudmundsson habe ich schon zehnmal gesagt, dass du die Finger von den Reitgästen zu lassen hast. Nun merkst du endlich

einmal, wohin das führt."
Unbeholfen reichte Matthias Lydia ein Taschentuch. Sie nahm es mit einem weidwunden Blick und schneuzte sich geräuschvoll und theatralisch.

"Was musst du dich einmischen Trausti, das ist eine Sache zwischen Snorri und mir!" Lydia war außer sich.

"Oh nein, Madame, die Hauptverantwortung für den Ritt trage ich!" Er sah sie scharf an.

„So und nun reiten wir", bestimmte Trausti. „Damit ihr alle wieder auf andere Gedanken kommt!"

Er legte ein forsches Tempo vor, so dass sich jeder voll auf sein Pferd konzentrieren musste. An diesem Tag war die Wegrichtung offensichtlich. Immer in Sichtweite des Flusses führte der Pfad Richtung Norden. Zum Teil ritten sie wieder auf befahrbaren Schotterpisten, auf denen die beschlagenen Pferde guten Halt fanden. Die Gegend war flach und eintönig, aber nicht trostlos. Sie rasteten in einer Talsenke mit unzähligen kleinen Bodenunebenheiten. Gehaltvolles Gras gab es hier nicht und die Pferde knabberten an den spärlichen Kräutern und kurzen verdorrten Halmen. Es würde lange dauern, bis sie an dieser Stelle satt werden konnten. Die Tiere scharrten ausdauernd mit den Hufen, als müssten sie unter Schnee ein spärliches, gefrorenes Futter ausgraben. Die Pferde waren sichtlich unzufrieden und die Stimmung in der Gruppe gereizt. Nach einer Weile brach Daniel das ungute Schweigen.

„Trausti, kannst du mir eine gute Adresse nennen, um eine hochwertige Zuchtstute zu kaufen?"
Trausti blickte erstaunt. „Züchtest du etwa Islandpferde? Das wusste ich nicht. Ist ja interessant. Welches Stutenmaterial hast du denn, was suchst du konkret?"
Nun flogen Abstammungen zwischen den beiden hin und her und sie kamen ins Fachsimpeln. Trausti nickte anerkennend.

"Das ist kein schlechter Bestand, über den du verfügst, alle Achtung! Aber ich muss dich enttäuschen, ich habe derzeit nur einen

Fohlenjahrgang abzugeben. Ich habe im letzten Jahr viele Pferde verkauft. Aber Snorri, und auch dessen Vater und Bruder haben einige hervorragende Pferde. Der Hof liegt nicht weit entfernt von unserem Ziel, da kannst du die Pferde mit Sicherheit besichtigen. Ich könnte mir gut vorstellen, dass da Stuten dabei sind, die dir entsprechen. Was meinst du Snorri?"

„Verkaufe ich Pferde an einen Schwulen, oder was?" Snorris Ton klang verächtlich.

„Meine Güte, was bist du verbohrt. Du hast noch einiges zu lernen in deinem Leben. Gut, wenn du keine Pferde verkaufen magst, dann soll sich Daniel eben an deinen Vater und an Nonni wenden. Ich glaube, die machen gern ein Geschäft. Was hat das eine denn mit dem anderen zu tun, kannst du mir das erklären, du Spinner?"

„Ich verkaufe ihm höchstens zwei Wallache, die können sich dann gegenseitig anschwulen," meinte er hämisch.

„Weißt du Snorri", entgegnete Daniel, „ich glaube ich möchte deine Pferde gar nicht haben. Da müsste ich ja befürchten, dass sie denselben miesen Charakter haben, wie du. Kein Bedarf!"

Snorri schnaubte zynisch durch die Nase und setzte zu einer bösen Antwort an.

„Ihr alten Streithammel", mischte sich Samuel ein.

„Können wir das Kriegsbeil nicht endlich wieder begraben, oder geht das nun den ganzen Ritt so hin und her? Dann sagt mir bitte Bescheid, dass ich mir Oropax in die Ohren stopfe, um den Mist nicht mehr hören zu müssen. Ich habe Urlaub und keine Lust auf beständig schlechte Laune!"

Doch die Krieger befanden sich noch immer auf dem Kriegspfad. Lydia, zutiefst verletzt, dass Snorri sie so plump zurückgewiesen hatte, behauptete am Ende der Mittagspause:

„Nun begrapscht der Lustmolch auch noch das Kind, da hört sich doch alles auf!"

Snorri blieb der Mund offen stehen, bei so einer dreisten Anschuldigung. Inga wusste nicht, wie ihr geschah. Sie hatte mit Snorri freundschaftlich herumgealbert, aber er war ihr keineswegs zu nahe getreten. Aber Britta als ihre Mutter ging sofort auf die Palme.

„Wie kannst du es wagen! Lass die Finger von meiner Tochter, sonst...“

„Sind denn jetzt alle komplett verrückt geworden?“ Snorri war entrüstet.

„Aber...“ fing Inga an, doch sie wurde sofort von ihrer Mutter unterbrochen.

„Ich zeig dich an, Snorri, du...“.

„Aber er hat überhaupt nichts gemacht!“ Inga schrie es fast, um die aufgebrachte Britta zu übertönen.

Lydia grinste in sich hinein. Der Matchpunkt ging an sie. Immer wieder machte sie nun Matthias den Hof, der begeistert auf ihr Spiel einging. Doch für ihn war es kein Spiel, er fühlte sich wie ein König, als er endlich Beachtung von ihr geschenkt bekam. Bei jeder Rast hatte er sie schon immer fotografiert, was ihr betont gleichgültig war. Nun setzte sie sich bewusst und aufreizend in Pose, als er die Kamera zückte.

„So, und mir reicht es jetzt!“ Trausti erhob sich und erklärte somit die Mittagsrast für beendet. Er schnappte sich wütend seinen Sattel und wuchtete ihn auf sein Pferd.

„Wer sich jetzt nicht im Griff hat, für den ist der Ritt heute Abend beendet. Von nun an wird jeder den anderen so respektieren, wie er ist. Und wer das nicht kann, der hält einfach die Klappe!“

„Danke für dieses Machtwort“, warf Ines ein. „Warum müssen wir uns selber den Ritt vermiesen mit diesem zwischenmenschlichen Geplänkel?“

Samuel schüttelte den Kopf über die jungen Leute. “Sonst wird der alte Samuel nun ein Althing einberufen und dann werden ihr schon sehen!”

“Ein Althing? Was ist denn das?” Ingrid wurde neugierig.

“Das Althing war das erste Parlament der Welt. Im Thingvellir wurden Schicksale unter freiem Himmel entschieden. Das Thingvellir ist die Wiege der isländischen Nation, ein nationales Heiligtum, wenn ihr so wollt. Dort wurden Rechtsstreitigkeiten aus dem ganzen Land gerichtet. Die Namen der einzelnen Hinrichtungsplätze zeugten von der Grausamkeit vollstreckter Urteile. Da eignete sich für die Bestrafungen der Ertränkungspfuhl, der Galgenfelsen und eine Verbrennungsschlucht. Wenn ich nun also nicht ein Todesurteil vom Gesetzeshügel, dem Lögberg verkünden soll, nehmt euch in Acht, die ihr nun weiter streitet!“

“Ach Samuel! Sei nicht gar so grausam“, Ines spielte die Verzweifelte. „Erzähl den Anwesenden lieber auch, dass das Thingvellir heutzutage ein wunderschöner Ort ist. Ich kann mich noch sehr gut daran erinnern, schließlich war ich schon mal dort. Die historische Bedeutung ist doch zu gruselig. Wir fuhren damals vom nördlichen Rand der kahlen Mosfellsheiði, diesem erloschenen Schildvulkan, die Straße zum Thingvallavatn hinab. Ist das nicht sogar der größte See Islands? Der Aussichtspunkt war unvergleichlich. Der See mit den beiden Kraterinseln und die Hochebene ringsherum, im Hintergrund die Bergketten.”

“Hach, immer diese Romantik. Mach mir nicht meine ganze Autorität kaputt!” Samuel versuchte möglichst finster drein zu blicken. “Ich für meinen Teil stelle mir lieber vor, wie die Männer in ihren derb gewebten Anzügen zum Thing geritten sind, auf ihren zotteligen Pferden, durch wild zerklüftete dunkle Felsschluchten.” Nun musste er selber lachen.

“Ich erinnere mich im Thingvellir an den Wunschbrunnen”, brachte Daniel ein.

“Eine tiefe Schlucht mit glasklarem Wasser, über die eine schmale Brücke führt. Auf dem Grund funkelten Münzen aus aller Welt. Wenn du eine Münze hineinwirfst und dir dabei etwas wünscht, geht der Wunsch in Erfüllung!”

“Und was hast du dir damals gewünscht?” wollte Kevin wissen.

“Das darf man nicht verraten!” riefen Daniel und Ines gleichzeitig.

Samuel hatte es geschafft, mit seiner Anekdote aus früher Zeit, die gute Laune wieder herzustellen.

Nach der Mittagspause wechselten sie wie üblich die Pferde. Trausti und Snorri gaben den Reitern erneut verschiedene Tipps, um ihren

Reitstil zu verbessern. Sie ritten durch eine langgezogene Biegung in ein Tal hinab, das ausreichend saftiges Gras zu bieten hatte. Sie staunten, als sie plötzlich auf eine kleine Pferdeherde stießen. Die Tiere hatten ihre Nasen im Gras und standen frei in der Landschaft.

„Was haben die denn hier verloren, so ganz ohne Reiter?" Traustis Stimme klang skeptisch.

Sofort versuchte er mit Snorri, die eigene Herde anzuhalten, aber es gelang ihnen nicht. Die Pferde sahen das grüne Tal und die anderen Artgenossen, deshalb fielen sie in einen stürmischen Galopp, um möglichst schnell dort hin zu gelangen. Schon wurde es turbulent. Es war eine Gruppe von neun jungen Hengsten wie sich herausstellte, die es höchst interessant fanden, dass in der Herde auch Stuten mitliefen. Nach Pferdeart steckten sie zur Begrüßung die Köpfe zusammen, quiekten dann wie die Schweine und schlugen mit den Vorderhufen, um dem Partner zu imponieren. Obwohl es offensichtlich erst halbwüchsige Tiere waren, versuchten sie sofort, einige Pferde zu bedrängen und von der Herde abzusondern. Einige Wallachen fingen an, sich zu beißen und stiegen. Die Pferde schnaubten, Hufe stampften wild durcheinander. Die angegriffenen Pferde wehrten sich verzweifelt und schlugen gezielt nach ihren Widersachern aus. Schnell konnte es Verletzungen geben.

„Los, wir müssen versuchen, sie auseinander zu treiben!", rief Snorri. Er wollte ein langes Seil als Peitsche nutzen und ritt mutig auf die Kampfhähne zu. Die Männer taten es ihm nach und schwenkten johlend ihre Hüte, ein Kleidungsstück, oder was ihnen spontan in die Hände fiel.

„Kommt, wir versuchen den Rest der Herde einigermaßen zusammenzuhalten", schlug Brigitte vor.

Vorsichtig bildeten sie einen Ring um die Herde und konnten mit beruhigender Stimme die aufgeregten Tiere ein wenig besänftigen. Snorri hatte aus seinem Strick ein Lasso geknotet und hatte den ersten Wildling gekonnt damit eingefangen. Mit der Schlinge um den Hals bäumte er sich noch ein paar mal, wurde dann aber rasch friedlich.

Im gestreckten Galopp verfolgte Samuel einen der Halbwüchsigen, der schrill wiehernd versuchte, wieder zurück zur Herde zu gelangen. Aber Samuel drängte ihn erfolgreich ab. Immer wieder schnitt er dem jungen Hengst den Weg ab. Dieser machte auf der Hinterhand kehrt, schlug Haken wie ein Karnickel und bockte außer sich vor Wut. Snorri kam Samuel zu Hilfe und warf sein Lasso. Nach dem dritten Versuch legte sich die Schlinge endlich um den Hals des ungestümen Pferdes. Dennoch gab das Tier sich nicht geschlagen. Es zog und zerrte nun an dem Strick, dass Snorri fast aus dem Sattel gezogen wurde und das Seil nur mit größter Mühe halten konnte. Doch auf einmal blieb das Tier stehen, seine Flanken bebten, es senkte den Kopf und gab auf.

Während sich die Männer als Cowboys betätigten, versuchten Ingrid und Melissa aus Ersatzzügeln und den Seilen, die Trausti in seinen Packtaschen hatte, behelfsmäßige Halfter zu basteln. Alle waren abgesessen, hektische Aktion machte sich breit.
"Hier, Inga, halt mal!" Daniel strich seinem Pferd die Zügel über den Kopf und warf sie ihr zu. Kevin tat es ihm nach. Inga fing sie geschickt auf und redete beruhigend auf die nervösen Pferde ein.
Britta hatte sofort wieder Angst um ihre Tochter. "Sei vorsichtig, lass lieber die Zügel los, bevor du unter die Hufe kommst!"
Inga verdrehte bei dem wohlgemeinten Ratschlag genervt die Augen. Sie fühlte sich der Situation durchaus gewachsen. "Hilf mir lieber, bevor du so dumm daher redest!"
Britta blieb die Spucke weg bei dem unverschämten Ton aus dem Mund ihrer Tochter. Sie holte tief Luft für eine Zurechtweisung, aber Inga wandte ihr den Rücken zu. Der nächste Satz würde an eine Wand prallen und aus Prinzip nicht berücksichtigt werden.
Jan legte Britta den Arm um die Schultern und zog sie behutsam mit sich. "Komm, du wirst hier gebraucht!"
Er drückte ihr den Strick von einem der jungen Hengste in die Hand. Sie fürchtete sich vor dem ungestümen Tier und versuchte, es auf Distanz zu halten. Sie hatte Tränen in den Augen und nahm die Situation nur unter einem Schleier wahr.

Es dauerte eine Ewigkeit bis die neun Lausbuben eingefangen waren. Sie machten sich ein Spiel daraus, den Fängern geschickt auszuweichen. Sie waren extrem wendig und schnell, preschten immer wieder mitten durch die Herde, die auch nicht zur Ruhe kam. Aber die Männer konnten einen nach dem anderen in die Enge treiben und dann greifen. Nun konnten sie keine Unruhe mehr stiften.

Trausti beschloss, die Renegades als Handpferde mitzunehmen. Er kannte die Tiere nicht, und wollte im Quartier am Abend versuchen, herauszufinden, wem die Ausreißer gehörten. Staubig und verschwitzt bestiegen sie ihre Pferde, nicht ohne Stolz, die Situation gemeinsam gemeistert zu haben.

„Deine Show vorhin war bühnenreif, Samuel! Alle Achtung!"
Trausti klopfte ihm anerkennend auf die Schulter. „Hast du das heimlich geübt?"
Samuel tat verlegen. „Ach, weißt du, ich hab alle Western mit John Wayne gesehen und drei Jahre lang auf einer Ranch in Arizona gearbeitet..."
Trausti sah ihn ungläubig an.

„O.k., war nur ein Scherz!", lachte Samuel. „Ich bin selbst über meine Courage erschrocken. Hätte ich vorher darüber nachgedacht, hätte ich es vermutlich bleiben lassen."

Nun konnten sich die Reiter mit der Erziehung von Handpferden üben. Drei der jungen Hengste gebärdeten sich noch störrisch, fügten sich aber dem Willen der Reiter, als sie energisch und konsequent zu gutem Benehmen aufgefordert wurden. Die anderen hatten bereits aufgegeben, als sie eingefangen worden waren.

"Ich bin noch nie mit Handpferd geritten!", jammerte Brigitte.
Als alle wieder im Sattel saßen, verteilten Snorri und Trausti die Wildlinge. Schon hatte sie ungefragt einen Strick in der Hand.

„Das ist hier auf gerader Strecke nicht besonders schwierig. In Island reiten wir hin und wieder sogar mit zwei oder drei Handpferden auf einmal", erklärte Trausti. „Das ist der gewöhnlichste isländische Pferdetransport und überall kann man eine Herde nicht mehr frei laufen lassen, wie hier in dieser Einöde."

Sie ritten los, langsamer nun, bis sich Reiter und Handpferde an die neue Situation gewöhnt hatten. Die Junghengste blieben artig und machten kaum mehr Probleme.

„Ich hatte meine Stute oft als Handpferd mitgenommen, als ich sie reiterlich nicht mehr voll belasten konnte," brachte Monika sich ein. "Wenn die Pferde es gewöhnt sind, das Handpferd gelernt hat, folgsam mitzulaufen und das Reitpferd entsprechend gut ausgebildet und sicher zu reiten ist, macht das viel Spaß und klappt erstaunlich gut."

„Was ist eigentlich mit deiner Stute? Du hast schon am ersten Tag, als wir uns kennenlernten erzählt, dass sie nicht mehr lebt und ich wollte dich danach fragen. Magst du es erzählen?", fragte Kevin.

„Na gut, warum nicht? Alisha war schon über 20. Sie hatte eine schwere Arthrose. Schon bevor ich sie damals übernahm, hatte sie einen schweren Unfall erlitten, hing im Stacheldraht. Die Verletzung wurde viel zu spät entdeckt, wahrscheinlich stand sie auf einer abgelegenen Sommerweide und man sah nur sporadisch nach den Pferden. Erspare mir dazu bitte jeden Kommentar, darüber könnte ich mich immer wieder erneut aufregen. Stacheldraht auf einer Pferdeweide zu verwenden ist mehr als unverantwortlich.

Die tiefe Wunde, die sie sich am Sprunggelenk zugezogen hatte, konnte nicht mehr genäht werden und infizierte sich - vermutlich hat das Gelenk schon da einen Schaden genommen. Die Wunde eiterte immer noch, als ich sie mehr oder weniger geschenkt bekam. Sie war in einem miserablem Zustand und ich pflegte sie gesund. Sie erholte sich erstaunlich schnell und ich hatte sie noch sieben Jahre lang. Als sie zu mir kam, war sie schon fünfzehn. Ach, und ich möchte keinen Tag mit ihr missen. Sie war einfach nur liebenswert. Etwa ein Jahr vor ihrem Tod fing sie dann beständig zu lahmen an. Nicht sehr schlimm, aber reiten konnte ich sie nicht mehr. Sie durfte mit ihren Freunden auf der Koppel laufen und wirkte noch recht froh und zufrieden, aber im Herbst, als die Weidesaison zu Ende ging und sie die ständige Bewegung nicht mehr hatte, ging es rapide bergab." Monika hielt inne, es machte sie plötzlich wieder traurig, über ihre Stute zu sprechen.

Einfühlsam fragte Kevin: „Musstest du sie einschläfern lassen?“

„Ja, als ich an einem Tag zum Stall kam und sie nicht mehr aus der Box laufen konnte, wusste ich, dass der Tag X gekommen war.“

„Ich weiß, wie schwer das ist”, pflichtete Daniel bei.

“Ich habe auch schon einige Pferde an ihrem letzten Tag begleitet. Ist sie auch immer umgefallen? Ich hatte selbst einmal ein Arthrose-Pferd, der Wallach konnte nicht mehr auf drei Beinen stehen.“

Monika pflichtete ihm bei. „Alisha ist mir auch ständig vorne eingeknickt, wenn ich Hufe ausgekratzt habe und beim Reiten ist sie einmal auf das Vorderfußwurzelgelenk gefallen. Es wurde mir dann zu gefährlich, sie weiterhin zu reiten.“

„Und, war es sehr schlimm? Ich muss sagen, ich hatte vorher einige Horrorgeschichten über das Einschläfern gehört und war beim ersten Mal erstaunt, dass es so schnell und reibungslos vonstatten ging.“

„Bei mir war es ähnlich. Ich hatte mir schon viele Gedanken darüber gemacht, wie das ablaufen wird. Schließlich war Alisha nicht mehr die Jüngste und ich wusste, dass ihr verletztes Bein eines Tages schlapp machen wird. Also hab ich schon immer hin und her überlegt, was ich tue, wenn es so weit ist. Einschläfern lassen? Schlachten? Aber letzteres kam für mich nicht in Frage. Ich hätte es nicht über mich gebracht, mein Pferd in einen Schlachthof zu fahren, auch wenn ein Bolzenschuss für das Pferd vielleicht genauso schmerzlos ist und der Tod ebenso schnell eintritt. Der Tierarzt kam früh am Morgen und sie bekam die Todesspritze vor dem Stall. Ich konnte vorher noch in aller Ruhe bei ihr sein, ihr beim Fressen zusehen, sie streicheln, putzen und mich still von ihr verabschieden. Ich würde es genauso wieder tun wollen, wenn ich vor so einer Entscheidung stehen würde.“

„Ja, ich auch. Ich fühlte mich jedes Mal erleichtert, als das tote Pferd vor mir auf dem Boden lag. Jede Anspannung war von dem Pferd abgefallen und von mir auch.“

„Mir ging es genauso. Dieses Wissen, dass der Tag X jederzeit bevorstehen könnte, war für mich enorm schlimm. Ich hatte regelrechte Panikattacken, die ich damals zwar nicht mit Alishas Zustand in Verbindung brachte, aber hinterher wurde mir klar, dass das zusammenhing.“

„Und? Willst du wieder ein Pferd?“ fragte Kevin neugierig.
„Doch schon, auf alle Fälle. Ich habe mir die Box in unserem Stall reservieren lassen und möchte demnächst konkret auf die Suche gehen. Einen Araber will ich aber nicht mehr. Ich habe zwar etliche interessante Angebote erhalten, sogar zu verschenken wäre ein Pferd, aber ich will etwas ganz anderes. Ein Pferd, das mich nicht jeden Tag an Alisha erinnert. Ich könnte es nicht ertragen, wenn aus der gleichen Box wieder so ein edler Schimmelkopf herausguckt. Wenn, dann soll das Pferd ganz anders sein. Vom Aussehen und auch vom Charakter!“
„Wie war sie denn vom Charakter?“
„Sie war einmalig lieb und sanft, hatte fast menschliche Züge. Sie konnte richtig beleidigt sein, wenn ich mal einige Tage nicht bei ihr war. Sie hatte sehr viel Geduld und war in jeder Lebenslage mit dem kleinen Finger zu dirigieren. Außerdem hatte sie Nerven wie Drahtseile. Ach, so ein Pferd gibt es kein zweites mal mehr.“ Monika seufzte.
„Ich dachte immer, Araber seien ziemlich verrückt und hysterisch.“
„Nein, da täuscht du dich. Alisha war jedenfalls eine Seele von einem Pferd. Es sind Vollblüter, ja, von daher sensible, temperamentvolle Pferde, aber völlig klar im Kopf, wenn die Besitzer nicht selbst hysterisch und ängstlich sind. Ich denke mir, dass das Verhalten von vielen Pferden, egal welcher Rasse, von der eigenen Persönlichkeit beeinflusst wird und den Rest macht eine konsequente Erziehung aus.“
„Und einen Isländer willst du nicht?“
„Na, ich glaube, ich könnte mich durchaus anfreunden mit so einem töltendem Gesellen. Ich lasse das auf mich zukommen, ich glaube fest daran, dass das Schicksal mich irgendwann vor ein bestimmtes Pferd stellt und ich sofort weiß, das und kein anderes. Bei mir muss da vom ersten Augenblick an die Chemie stimmen. Schließlich soll das Pferd wieder eine Lebensstellung bei mir erhalten.“

“Um die nächste Flussbiegung herum sehen wir schon unser Quartier!”, bemerkte Trausti und rieb sich die kalten Hände.
Es war stürmisch geworden, ein kühler Wind pfiff ihnen um die

Ohren und sie freuten sich, als sie aus dem Sattel steigen konnten. Das Dach ihrer Hütte wirkte windschief und nicht gerade vertrauenserweckend. Aber es tröstete, dass es bestimmt schon vielen Stürmen getrotzt hatte. Das Grasdach sah ungepflegt aus wie das Fell eines räudigen Schafes. Sauerampfer und langstielige Gräser säumten den Vorplatz. Die rotbraune Holzfassade hatte etwas herbstliches. Vier verloren wirkende Bäume hatten sich angesiedelt und beugten sich in die Richtung des pfeifenden Windes. Es war leichter, sich dem Wind anzupassen, als ihm zu trotzen. Auch die Pferde stellten sich sofort mit den Hinterteilen zum Wind.
Monika lachte, weil sie sich an eine lustige Geschichte erinnerte.
"Wir sind einmal bei einem Ausritt mit den Pferden in einen widerlichen Sturm geraten. Plötzlich blieben unsere beiden Stuten stehen und drehten sich wie die Islandpferde jetzt gegen den Wind und den peitschenden Regen. Wir brachten sie keinen Schritt mehr vorwärts. Letztendlich saßen wir ab und taten es ihnen nach, was hätten wir sonst machen sollen. Neben den Pferden fanden wir noch mehr Schutz vor dem Unwetter als im Sattel. Es muss ein Bild für Götter gewesen sein. Zwei Schimmel und zwei patschnasse Reiter daneben, bewegungslos mit eingezogenem Kopf, im Unwetter ausharrend. Zum Glück dauerte das nicht ewig."
Sie nahm ihren Sattel über den Arm und verstaute ihn wie die anderen in der Hütte.

Birgir wartete im Nachtquartier ungeduldig auf die hungrigen Reiter. Es roch schon von Weitem nach dem Fisch, den er zubereitete. Er hatte sich schon einsam gefühlt und sich gewundert, wo sie blieben. Aber als er die mitgeführten Handpferde sah, erklärte ihm das rasch die Lage, als er aus der Tür blickte und sich seine mehligen Hände an der Schürze abwischte.
„Pass auf, gleich wird Snorri wieder sagen - wir bringen das Gulasch mit, Biggi!", äffte Ines Snorris Tonfall nach.
„Habe ich da meinen werten Namen gehört?" Snorri hatte seine Ohren überall.
Monika und Ines prusteten los. „Schon gut, Snorri, vergiss es."

Ingrid, Brigitte und Samuel brachten die Pilze zu Birgir in die Küche und sahen ihn erwartungsvoll an.

“Was ist das?”, fragte er und sah angewidert aus.

“Das ist ja unglaublich!”, entgegnete Brigitte. “Da gibt es in Island jede Menge Birkenpilze und kein einziger Isländer kennt sie!” Verächtlich fügte sie hinzu: „Gourmet-Banausen!“

“Wir machen uns nichts aus Pilzen.“ Entschuldigend hob er die Schultern. „Und was soll ich nun damit?”

Samuel übernahm das Kommando. “Lass mich das machen! Gib mir ein Messer und eine Pfanne! Zwiebeln, Fett und Gewürze brauche ich auch.”

Um das Haus herum befand sich eine halb verfallene, langgezogene Mauer, die bestimmt vor 1000 Jahren schon mühsam von Menschenhand errichtet worden war. Sie diente für die Nacht als Einfriedung für die Pferde. Gelassen knabberten sie das Gras, das sich auf den obersten Steinen verwurzelt hatte, bevor Trausti aus einem Schuppen Futter herankarrte.

Kaum hatte Matthias sein Pferd abgesattelt, hantierte er an seiner Fotoausrüstung herum und wechselte die Objektive. Mehrere Male hatten sie am Fluss riesige Brutkolonien Graugänse und Kurzschnabelgänse gesehen. Bis zu 40.000 Paare wurden dort im Þjórsaver schon gesichtet, hatte Trausti erzählt. Die Brutgebiete wurden unter Naturschutz gestellt. Den einzigartigen Anblick konnte er sich als Fotograf nicht entgehen lassen. Jan und Melissa wollten ihn gerne begleiten und wurden sofort als Stativträger und Hilfskräfte missbraucht. Gespielt stöhnend ließen sie sich einspannen. Jan hängte sich noch sein Fernglas um den Hals bevor sie zu den Ufern der Þjórsa aufbrachen.

Behelfsmäßig errichteten die Männer neben dem Pferch für die Herde der Reitpferde noch einen kleinen Paddock für die mitgeführten Junghengste. Per Handy hatte Trausti von unterwegs schon versucht, herauszufinden, wem die Tiere gehören könnten. Es waren etliche

Telefonate notwendig gewesen, bis er endlich erfahren konnte, dass der Besitzer Magnus Eggertsson hieß. Eggertsson hatte die Tiere noch nicht einmal vermisst. Sie lebten bis zum Herbst wild auf seinen großen Sommerweiden und sollten im Winter kastriert und angeritten werden. Sie hatten sich wohl gedacht, sie müssten sich noch ein wenig Vergnügen gönnen, bevor der Ernst des Lebens für sie begann. Der Züchter meinte lapidar, sie sollten die Pferde dort an der Hütte in dem Pferch zurücklassen, wenn sie am nächsten Tag weiterritten. Er würde jemand vorbei schicken, der die Tiere nach Hause treibt. In den nächsten Tagen, meinte er vage. Die Reiter fanden diese Gleichgültigkeit erstaunlich. Monika sah die Pferde schon halb verhungert hinter dem Gatter stehen, aber es tröstete sie, dass sie bei dem windschiefen Zaun bestimmt wieder ausbrechen würden, wenn der Hunger und die Abenteuerlust sie erneut übermannte. Eigentlich hätten sie die Bande gleich wieder frei lassen können.

Birgir hatte für die Gäste Ýsa zubereitet. Schellfisch. Á la Chef, wie er betonte. Er hatten den Fisch paniert und mit Gewürzen zubereitet, deren Mischung er nicht verraten wollte. Samuels Pilzgericht passte vorzüglich dazu. Zum Nachtisch kredenzte Birgir neben dem kvöldkaffi noch eine isländische Spezialität. Védýs. Größere Gebäckteilchen, zuckersüß und so lecker, dass niemand wiederstehen konnte, nach einem zweiten Stück zu greifen.

Nach dem Abendessen ging Ines noch einmal nach draußen. Sie wollte Gnyfari eine gute Nacht wünschen. Sie setzte sich in den Windschatten der Mauer auf den steinigen Boden und beobachtete das geliebte Pferd. Stjarni, Biggis Islandspitz kam zu ihr, sprang ihr auf den Schoß und kuschelte sich an sie. Sie grub ihre Finger in sein flauschiges Fell.

“Oh Stjarni, findest du nicht auch, dass Gnyfari das schönste Pferd mit dem schönsten Namen auf der ganzen Welt ist? Gnyfari.” Ines ließ den Namen auf der Zunge zergehen. Sie drückte den kleinen Hund eng an sich, sinnierte und sagte verträumt: “Es bedeutet: der über Geröll gehende, hat Aðalsteinn erzählt! So fühlt es sich auch an, wenn ich ihn reite. Er trägt mich sicher und behende über jedes Geläuf. Gnyfari!“

Trausti war ebenfalls nach draußen gegangen. Er hatte sich eine Zigarette angesteckt und inhalierte genüsslich den Rauch. Das Abendrot zeigte sich mit violettem Licht. Der Sonnenball wirkte zum Greifen nah und tauchte die gesamte Landschaft in ein warmes Licht. Man hätte meinen können, es hätte jemand einen Lampion über Island gestülpt. Die Umrisse des Hauses und der Pferde waren nur konturenhaft wie bei einem Scherenschnitt zu sehen. Die Wolkenfetzen am Himmel sahen aus als wären sie eine Collage aus Reißpapier. Sie wirkten unnatürlich angemalt und verharrten wie angeklebt. Man hätte auf die Idee kommen können, ein Fotograf hätte einen blauroten Filter für dieses Bild verwendet. Trausti hörte Ines Stimme und sah über die Mauer.

“Ines, was machst du denn da? Alles in Ordnung?”

“Ja, alles roger. Ist er nicht wunderschön?”

Trausti sah nach oben zum Himmel. Meinte sie den Mond, der sich in der Dämmerung schon deutlich abzeichnete und mit seiner hellen klaren Sichel auf sie herabfunkelte? Meinte sie die untergehende Sonne, oder den Hund, der glücklich hechelnd auf ihrem Schoß lag? Er schüttelte den Kopf und verließ sie wieder.

Kevin stand mit Biggi hinter einer selbst konstruierten provisorischen Bar und mixte Getränke. Sie hatten nicht viele Zutaten dafür, aber Kevin setzte sich gekonnt in Szene, als er mit einem umfunktionierten Shaker hantierte. Charmant servierte er jedem mit einer galanten Verbeugung einen anderen Drink. Er erhielt Applaus und nekkische Zurufe. Monika küsste ihn als Dankeschön auf die Wangen und er presste übertrieben die Hand auf sein Herz, als wäre ihm dadurch großes Glück zuteil geworden. Alle lachten.

“Du Schauspieler!”, rief Monika. “Was machst du eigentlich beruflich? Du solltest deine Talente nutzen!”

Kevin schwang sich auf den umgedrehten Stuhl vor sie.

“Ich arbeite als Barkeeper. In der Kneipe habe ich auch Daniel kennengelernt.”

Er zog den Freund am Hemdsärmel an sich, als Daniel hinter ihm vorbei lief.
"Aber er träumt wirklich davon, ein großer Star zu werden!" Daniel seufzte und küsste Kevin auf die dunklen Locken.
"Na ja, man kann nicht alles haben im Leben. Ich würde tatsächlich gerne zur Bühne gehen. Mir macht alles Spaß, Theater, Musical, Kabarett, aber das würde bedeuten, dass ich nur noch unterwegs wäre. Und weil Daniel ortsgebunden ist mit den Pferden, bleibe ich eben hier."
Er warf Daniel einen treuherzigen Blick zu.

"Kann ich noch einmal mit dir reden, Snorri?" Lydia klang versöhnlich. "Unter vier Augen!", fügte sie mit einem vorsichtigen Seitenblick auf Trausti hinzu. Snorri nickte ergeben. Sie verließen die Hütte.

Mit bleiernen Gliedern fielen die Gäste abends auf ihre Matratzen. Die Ritte wurden merklich anstrengender, Trausti hatte sie ja gewarnt. Monika hatte sich an beiden Händen die Finger aufgerieben, die den Zügel hielten, denn sie hatte alle Hände voll zu tun gehabt mit ihrem kleinen schwarzen Teufel Skratti, der seinem Namen alle Ehre machte, als es darum ging, die Wildpferde einzufangen. Er hätte den Part am liebsten alleine übernommen und wurde sehr eigenmächtig. Sie kam sich ziemlich verloren vor und musste kämpfen, die Beherrschung über ihn nicht vollends zu verlieren. Brigitte hatte ein Desinfektionsmittel dabei und verpflasterte die aufgeplatzten Blasen. Es brannte wie Feuer und tat höllisch weh.
"Schade, dass ich keine dünnen Reithandschuhe dabei habe, sie hätten mir in den nächsten Tagen gute Dienste erwiesen", stöhnte Monika, als sie verarztet wurde.
Samuel bot ihr seine Lederreithandschuhe an, aber die waren natürlich viel zu groß. So musste sie auf ihre dicken Winterhandschuhe zurückgreifen.

Matthias humpelte wie ein alter Mann durch den Raum und klagte über Muskelkater. Samuel lachte und riet ihm: "Da hilft nur eins! Gleich am nächsten Tag wieder rauf aufs Pferd und weiterreiten!" Matthias lächelte gequält.

„Morgen haben wir die erste trostlose Tour vor uns. Wir müssen es bis zum Tungnafellsjökull schaffen und ihr werdet den ersten Geschmack auf das Hochland bekommen. Wir kommen nahe am Gletscher Hofsjökull vorbei, den ihr heute schon von Ferne gesehen habt. Dann queren wir eine eintönige Geröllwüste auf den Vatnajökull zu. Wir werden ziemlich forsch reiten, damit die Pferde gut in Schwung bleiben."
Welch ein netter Gruß zur guten Nacht. Die Reiter stöhnten und verdrehten die Augen, suchten Erholung in tiefem, traumlosen Schlaf.

Hofsjökull - Am Gletscher

Birgir verstand es, seine Gäste mit immer neuen Köstlichkeiten zu verwöhnen. Zu diesem Frühstück servierte er ein frisches Körnermüsli und stellte dann neben den Milchtopf eine verbeulte unansehnliche Blechschüssel in die Mitte des Tisches, die er feierlich mit einem Tuch verhüllt hatte. Erst als alle versammelt waren, gab er sein Geheimnis preis und zog das Tuch mit der galanten Bewegung eines 5-Sterne-Obers herunter. Die Schüssel war randvoll mit glänzenden, tief dunkel leuchtenden Blaubeeren gefüllt und Birgir amüsierte sich über die erstaunten Blicke und Ausrufe, die er dafür erntete.

„Du bist doch immer für eine Überraschung gut", meinte Samuel und Birgir verkündete voller Stolz:

„Selbst gepflückt!" Er freute sich außerordentlich über den gesegneten Appetit seiner Reitersleute und griff selber beherzt zu.

An diesem sechsten Reittag verließen sie das fruchtbare Gebiet Tjarnaver und ritten in den abgeschiedenen, fast unbewohnten Bezirk am Rande des Hochlandes hinein. Als sie den See Kvíslavatn, mit seinen tiefblauen, verzweigten Armen hinter sich gelassen hatten, wurde wie durch einen Scherenschnitt der Gegensatz des Landstriches deutlich. Nun tauchten sie in eine unwirtliche Wüstengegend hinein. Die Kargheit der Flora erschien auf einmal befremdlich und abschreckend im Vergleich zu der gewohnten, bewachsenen Landschaft, die sie bislang durchritten hatten. Es entbrannte eine heiße Diskussion, ob Isländer nun auf Island oder in Island wohnen würden. Die Isländer selbst redeten davon, in Island zu leben. Es konnte keine Einigung erzielt werden. Aber alle waren sich einig, dass die Isländer an der Grenze der bewohnbaren Welt hausen.

Matthias stand auffallend oft in den Steigbügeln und streckte die Beine steif wie eine Holzfigur von sich. Es war offensichtlich, dass er nicht den Rücken des Pferdes entlasten wollte, sondern sein eigenes Gesäß. Einige der Reiter lachten insgeheim, enthielten sich aber jeglichem Spott, nicht dass es ihnen bald genauso ergehen würde.

Während sie bei der Mittagspause Rast auf einigen Felsbrocken machten, die sie als Stühle nutzten, jammerte Matthias wie ein altes Waschweib.

„Nein, bloß nicht hinsetzen."

Er machte eine abwehrende Geste und verzerrte sein Gesicht zu einer fratzenhaften Grimasse, so dass sich die anderen das Lachen nun doch nicht mehr verkneifen konnten.

„So schlimm?", fragte Ingrid mitfühlend.

„Mein Hintern ist ein einziger blutiger Fetzen!", gab er zu.

„Aber aufgeben werde ich nicht. Ein Indianer kennt keinen Schmerz."

„Na, kennen tut er ihn wohl schon, aber er ist so tapfer, um ihn auszuhalten!" stimmte Samuel ihm zu.

„Und ein Indianer jammert bestimmt nicht den ganzen Tag herum", stichelte Lydia und tat so, als würde sie ihm mit der flachen Hand auf den Allerwertesten schlagen wollen.

Mit schmerzverzerrtem Gesicht, sprang Matthias vorsichtshalber zur Seite.

„Ich habe eine gute Heilsalbe dabei", betonte Brigitte. „Ich bin die Frau für alle Fälle", lachte sie.

„Danke, die werde ich gebrauchen können!"

„Was noch besser hilft, ist eine heiße Schwefelquelle. Nicht weit von unserem Abendquartier heute gibt es eine, du solltest darin baden", riet ihm Trausti.

„Der Geruch betäubt außerdem jeden Schmerz", spottete Snorri und hielt sich die Nase zu.

"Ich möchte bitte Quelle und Heilsalbe!"

Letztendlich fühlten alle mit Matthias und wollten nicht in seiner Haut stecken. Schließlich hatten sie die Hälfte des Weges noch vor sich.

„Ich habe ein Stück Schaffell dabei", meinte Ingrid.

„Vielleicht kannst du dir daraus ein Polster für den Sattel machen."

Sie kramte es aus ihrer Packtasche und reichte es ihm.

Matthias nahm dankbar jedes Hilfsangebot an.

Der Anblick des Gletschers Hofsjökull begleitete die Reisenden auf ihrem Weg in die Einsamkeit. Schläfrig und träge lag das ewige Eis vor ihnen und schmiegte sich an die Formen der Landschaft an, eingepasst wie eine Intarsie. Einzelne Schneefelder waren die ersten Boten, welche die Eisriesen mit ihrer Kälte voraus schickten. Mit ungehemmter Gewalt fegte der Wind über die weiten schwarzen Ebenen. Bald schon konnten sie erkennen, dass die flach gewölbten Eisfelder die Landschaft völlig bedeckten. Die breiten Gletscherzungen zogen sich weit bis in das Vorland hinein. Nur ein paar vereinzelte Gipfel ragten massiv aus dem ewigen Eis.

"Seht nur", meinte Inga, deren Phantasie auf Reisen ging. "Es sieht aus, als würde ein Riese in der Landschaft liegen. Die Berge da hinten sind sein Gesicht und dort gucken seine Füße heraus. Er hat sich nicht richtig zugedeckt mit seiner weißen Daunendecke. Hoffentlich friert er nicht! Schlaf schön weiter, gutmütiger Riese."

„Die Einheimischen nennen die herausragenden Felsspitzen Nunataks“, erklärte Snorri.

Unzählige Gletscherflüsse überzogen die Landschaft. Sie mussten die Gewässer immer wieder durchqueren, doch sie waren nicht tief und gefahrlos zu passieren. Die Flüsse schienen das einzige zu sein, was sich in dieser ansonsten toten Landschaft bewegte. Die flirrende Luft und das schimmernde Wasser bildeten immer wieder Schleier am Horizont, die an eine Fata Morgana erinnerten. Sie ritten wie durch eine Märchenwelt, flankiert von den Eisriesen, die nicht weniger bedrohlich wirkten, als die schlafende Hekla. Wie nahe sie trotz des vielen Eises dem Feuer waren, zeigte ihnen eine Lavablase, die wie ein überdimensionaler Pickel aus dem Schnee ragte. Seit Jahrtausenden erstarrt und doch Zeuge von der Lebendigkeit der Naturgewalten rings um sie.

Wenn die Sonne hinter einer Schleierwolke verschwand, schimmerte das Eis auf einmal bläulich, während es von der Sonne bestrahlt, ein makelloses Weiß aufwies und in den Augen blendete. Sie kramten ihre Sonnenbrillen heraus, wodurch die Landschaft noch dunkler und trister erschien, oder nur der Kontrast zwischen schwarzem Gestein und weißem Schnee deutlicher wurde.

Weit entfernt, aber bereits deutlich zu sehen, lag zu ihrer Rechten allgegenwärtig der Gipfel des mächtigen Gletschers Vatnajökull. Jan hatte endlich wieder einen Grund, seinen Reiseführer aus der Tasche zu kramen:

„Der Vatnajökull bildet mit 8460 Quadratkilometern das größte Inlandeis Islands. Das Eis ist bis zu tausend Meter dick. Der Vatnajökull ist somit so groß wie alle übrigen Gletscher Europas zusammen. Seine Spitze ist die höchste Erhebung des Landes."

"Wie entsteht so ein Gletscher eigentlich? Sind es Übrigbleibsel aus der Eiszeit? Herr Geologe?" Brigitte wandte sich neugierig an Daniel, doch Trausti kam ihm mit einer Antwort zuvor.

"Nein, die Gletscher sind viel jünger, sie entstanden vor etwa 2500 Jahren. Zur Zeit der Besiedelung anno 1100 konnten die Bewohner die Routen durch das Eis noch ungefährdet queren. Aber 300 Jahre später sanken die Temperaturen erneut und die Gletscher breiteten sich aus. Diese Kälteperiode endete erst vor etwa 100 Jahren und seither schrumpfen die Gletscher wieder."

"Das klingt ja richtig lebendig!", meinte Ingrid.

"Ist es auch. Die Gletscher verändern sich ständig. Das Eis kracht und knirscht und Gletscherwanderungen sind von daher sehr gefährlich, weil sich immer neue Risse und Spalten bilden, die oft nur von einer dünnen Schneedecke überdeckt werden."

Die Reiter waren tief beeindruckt von den Bildern der Eismassen und ließen die Blicke nicht von ihnen. Immer häufiger ritten sie nun durch Schneefelder, die sie kaum noch vor den Ausläufern des Hofsjökulls trennten. An vielen Stellen war der Schnee graubraun eingestaubt, und sah aus wie Fels. Doch Meter für Meter höher gelegen wurde das Eis deutlicher erkennbar und heller. Es sah aus, als hätte sich ein Fluss in den Einschnitt des Tales ergossen und wäre plötzlich zu Eis erstarrt, angehalten worden wie durch einen Zauberspruch.

Als sie den Hofsjökull erreicht hatten, rasteten sie am Fuße einer Gletscherzunge. Die Masse des Eises wurde ihnen erst bewusst, als sie dicht davor standen, das graue Eis berühren konnten und ein

kleines Stück hinaufkletterten.
„Zum Teil ist es hart wie Stein, dann plötzlich sinkt man wieder bis zu den Knien in lockeren Schnee ein“, berichtete Daniel, als er von seiner Exkursion zurückkam.

Matthias entdeckte eine Eishöhle und kramte mit fiebriger Eile seine Fotoausrüstung hervor. Die anderen folgten ihm gespannt zu seiner Entdeckung.
Trausti warnte: “Geht auf keinen Fall weit in die Höhle hinein! Niemand weiß, wie fest das Eis ist, das immer wieder durch wärmeres Wasser verändert wird!”
Doch die Höhle sah einladend und stabil wie ein Iglu aus. An manchen Stellen schimmerte das Licht durch dünnere Wände hindurch und das Eis wirkte bläulich wie der Himmel.
“Ihr Eisgeister, dürfen wir euch besuchen?” Brigitte flüsterte ehrfurchtsvoll.
“Eisgeister!” Matthias schnaubte verächtlich durch die Nase und baute sein Stativ auf. Er führte verschiedene Lichtmessungen durch und verrenkte seinen schlaksigen Körper um die besten Einfallswinkel des Sonnenlichtes auszunutzen.
“Kennt ihr die Geschichte der Nebelfee?”, fragte Brigitte. Sie berührte das Eis mit den bloßen Händen und liebkoste die glatten tropfenden Eiszapfen, die sich an einigen Stellen gebildet hatten.
“Nein, erzähl!”, bat Kevin, sofort neugierig geworden. Auch die anderen wandten sich ihr aufmerksam zu.

Brigitte holte tief Luft und begann:
„O.k., ich weiß die Namen von den Personen und den Pferden nicht mehr, die in der Geschichte vorkommen, so werde ich ihnen neu erfundene geben. Ich hoffe, ich bekomme die Sage einigermaßen hin. Also, da war einmal ein armer, verzweifelter Bauer der nur noch sein letztes gutes Pferd besaß, den Hengst Stormur. Als er wieder einmal knapp bei Kasse war, ließ er sich das Pferd von einem reichen Nachbarn abschwatzen, der auf Stormur schon lange ein Auge geworfen hatte. Er tauschte den Hengst gegen einen al-

tersschwachen nutzlosen Wallach ein, und gegen ein wenig Geld, das der Bauer nicht einmal bis nach Hause brachte, sondern gleich in einer Kneipe für Alkohol ausgab. Sein Enkel, der bei ihm wohnte, weil er keine Familie mehr hatte, war entsetzt darüber, denn er hatte davon geträumt, durch Stormur ein großer Pferdezüchter zu werden. Dieses Ziel rückte nun in unerreichbare Ferne.
Finnur, so hieß der Knabe, verliebte sich bei einer Feier nach dem Schafabtrieb in die schöne Hafdís, die Tochter des reichen Bauern. Aber wie könnte es anders sein, die holde Maid war natürlich einem anderen versprochen. Aber sie erwiderte Finnurs Liebe und deshalb trafen sie sich oftmals heimlich in den Bergen.

Als Finnur im Winter krank wurde, setzte sich der Großvater gemütlich zu ihm, und erzählte ihm die Sage der Elfenkönigin und ihrem Zauberpferd Dimmalimm: Darin heißt es, dass es einem Menschen Unheil bringen würde, wenn er die Grenze zum Elfenland, abgelegen in den Bergen, überschreiten würde. Wenn man der Elfenkönigin begegnen sollte, darf man sie niemals ansehen, sonst sei man verloren. Niemand wäre je lebend aus ihrem Reich zurück gekommen.

Hafdís wartete, bis der Großvater einmal wieder in der Kneipe saß, und besuchte Finnur am Krankenbett. Er fühlte sich sterbenselend, dämmerte dahin, und im Fieberwahn hielt er sie für die Elfenkönigin. Er träumte, dass sie ihm ein Pferd versprach, wenn er nur bald wieder gesund werden würde.

Beim nächsten Schafabtrieb im Jahr darauf, verlor Finnur die anderen Reiter in den Bergen. Im Nebel verirrt, sah er plötzlich eine Gestalt. Er folgte ihr und fand ein freilaufendes Pferd. Es war eine Schimmelstute, jung und wunderschön. Er trieb das Tier in eine Schlucht, konnte es dort fangen und nahm es mit. Er taufte die Stute Léttstíg, denn sie war leichtfüßig und so schnell wie der Wind. Er brachte sie auf den Hof des Großvaters und zähmte sie. Natürlich blieb das nicht lange geheim. Der Neid von Magnús, Hafdís Bruder, mit dem er ständig im Streit lebte, war ihm gewiss. Mit allen Tricks versuchte dieser an das Pferd zu kommen, zumal Finnur mit Léttstíg auf einem Rennen gegen Magnús gewann.

Betrunken wie die beiden nach der Siegesfeier waren, kam es wieder zu einer Auseinandersetzung zwischen Magnús und Finnur. Im Streit passierte ein Unglück und Finnur erschlug Magnús. Er wollte es weiß Gott nicht, aber es war eben passiert. Weil ihm das aber sowieso keiner geglaubt hätte, musste er daraufhin in die Berge flüchten und lebte fortan zusammen mit Léttstíg in einer Höhle. In seiner Angst hielt er sich lange verborgen, aber im Winter fühlte er sich so verzweifelt und einsam, dass er Hafdís im Ort besuchte. Sie fielen sich überglücklich in die Arme, aber er bat sie, ihm zur Flucht ins Ausland zu verhelfen, doch das schlug fehl. Wenig später besuchte Hafdís ihn ein letztes Mal. Sie teilte ihm mit, dass sie von ihm schwanger war und dem Kind zuliebe einen anderen heiraten würde.
Von da an ging es mit Finnur rapide bergab. Er liebte Hafdís über alles und verkraftete die Trennung nicht.

Als er sich in einer stockdunklen Winternacht in einem Schneesturm verirrte, ließ er Léttsíg die Zügel lang, in der Hoffnung, dass sie zu ihrer Höhle zurück finden würde. Doch Léttstíg brachte ihn nicht zu der gewohnten Behausung, sondern zielstrebig in den Eispalast der Nebelfee. Einer Höhle aus Eis und Schnee. Dort lebten mehrere Pferde, Léttstígs Mutter, sowie ihre Geschwister, und es gab ein freudiges Wiedersehen. Finnur blieb nichts anderes übrig, er musste die Nacht bei den Tieren verbringen. Aber es war lausig kalt, seine Jacke schützte ihn nicht lange vor der Kälte und er fror erbärmlich.

Dann sah er plötzlich die Nebelfee auf sich zukommen. Sie war wunderschön. Noch schöner, als er sie sich in seinen Träumen jemals vorgestellt hatte. Ein strahlender Lichtkranz umgab ihre Krone aus glitzernden Eiskristallen. Ihr schneeweißes langes wallendes Kleid war aus reiner Seide. Sanft lächelte sie ihn an. Als sie ihn berührte, wurde es ihm wunderbar warm. Sie breitete eine weiße Decke über ihn, küsste ihn und riet ihm, zu schlafen.

Daraufhin schloss Finnur glücklich und mit einem Gefühl der Geborgenheit die Augen. Schmerzen und Kummer waren vergessen.

Im Frühjahr, als es nach der Schneeschmelze endlich möglich war, machte sich der Bauer auf, um nach seinem Enkel zu suchen. In einer Höhle fand er nur noch den Sattel, den Zaum, die Kleider, die Stiefel und die Knochen von Finnur."

"Hu, ist das schön schaurig!" Monika schüttelte sich.
"Í myrkurdjúpinu Þýr ósýnilegt fólk", murmelte Snorri. "In der finsteren Tiefe wohnen unsichtbare Menschen."
Ines bekam eine Gänsehaut.
"Ich glaube, ich hab dort hinten eine Gestalt gesehen!" Daniel zeigte in das Dunkel der Höhle und grinste.
Eilig strebten sie dem Ausgang zu. Die helle freundliche Sonne wäre ihnen nun ein Trost gewesen, aber sie war hinter einer Wolke verschwunden, und sofort bekam die Umgebung etwas Unheilvolles und Düsteres. Wie wegradiert waren die schimmernden Farben.

„Unheimlich ist mir dieses Eis", stellte Ingrid fest, als sie zu den Pferden zurück liefen.
„Ich finde, es hat etwas Lebendiges, Verschlingendes an sich. Als ob es einen im Zeitlupentempo einfach auffressen könnte."
„Das bedrohliche Aussehen ist auch hier ernst zu nehmen", meinte Snorri. „Gerade jetzt im Sommer zur Schneeschmelze ist da ganz schön Bewegung drin."
„Wem sagst du das", beschwerte sich Lydia. „Nun sieh doch mal, der Gletscher frisst gerade meinen Pulli auf!"
Neugierig gingen sie zu ihr. Sie kauerte am Boden und starrte ungläubig auf ihren Pullover hinunter, der zur Hälfte unter der Eiszunge verschwunden war.
„Vor zehn Minuten hatte ich ihn hier abgelegt, das gibt es doch nicht."
Daniel zerrte daran und der Gletscher gab das Kleidungsstück widerwillig frei. Trausti und Snorri wechselten einen Blick, beide wirkten auf einmal bleich und erschrocken.
"Der Gletscher kriecht erbarmungslos über alles hinweg. Über Tier, Erde und Gewächs. Unaufhaltsam....."

Snorri hatte den Satz noch nicht beendet, als es nach einem dumpfen Donnergrollen urplötzlich einen explosionsartigen Knall gab. Sie zuckten zusammen und erschraken zutiefst. Inga hielt die Luft an und presste ihre Hände instinktiv auf die Ohren. Die Richtung war nur grob zu orten und auch die Entfernung kaum einzuschätzen. Was war überhaupt passiert? Waren sie in eine Sprengung geraten? Hundert Meter neben ihnen, oder einen Kilometer weit entfernt? Dann herrschte Totenstille.

„Snorri, oh Gott, was war das?" Lydia klammerte sich in maßloser Furcht an seinen Arm. Snorri war selber leichenblass.

„Das war ein Gletscherlauf!", setzte Trausti zu einer Erklärung an.

„Ein Gletscherlauf?" Kevin eilte aufgeregt und planlos hin und her wie ein Raubtier in Gefangenschaft. „Was bedeutet das?"

„Unter dem Gletscher Hofsjökull entspringen zwei Flüsse. Der Austur- und der Vestur-Jökulá, die sich zum mächtigsten Fluss des Gebietes vereinen. Durch die Schneeschmelze staut sich das Wasser im Inneren eines Gletschers manchmal, und es bilden sich riesige unterirdische Seen. Wenn sich große Mengen angesammelt haben, hebt das Wasser das darüberliegende Eis an. Deswegen auch diese Bewegungen der Gletscherzungen. Manchmal sind es mehrere Meter am Tag, wie sie sich verändern."

Ein zweiter, ohrenbetäubender Knall folgte. Sie schrieen in Todesangst auf und drängten sich zusammen wie eine Herde Schafe. Als hätte jemand einen Staudamm geöffnet, ergoss sich in größerer Entfernung eine riesige schwarze Flut aus Wasser, Lavagestein, Eis- und Felsbrocken, in das Tal, in dem sie vor ihrer Mittagsrast noch geritten waren.

Sie sahen sich an, kreidebleich. Brigitte und Melissa fingen hemmungslos zu weinen an.

„Hurra, wir leben noch", meinte Ingrid sarkastisch.

Keiner mochte aussprechen, was alle dachten. Die Flutwelle hätte sie mit Sicherheit mitgerissen, die Menschen wie die Pferde, wenn sie zur falschen Zeit am falschen Ort gewesen wären.

„Lasst uns die Pferde wieder satteln und weiterreiten", meinte Trausti leise.

Mit zitternden Knien zogen sie sich in die Sättel hoch. Die Pferde spürten die Nervosität der Reiter und waren nur mit Mühe zurückzuhalten.

„Kann das denn nochmal passieren?“, fragte Brigitte, immer noch mit weinerlicher Stimme.

„Nein, das ist unwahrscheinlich. Der größte Schwall des Wassers ist weg, der Druck hat sich entladen. Hier am Hofskökull habe ich sowieso noch nie einen Gletscherlauf erlebt. Gerade deshalb halte ich mich auf den Reittouren eher hier auf dieser Seite, denn am Vatnajökull passiert das häufiger. Dort liegt der aktive Vulkan Grímsvötn unter dem Eis, der durch seine Ausbrüche häufiger Gletscherläufe verursacht. Das einzige, was uns passieren kann, ist, dass das liebliche Rinnsal von vorhin nun zu einem gewaltigen Fluss angestiegen ist, und heute nicht mehr passierbar sein wird. Aber wir müssen da an irgendeiner Stelle durch, hilft alles nichts.“

„Irgendeine Furt werden wir schon finden“, meinte Snorri. Seine Zuversicht tat ihnen gut. Sie war nicht gespielt.

Leider verschwand ihr Optimismus aber schlagartig wieder, als sie nach kurzer Zeit an dem Fluss ankamen, durch den sie vorher geritten waren. Wie Trausti geahnt hatte, hatte sich ein reißender Strom gebildet. Es wurde ihnen schwindlig, als sie auf das tobende trübe Wasser blickten. Der Fluss hatte sich um etliche Meter verbreitert. Sie ritten am Flussarm entlang, aber überall bot sich ihnen das gleiche Bild. Nach einigen Kilometern stromaufwärts stießen sie auf eine Kiesbank, die das Wasser etwas staute. Der Fluss war hier zwar noch breiter und tiefer, aber die Strömung deutlich geringer. Snorri saß ab und band sich ein langes Seil um den Körper. Das Ende des Seiles übergab er Trausti, der es zur Sicherheit an seinem Sattel befestigte. Er sah Snorri ernst und mit ausdrucksloser Mine an. Snorri saß wieder auf und trieb sein Pferd in das eiskalte Wasser hinein. Vorsichtig tastete sich Hvellur Schritt für Schritt behutsam vorwärts. Bald ging ihm das Wasser bis zur Hüfte, aber es wurde nicht tiefer und er konnte sich halten. So lenkte Snorri durchnässt das Pferd zu den Wartenden zurück und meinte mutig:

„Hier können wir es versuchen!"
Monika klopfte das Herz bis zum Hals. Nun mussten sie also wirklich mit den Pferden durch dieses tosende Wasser hindurch. Eine Alternative gab es nicht. Der Fluss trat aus dem Gletscher und versperrte ihnen den Weg in nördliche Richtung. Der Gletscher machte ein Weiterkommen auf der anderen Seite unmöglich. Versiegen wollten die Wassermassen nicht, das gaben sie deutlich zu verstehen.
„Wir werden einzeln hindurchreiten", bestimmte Trausti.
„Zur Sicherheit, bindet ihr euch das Seil um, man kann nie wissen. Ich bleibe am Schluss und treibe die restlichen Pferde hinterher!"
„Wer macht den Anfang?" Snorri sah auffordernd in die Runde hinein.
Alle schwiegen. Jeder bat insgeheim noch um eine Gnadenfrist vor dem waghalsigen Unterfangen. Außerdem hätte es gut getan, jemand bei der Flussdurchquerung zuzusehen und das beruhigende Gefühl zu bekommen, dass es möglich war, ohne von der Strömung mitgerissen zu werden.
Samuel steuerte sein Pferd langsam neben Trausti.
„Einer muss ja den Anfang machen. Ich hoffe, ich reiße dich nicht auch noch mit, wenn ich vom Pferd gespült werde. Ich sage schon mal adieu, ihr Lieben, wenn wir uns nicht wiedersehen." Sein trokkener, schwarzer Humor verursachte ihnen eine Gänsehaut. Er knotete das Seil um seinen Körper und lenkte sein Pferd auf den Fluss zu. Grettir ging ohne zu Zögern in das Wasser hinein und suchte vorsichtig mit den Hufen nach dem Grund auf dem Gewässer. Es sah erfahren und überlegt aus, was das Pferd tat. Islandpferde, die mutigen, unerschrockenen Begleiter. Wie oft mussten sie schon solch gefährliche Abenteuer bestehen, um ihren Weg fortsetzen zu können. Grettir wagte sich Schritt für Schritt weiter hinein, er musste nicht schwimmen, fand noch immer sicheren Boden unter den Füßen und Samuel kam heil auf der anderen Seite an. Nass bis zu den Oberschenkeln, aber überaus glücklich nach der nervenaufreibenden Belastung rief er ans andere Ufer:
„Ich habe es geschafft, ich habe es geschafft! Der nächste kann kommen, die Pferde schaffen das, es ist nicht so schlimm, wie ich es

mir vorgestellt hatte. Ich gebe euch nur den guten Rat, nicht auf das reißende Wasser zu sehen. Das ist wirklich unheimlich und man glaubt jeden Augenblick, abgetrieben zu werden. Also, Augen zu, das Herz voraus werfen und die Pferde machen lassen!"

Kevin durchquerte den Fluss als Nächstes, dann Daniel, und beide kamen ebenfalls problemlos an der anderen Seite an. Ines musste Gnyfari gut zureden, bis er sich entschloss, den Weg ebenfalls anzutreten. Man sah ihm deutlich am Minenspiel an, dass ihm die Furt nicht geheuer war.

„Komm, Inga, jetzt du", schlug Snorri freundlich vor. Inga war still geworden und wirkte sehr blass. Steif saß sie auf ihrem Pferd und man hatte den Eindruck, dass nicht sie entschied, nun loszureiten, sondern dass ihre Stute die Führung übernahm.

„Iih, ist das kalt!", rief sie, als sie bis zum Bauch ins Wasser eintauchten. Britta folgte ihrer Tochter und weinte vor Erleichterung, als sie auf der anderen Seite ankam. Matthias, der das abenteuerliche Unterfangen fotografisch festhielt, verpackte nun seine Fotoausrüstung so gut es ging, und hielt sie sich weit über den Kopf, um sie vor Nässe zu schützen.

Die Pferde hatten gut zugesehen. Es hatte den Anschein, sie wussten genau, was die Reiter von ihnen verlangten und sie überlegten regelrecht mit. Skratti dachte wohl, er könne das Hindernis einfacher durchqueren. Als er die beiden Vorderhufe im Wasser hatte, machte er auf einmal einen Riesensatz in den Strom hinein. Dem folgten noch fünf weitere Riesensätze, so sprang er durch die Fluten. Monika war überhaupt nicht darauf gefasst gewesen und hing ihm ziemlich unglücklich auf dem Rücken. Er nahm sie so sanft in seine Bewegungen mit, dass sie nicht stürzte. Dennoch glitt sie am anderen Ufer mit wackligen Beinen aus dem Sattel und schimpfte lauthals mit ihm, fiel ihm dabei aber gleichzeitig um den Hals.

Brigitte schloss die Augen und murmelte ein Gebet als sie losritt. Ingrid klammerte sich am Sattel fest und schrie, bis sie das andere Ufer erreichte.

Einige Pferde aus der Herde, die noch auf der anderen Flussseite warteten, wurden unruhig. Sie wollten, dem Herdentrieb folgend, ihren Kameraden hinterher. Unentschlossen galoppierten sie wiehernd am Ufer entlang. Zwei davon sonderten sich plötzlich ab und traten die Flussüberquerung eigenmächtig an. Trausti waren die Hände gebunden, weil er Ingrid noch gesichert hatte und Snorri kümmerte sich um Melissa, die zitternd vom Pferd gestiegen war. So konnten die beiden Ausreißer nicht mehr zurückgehalten werden.

„Ach, lass sie laufen“, meinte Trausti und winkte ab. Doch dann stürzten sich auch die anderen reiterlosen Pferde in die Fluten und kämpften sich mutig an das andere Ufer durch. Lydia saß auf Glaumur, der nun zu steigen anfing und nicht zurückgelassen werden wollte. Es beruhigte ihn nicht, dass er nicht alleine war, er wollte der Herde hinterher. Lydia verlor die Kontrolle über ihr Tier. Glaumur bockte und galoppierte los. Es nutzte nichts, dass sie mit aller Kraft an den Zügeln zog, er ließ sich nicht mehr lenken. Da die Herde bei ihrem Aufbruch die selbe Furt benutzte, welche die Reiter vorgegeben hatten, kamen sie gut am anderen Ufer an, schüttelten sich das eisige Wasser aus dem Fell und gesellten sich brav wieder zu den Wartenden. Lydias Pferd jedoch bog zu früh ab. Glaumur tastete sich nicht vorsichtig in den Fluss, sondern sprang kopflos hinein, und schon versanken sie in den reißenden Fluten. Das Pferd kam sofort wieder an die Oberfläche und schwamm nun mit kräftig schlagenden Beinen auf die gegenüberliegende Seite zu. Mit jeder Sekunde wurde Glaumur jedoch in rasanter Geschwindigkeit abgetrieben. Lydia war aus dem Sattel geschleudert worden und ging ebenfalls unter. Sie tauchte kurz wieder auf, schrie und fuchtelte mit den Armen, aber sie hatte nicht die Kraft eines Pferdes, um gegen die Wasserstrudel anzukämpfen. Ihr Kopf verschwand sofort wieder unter dem eiskalten trüben Wasser. Snorri überlegte keinen Augenblick und sprang ihr mit einem Hechtsprung hinterher. Mit schnellen Kraulbewegungen kam er zu ihr und erwischte sie. Er packte sie an ihrer Kleidung und hielt sie mit aller Kraft fest. Lydia war ohnmächtig geworden und hing reglos in seinen Armen. Snorri wurde durch ihr Gewicht ebenfalls unter die Wasseroberfläche gezogen, aber mit dem freien Arm ruderte er kraftvoll, zu allem entschlossen, und konnte sich mühsam an der Oberfläche halten. Beide wurden von der Strömung mitgerissen, aber nach etwa hundert Metern schaffte Snorri es, in die Nähe des Ufers zu gelangen. Die Männer, die bereits auf der anderen Seite gewartet hatten, wateten sofort in den Fluss hinein und halfen ihm, Lydia an Land zu ziehen. Brigitte fing sofort geistesgegenwärtig an, sie wiederzubeleben. Nach kurzer Zeit fing Lydia zu husten und spukken an und schlug die Augen auf. Dann fing sie bitterlich zu weinen an. Aufatmend und erlöst ließen sich die anderen neben ihr in den Sand fallen. Sie lebte!

Melissa hatte, nachdem sie sich den Unfall mit ansehen musste, gänzlich der Mut verlassen. Sie stand neben ihrem Pferd, hielt die Zügel krampfhaft in beiden Händen und zitterte am ganzen Körper. Sie stammelte: „Ich bring das nicht, ich kann nicht, das schaff ich nicht“.

Es nutzte nichts, dass ihr Mann liebevoll und beruhigend auf sie einredete. Energisch schickte Trausti Jan voraus und hob Melissa mit sanfter Gewalt auf ihr Pferd zurück. Kergja blieb vollkommen ruhig, als würde sie den Ernst der Lage erkennen. Dankbar strich Trausti der Stute kurz über den Hals. Melissa klammerte sich an Trausti fest und schrie hysterisch, er konnte sich nicht von ihr lösen. So blieb ihm nichts anderes übrig, als mit ihr und der Stute zusammen durch die Furt zu waten. Sie kamen heil am anderen Ufer an, aber Melissa wurde von Weinkrämpfen geschüttelt. Jan hob sie vom Pferd und versuchte vergeblich, sie zu beruhigen.

Lydia zitterte vor Kälte. Ihre sonst so zarte Haut sah blau und flekkig aus. Sie klapperte mit den Zähnen wie bei einem Schüttelfrost. Brigitte hatte ihr geholfen, die nassen Sachen auszuziehen. Auch Snorri und Trausti schlotterten in der eiskalten Bekleidung. Jeder, der noch ein trockenes Kleidungsstück in den Packtaschen hatte, stellte es für sie zur Verfügung. Wieder waren die leuchtenden Overalls die Helfer in der Not und spendeten die nötige Wärme. Die Menschen fühlten sich völlig erledigt, aber alle hatten das Bedürfnis, den Ritt nun so schnell wie möglich fortzusetzen. Die Gruppe war stolz, diese Gefahr gemeistert zu haben und alle redeten aufgeregt durcheinander. Nur Melissa saß noch immer zitternd auf ihrem Pferd und sie fragten sich, wie sie den weiteren Weg im Sattel bewältigen konnte. Trausti nahm Kergja wieder als Handpferd, damit sie nicht auch noch ihr Pferd lenken musste. Sie klammerte sich zusammengesunken in der dichten Mähne fest. Ohne weitere Zwischenfälle kamen sie langsam, aber stetig voran

Brigitte war die Erste, die bald wieder lachen konnte. Sie erfreute sich an einem einsamen, rosa leuchtendem Weidenröschen an einem steinigen Flussufer, aber die Reiter nahmen weder das kleine unscheinbare Blümchen, noch Brigittes überraschten Ausruf wahr.

Sie waren in Gedanken versunken und nahmen den trostlosen Ritt über eine öde Kieswüste ergeben hin, bis am Horizont die nächsten Eisflächen der Gletscher zu erkennen waren. Vor ihnen lag der relativ kleine Tungafellsjökull und dahinter ragte der gigantische Vatnajökull heraus.

Monika fröstelte. Obwohl die Sonne es gut mit ihnen meinte, war es deutlich kühler, als am Vortag. Ihre zum Teil nass gewordene Kleidung klebte unangenehm klamm auf der Haut.

Völlig erschöpft kamen sie an ihrem Nachtquartier an, vor dem Birgir ein heimeliges Lagerfeuer angefacht hatte und frische Lachse grillte. Der Duft empfing sie schon von Weitem und half, die Anstrengungen zu vergessen. Doch Melissa rutschte vom Pferd und stürzte hart auf den Boden. Schmerzverzerrt hatte sie die Beine angezogen und wimmerte wie ein Kind. Jan hob sie sorgsam hoch und brachte sie in die Schutzhütte. Im Schlafraum legte er sie auf das Bett und streichelte sanft ihre Wange. „Melissa, bitte, rede mit mir. So kenne ich dich ja überhaupt nicht. Seit zwanzig Jahren sind wir verheiratet, haben alles im Leben gemeinsam gemeistert und ich kenne dich als tapfer, stark und voller Lebenswillen. Früher wärst du als erste durch diesen blöden Fluss geritten und hättest dich der Herausforderung gestellt. Und nun klappst du mir hier völlig zusammen. Ich glaube dir nicht mehr, dass nichts ist, du musst es mir sagen, bitte!"

Er umarmte und küsste sie. Melissa schlang ihm die Arme um den Nacken und weinte bitterlich. Sie schluchzte so laut, dass die anderen es draußen hörten. Allen war beklommen zu Mute und es war gut, dass ihr Mann bei ihr sein konnte. Nach einer Weile wurde es leise und sie hörten die beiden mit gedämpften Stimmen lange Zeit miteinander reden, ohne ihre Worte verstehen zu können.

Endlich fand Melissa den Mut, sich ihrem Mann anzuvertrauen.

„Ach, mein Schatz, natürlich stimmt was nicht. Wie soll ich es dir bloß sagen. Ich wollte es dir eigentlich überhaupt nicht sagen, um dich nicht unnötig zu belasten. Bis vor einer Weile ging es mir auch noch recht gut, bis dann die Schmerzen kamen."

„Was für Schmerzen denn, was hast du?"

„Oh Gott, Jan, ich habe Krebs." Melissa heulte auf.

„Was sagst du? Krebs? Wie um Himmels Willen kommst du denn darauf?"

„Bei einer Routineuntersuchung beim Frauenarzt wurde es festgestellt. Erst war es eine harmlose Zyste, aber dann wurde sie bösartig und hat nun sogar schon Metastasen gebildet."

„Ja, aber, Liebes, kann das denn nicht operiert werden? Wir haben doch Kinder und wollen keine mehr, eine Operation muss doch möglich sein...das glaube ich einfach nicht."

„Der Arzt meinte, für eine Operation sei es vielleicht bald zu spät. Er meinte, ich hätte nur noch ein halbes Jahr zu leben, wenn ich nicht sofort eine Chemotherapie beginnen würde."

„Ja, und, das hättest du natürlich tun sollen, warum hast du nicht...."

„Ich glaube nicht mehr an eine Heilung. Wenn du das Ultraschallbild gesehen hättest,...es war so furchtbar! Mir hilft nichts mehr! Und ich will vor allem nicht, dass ich ein Pflegefall für dich und die Kinder werde. Ich wollte dich nicht belasten, wollte noch eine schöne Zeit mit dir erleben."

„Na, das nenn ich Vertrauen. Du hättest mich einweihen müssen!

Schatz, du kannst doch nicht all diese Sorgen mit dir herumschleppen und mir nichts davon sagen."

„Doch, ich hätte es gekonnt. Ich hätte es gekonnt, wenn nicht diese verdammten Schmerzen gekommen wären. Aber ich wollte unbedingt noch diese Reise mit dir unternehmen. Ein letztes mal etwas Schönes mit dir zusammen erleben. Von früh bis spät mit dir zusammen sein!"

Sie fing leise wieder zu weinen an. Jan wiegte sie in den Armen wie ein Baby. Die Tränen flossen ihm nun selber über die Wangen und er ließ ihnen freien Lauf.

Er hielt Melissa in den Armen, bis sie erschöpft einschlief. Behutsam bettete er ihren Kopf auf das Kissen und löste sich von ihr. Fürsorglich streichelte er ihr über die Wange und küsste sie auf die verquollenen Augen. Dann kam er mit hängendem Kopf aus dem Zimmer und setzte sich zu den anderen, deren Gespräche schlagartig verstummten. Seinem verzweifeltem Gesichtsausdruck war anzusehen, dass er eine schreckliche Botschaft erhalten haben musste. Wortlos stützte er seinen Kopf in die Hände. Daniel, der neben ihm saß, nahm ihn in die Arme und meinte:

„Wenn du willst, sprich mit uns darüber. Vielleicht hilft es dir, Melissas Geheimnis nicht alleine mit dir herumzutragen."

„Du hast ja recht, danke, Daniel. Ich weiß nur noch nicht, ob ich darüber reden kann. Was ich da eben gehört habe, macht mich so abgrundtief traurig. Es zerstört fast mein eigenes Leben und ich weiß einfach nicht, wie ich ohne Melissa weiterleben könnte."

„Wie, ohne Melissa weiterleben, was meinst du?", fragte Ines.

„Melissa hat Krebs", sagte er tonlos und starrte an einen fiktiven Punkt an der Wand, als wolle er sich mit letzter Kraft daran festhalten.

„Sie hat Krebs und sie sagt, es gibt keine Rettung mehr."

Er schüttelte den Kopf. Die Worte seiner Frau waren unfassbar für ihn gewesen. Sie konnten nicht Wahrheit sein. Sie durften nicht Wahrheit sein.

„Melissa. Warum ausgerechnet Melissa. Sie war immer so stark, so aufrecht. Sie stand immer mitten im Leben und wenn ich schon am Verzweifeln war, meinte sie noch immer unbekümmert, das schaffen wir schon. Wir müssen nur zusammen halten, dann schaffen wir das schon. Und jetzt liegt sie da, und..."

„Aber welche Art von Krebs hat sie denn? Da gibt es heute doch ganz gute Behandlungsmöglichkeiten." Brigitte meldete sich zu Wort.

„Hast du denn zu jeder Krankheit eine Heilung parat?"
Lydia wäre nach ihrem Unfall vielleicht lieber in Snorris Armen liegen geblieben, statt von Brigitte verarztet zu werden und klang verächtlich.

„Oh ja, zu vielen." Sie sah Lydia schnippisch an. „Wenn man ein paar Jahre als Krankenschwester auf einer Kinderkrebsstation gearbeitet hat, weiß man wirklich von was man redet. Und außerdem habe ich mit einer Chemotherapie genügend eigene Erfahrung."

„Eigene Erfahrungen? Wie meinst du das? Auf mich wirkst du eigentlich gesund und munter", stellte Ines fest.

„Tja, nun bin ich wieder gesund und ich hoffe, das bleibe ich auch. Bei mir wurde vor Jahren eine Art von Leukämie diagnostiziert und ich war über ein Jahr in Behandlung. Die Heilungschancen standen schlecht und die Chemo war die Hölle! Das hat mein ganzes Leben verändert. Während mir mein Leben früher regelrecht gleichgültig war, fing ich plötzlich eisern zu kämpfen an und wollte unbedingt leben. Um jeden Preis wollte ich leben! Durch die Medikamente habe ich dann irrsinnig zugenommen und nun habe ich deutlich einige Kilos zu viel. Das weiß ich. Aber glaubt mir, das ist völlig egal. Ich fühle mich wohl in meinem Körper und wer mich nicht mag, wie ich bin, der soll eben einen großen Bogen um mich machen."

„Wie recht du hast", meldete sich schüchtern Ingrid zu Wort. „Wenn ich doch auch schon so weit wäre wie du und so viel Selbstwertgefühl hätte. Aber ich zweifle jeden Tag an mir. Jeden Morgen frage ich mich, wie ich den Tag bewältigen soll." Sie seufzte.

"Aber hilft es dir denn nicht, wenn du am Abend den Tag Revue passieren lässt und dir ansiehst, was du alles an dem Tag geschafft hast?", fragte Ines. Ihr waren solche Gedankengänge völlig fremd. Sie konnte nicht verstehen, wie jemand von ständigen Zweifeln geplagt wurde.

„Weißt du, manchmal sehe ich das, aber dann mache ich das selber wieder zunichte. Das was ich geschafft habe, gilt nichts, es kann nicht gut sein.“

„Du solltest eine Therapie machen“, schlug Brigitte vor.

„Das habe ich doch, beziehungsweise ich bin noch mitten drin. In den Gruppenstunden ging es zum Beispiel darum, sich Ziele zu stekken, etwas durchzuführen, was man sich nicht zutraut, aber von dem man träumt, es schaffen zu wollen. Und deswegen habe ich die Reise nach Island gebucht. Was glaubst du, welche Zweifel mich plagten. Bis zum letzten Tag wollte ich immer wieder stornieren, weil mir sonnenklar war, dass ich schlapp werden mache.“

“Und nun schaffst du es doch, na siehst du!” Ines triumphierte und sah ihre Theorie bestätigt.

„Oh, wir sind also ihre Selbsterfahrungsgruppe“, Lydia verdrehte die Augen.

Doch Ingrid nahm sie ernst. „Ja, im gewissen Sinne seid ihr das tatsächlich, und ich merke schon jetzt, dass die Gruppe mir unheimlich viel geben kann. Das Erlebnis dieses Rittes tut mir so gut, dass ich am liebsten nie am Ziel ankommen würde, denn dann muss ich nach Deutschland in den Alltag zurück, der mir so schwer fällt. Hier Gemeinschaft erleben, Gefahren zusammen zu meistern, zusammenzuhalten. Genau das ist es, was ich erleben wollte und dafür danke ich euch.“

„Man muss nur etwas ganz fest wollen“, kehrte Brigitte zu ihrem Thema zurück. Egal, ob man sich ändern will, oder gesund werden will, man muss nur ganz fest daran glauben.“

„Aber, genau das ist ja das Problem! Melissa sagte, sie will nicht mehr, sie will mir nicht zur Last fallen, sie hat sich aufgegeben. Aber sie darf sich nicht aufgeben. Ich will sie doch nicht verlieren.“ Jan fühlte sich, als würde er vor einem Abgrund stehen.

„Sag ihr das“, meinte Kevin milde. „Sag es ihr, vielleicht möchte sie dann doch noch für ihr Leben kämpfen.“

Sehr bedrückend war die Stimmung, als sie schlafen gingen. Melissa fühlte sich ein wenig besser. Sie konnte eine Kleinigkeit essen und Brigitte saß lange Zeit bei ihr am Bett. Sie erzählte ihr von den eigenen Erfahrungen und machte ihr Mut, es mit einer Behandlung zu versuchen.

„Gerade weil du Jan und deine Familie liebst, solltest du nicht aufgeben. Einfach zu gehen, ist der leichteste Weg, aber es lohnt sich häufig, den beschwerlicheren Weg oder einen Umweg zu bestreiten." Mit diesen Worten nahm Brigitte sie herzlich in die Arme.

Nun, wo ihr Mann und die Gruppe Bescheid wusste, wirkte Melissa merklich erleichtert. Sie glaubte, eine zentnerschwere Last von ihrem Herzen geworfen zu haben und war fest entschlossen, weiter mitzureiten, so bald sie sich erholt hatte.

Sprengi-Sandur

In den frühen Morgenstunden saßen Trausti und Biggi plaudernd in der Küche zusammen. Der kleine Stjarni saß bettelnd daneben und hoffte, Birgir würde ihm noch weitere Leckerbissen zukommen lassen. Er japste von Zeit zu Zeit, um seinen Herrn daran zu erinnern, dass noch Wurstteilchen auf seinem Teller lagen. Dem kleinen Hund schien es völlig unverständlich, dass er nicht alleine darauf kam. Die beiden Männer sahen auf, als Matthias an der Tür erschien und unentschlossen dort stehen blieb, als könne er sich nicht entscheiden, ob er hinein oder hinaus wolle. Matthias druckste verlegen herum.

"Ich dachte, ich wäre der erste, der aufgestanden ist. Ich wollte nochmal, na, ihr wisst schon..."

Biggi lachte schallend und Trausti grinste. "Du meinst, du wolltest noch einmal in die Schwefelquelle eintauchen?"

Matthias nickte. "Mein Hinterteil ist ein wenig schmerzfreier, die Heilwirkung ist offensichtlich. Am liebsten würde ich den ganzen Tag in dem Pfuhl hocken. Wenn ich vorher geahnt hätte, was auf mich zukommt, hätte ich mich für eine Hochland-Durchquerung per Jeep entschieden."

"Nun, deswegen stand in der Reisebeschreibung, dass entsprechend Reiterfahrung und Kondition vorausgesetzt wird. Die fünf Sterne versprachen nicht etwa ein fünf Sterne Hotel, sondern eine entsprechend anspruchsvolle Reittour."

"O.k, o.k., nun ist´s zu spät, ich bereue meine Sünden. Also, ich geh dann mal..."

Die anderen Reiter saßen bereits beim Frühstück, als Matthias mit einem verklärten Lächeln zu ihnen stieß. Sofort rümpfte Lydia die Nase und hielt sich eine Serviette vor das Gesicht.

"Hier stinkt es penetrant nach faulen Eiern," stellte sie fest.

Matthias sah mit einem starren Blick geradeaus. Er würde ihr nicht zu erkennen geben, dass er den Geruch der Schwefelquelle an sich haften hatte.

„Fühlt ihr euch alle fit, den heutigen Tag durchzustehen?“
Trausti lachte fröhlich in die Runde und sah jedem kurz in die Augen.
„Heute reiten wir die eigentliche Sprengi-Sandur-Route. Dieser Abschnitt zwischen Hofsjökull im Westen und Vatnajökull im Osten ist fast siebzig Kilometer lang. Nun, so weit wird unsere Tagestour nicht werden, aber fünfzig Kilometer werden es in etwa sein. Sprengi-Sandur beginnt südlich von unserer Berghütte hier in Nyidalur und reicht bis zur Felsenschlucht Kiðagil. Hier wurden die Pferde früher gnadenlos über die Strecke getrieben, eine Rastmöglichkeit gab es nicht.“
„Aber wir werden hoffentlich schon eine kleine Pause dazwischen einlegen, oder?“ Matthias stöhnte.
“Nein, euch treiben wir die Strecke genauso gnadenlos”, spottete Snorri und fügte noch hinzu:
“Die Route des Sprengisandsleið nutzten früher auch die Schaftreiber. Der Weg war gefürchtet wegen seiner Einsamkeit. Böse Geister und Gesetzlose trieben ihr Unwesen und häufig wurden die Reiter von Stürmen, plötzlichen Wetterumstürzen mit eisiger Kälte und Schnee überrascht. Man erzählt die Sage von Skúli, einem Gesetzlosen, der beim Althing zum Tode verurteilt wurde. In der steinigen rauhen Lava hängte er seine Verfolger ab. Sein Leben verdankt er seinem Rennpasser Sörli, der am Ende der Flucht in Húsafell tot zu Boden fiel. Er wurde dort in Ehren begraben.
Trausti bekräftigte: „Das einzige, was ihr heute nicht mehr fürchten müsst, sind Überfälle von irgendwelchen Halunken. Für böse Geister kann ich keine Garantie übernehmen.“ Er grinste. „Natürlich werden wir einen Stop machen. Auf etwa halber Strecke liegt der kleine See Fjórðungsvatn. Dort gibt es eine windgeschützte Lage, die sich für eine Rast eignet und eine kleine geschlossene Vegetationsdecke, als Nahrung für die Pferde. Ansonsten lädt die Landschaft heute nicht zum Pausieren ein, ihr werdet es sehen.“

Bevor sie sich ans Satteln der Pferde machten, ging Matthias noch einmal auf Trausti zu.
“Du, ich glaube, ich bring das heute nicht, ich bin fix und alle. Ich

spüre jeden Knochen einzeln und meine Muskeln sind bretthart verspannt. Meinst du, ich könnte heute bei Biggi mitfahren?"
Trausti nickte gefällig. "Bestimmt, frag ihn!"
Matthias wandte sich sofort an Birgir und der lachte lauthals.
"Aber klar, dann habe ich heute einen Gehilfen zum Kartoffeln schälen und abwaschen, das ist fein! Wegen mir kann gerne jeden Tag einer auf den Ritt verzichten und sich zu mir in die Küche stellen!"
"Ich tu alles, was du willst, ich stehe tief in deiner Schuld. Danke!" Matthias lächelte gequält.
Er zog dickfellig den Kopf ein, als er sich den Spott der anderen gefallen lassen musste. Hauptsache, er musste nicht reiten.
Trausti wandte sich Melissa zu. "Und wie geht es dir?"
Melissa setzte sich betont aufrecht hin und schob trotzig ihr Kinn nach vorne. Ihr Lebensmut war zurückgekehrt.
"Danke, ich fühle mich großartig. Der Schmerz kam gestern wie eine Welle und übermannte mich, aber jetzt spüre ich nichts, ich bin ausgeruht und bei Kräften. Ich möchte sehr gerne reiten!"
"Gut, aber bitte sag rechtzeitig Bescheid, wenn du eine Pause brauchst, ja?"

Stjarni, Birgirs Islandspitz wollte nicht von Ines Seite weichen. Er hatte sich eng an sie angeschlossen, umkreiste sie ständig und forderte sie immer wieder zum Spielen auf.
Birgir schmunzelte. "Dieser kleine Verräter! Was hast du ihm versprochen, dass er dir ständig nachläuft?"
Ines zuckte mit den Schultern.
"Nichts. Der arme kleine Kerl braucht einfach mehr Streicheleinheiten und Leckerbissen. Wenn er sie von dir nicht bekommt...."
Birgir blieb die Luft weg, er liebte seinen Hund über alles. Aber als Ines grinste, war ihm klar, dass sie nur Spaß gemacht hatte. Dennoch musste er den Hund mehrmals rufen, damit er die Reiter nicht begleitete.
"Hast du selbst einen Hund? Es ist ja schon merkwürdig, dass er sich so an dich dran hängt", stellte Kevin fest.
"Ach, Stjarni merkt nur, dass ich ihn gerne mag. Ich habe doch

selbst so ein Kerlchen zu Hause."
Monika schaltete sich ein: "Das kleine Ungeheuer mischt zur Zeit meinen Haushalt auf und ärgert meinen Mann und meine Katzen, wetten?"
Sie konnte sich das Chaos bildlich vorstellen. Ines Hund hatte viele lustige Ideen und wenn ihr langweilig war, ließ sich die kleine Hündin generell etwas dagegen einfallen.
"Was ist das denn für ein Hund? Auch ein Islandspitz?", wollte Kevin wissen.
"Es ist ein Lunde-Hund!" Aus Ines Stimme klang Besitzerstolz und Überzeugung.
"Ein was bitte?" Kevin glaubte, sich verhört zu haben.
"Tja, nie gehört, was? Eine Bildungslücke!", behauptete Ines.
"Ein Lunde-Hund, oh wie schön!", rief Inga begeistert. Ihre Augen leuchteten.
"Mein Vater züchtet Lunde-Hunde! Leider darf ich keinen haben, weil meine Mutter keinen Hund in der Wohnung will. Sie machen zu viel Dreck sagt sie." Inga verdrehte die Augen.
Britta brauste auf. "Das stimmt ja auch. Wer putzt denn ständig, du etwa?"
Inga wurde wütend. "Meistens die Putzfrau", erwiderte sie.
"Ich möchte sowieso zu meinem Vater ziehen, der hat wenigstens Zeit für mich, und dort kann ich wieder jeden Tag mit den Hunden spazieren gehen!"
"Als wenn ich keine Zeit für dich hätte!" Britta klang vorwurfsvoll. Auf ihrem Gesicht zeigte sich ein dunkler Schatten.

"Was hat es denn nun auf sich mit diesen Lunde-Hunden, was ist das für eine Rasse?" Kevin unterbrach den Streit von Mutter und Tochter.
"Es ist eine Spitzart aus Norwegen und wie alle Spitze sind die Hunde freundlich, aufmerksam und temperamentvoll. Außerdem sind es unermüdliche Begleithunde. Nicht totzukriegen!"
"Aha! Und woher kommt das Wort Lunde? Ich kenne die Bezeichnung Lunde nur für Papageientaucher. Diesen witzigen Vögeln

mit ihren auffälligen orangen Schnäbeln und dem schwarzweißen Gefieder. Sie erinnern mich an eine Mischung aus Pinguin und Clown mit roter Pappnase.“

“Das ist richtig, der Name kommt von den Vögeln, denn früher wurden die Hunde zur Vogeljagd abgerichtet. Die Hunde mussten an den steilen Felsklippen die Vögel aus ihren Höhlen apportieren. Als man später anfing, die Papageientaucher mit Netzen zu fangen, wäre die Hunderasse fast ausgestorben, weil niemand mehr Verwendung für sie als Jagdhunde hatte.”

Inga klinkte sich wieder in das Gespräch ein. “Lunde-Hunde sind so urig! Sie haben Besonderheiten, die es bei keiner zweiten Hunderasse auf der Welt gibt. Sie können ihre Ohren verschließen, um sie gegen Spritzwasser zu schützen. Sie haben Pfoten mit sechs Zehen, damit sie auf den Felsen guten Halt finden konnten. Ihre Vorderbeine können sie im rechten Winkel abspreizen und deshalb liegen sie manchmal platt wie die Pfannkuchen herum. Und außerdem können sie ihren Kopf vollkommen nach hinten in den Nacken biegen. Das sieht vielleicht lustig aus, wenn sie sich beim Spielen aus eigenen Stücken so verdrehen.”

Auch Snorri kannte die seltene Hunderasse. “Man sagt, dass die Papageientaucher sich in ihren Höhlen mit den Schnäbeln aneinander festhielten, um sich davor zu schützen, hinausgezogen zu werden. Aber so konnte ein kräftiger Hund, mit dem ersten gefassten Vogel, häufig zehn und noch mehr Papageientaucher auf einmal aus ihren Höhlen ziehen. Dabei verletzten die Hunde die Vögel nicht einmal, weil obendrein ihr Gebiss acht Zähne weniger hat, als bei anderen Hunden, und sie somit perfekt und schonend apportieren konnten. Das machte die Hunde sehr wertvoll. Die Vogeljagd war für die Bauern lange Zeit ertragreicher als andere Einkünfte.”

“Und wie bist du zu deinem Hund gekommen?”, wollte Kevin wissen. “Gibt es denn Züchter in Deutschland?”

“Nur sehr wenige. Ich bin nach Kopenhagen geflogen, um meine auserwählte Hündin abzuholen.”

Ines hatte den Satz noch nicht ausgesprochen, als es hinter der Herde plötzlich laut und deutlich kläffte. Skratti machte unter Monika einen Riesensatz, und tat so, als sei er fürchterlich erschrocken. Dabei nahm er das Hundegebell nur allzugerne für ein Startsignal, um einmal kurz durchzustarten und einige lustige Bocksprünge einzubauen. Monika schalt ihn dafür und gab ihm einen Klaps auf den Hals, was Skratti wenig kümmerte. Ein Wettrennen mit dem Hund wäre ihm gerade recht gewesen, aber Monika war auf der Hut.

Stjarni kam angerannt und war völlig außer Atem. Die rosa Zunge hing ihm weit aus dem Maul. Hatte er es doch geschafft, bei Biggi abzuhauen und der Herde hinterher zu laufen. Trausti meldete sich bei Birgir über das Handy, um ihm Bescheid zu geben, dass sein Hund eingetroffen war und hörte ihn fluchen.

"Dieser Mistkerl! Na, da werden ihm die Pfoten heute Abend schmerzen. Das hat er nun davon. Geschieht ihm recht! Ausgerechnet die längste Tour muss er sich aussuchen, der kleine Spinner."

Stjarni war fest entschlossen, bei der Gruppe zu bleiben. Er lief neben Ines und deren Pferd bei Fuß und sah von Zeit zu Zeit glücklich hechelnd zu ihr empor. Trausti erklärte, dass Stjarni schon zwölf Jahre alt sei und Birgir deswegen nicht mochte, dass er noch die langen Touren mitlief. Aber von dem Alter merkte man dem Hund nichts an. Immer wieder trieb er dazwischen mit wildem Eifer die Herde an, kümmerte sich selbständig und mit großer Begeisterung um die Tiere, die seitlich ausbrachen.

Als sie einen Fluss überqueren mussten, der zwar nicht besonders tief war, aber eine enorme Strömung hatte, wollte Ines Stjarni zu sich rufen. Sie hätte ihn gerne vor sich mit auf das Pferd genommen um ihn zu schützen. Aber bis sie sich versah, hatte er sich längst mutig in die Fluten gestürzt, verbiss sich in den Schweif eines Pferdes und ließ sich so sicher durch das Wasser ziehen. Es war so ein lustiger Anblick, dass die Reiter laut lachten.

"Das ist ja ein ganz Schlauer! Wie schade, dass ausgerechnet heute Matthias nicht dabei ist. Davon hätte ich gerne ein Foto für mein Album gehabt. Das glaubt mir sonst keiner, der es nicht mit eigenen Augen gesehen hat", meinte Ingrid.

Wie Trausti ihnen versprochen hatte, ritten sie an dem Tag durch absolutes Niemandsland. Nicht wie sonst trafen sie wenigstens vereinzelt einmal Schafe oder sahen Vögel. Nichts als Steine, Wüste und Einsamkeit. Brigitte entdeckte einen allein liegenden Stein, der zu leben schien. Drei verschiedenfarbige Flechtenarten überdeckten seine Oberfläche. Grün, ockerfarben und weiß. In der Einöde sah er völlig deplaziert aus, so als wäre ein Meteorit vom Himmel gefallen.

Nach dem Rückzug der Gletscherzungen blieben nur Steine übrig und immer wieder Stellen mit Schmelzwasser, durch die sie waten mussten.

Sie durchquerten eine Ebene, die mit Kies und Geröll übersät war. Bei jedem Tritt knirschten zerbrechliche Lavabrocken unter den Pferdehufen. Inmitten dieser grauen Monotonie stießen sie plötzlich auf einen Teppich mit rot blühenden Weidenröschen. Zwischen den Blüten machte Trausti sie auf ein unscheinbares, ausgeblichenes Holzschild aufmerksam. "laug" stand darauf. Die Buchstaben waren kaum noch zu erkennen.

"Früher gab es hier eine heiße Quelle, bei der wir rasten konnten, aber sie ist versiegt. Leider! Das waren immer unvergessliche Badefreuden, bei denen man sich auf so manchem kalten Ritt wieder aufwärmen konnte."

Auf einem Wegabschnitt versuchte Monika, Skratti mehrere Male anzuhalten und rückwärts zu richten. Als sie am Vortag solch kleine Übungen einbaute, stieg er jedes Mal kerzengerade hoch und widersetzte sich. Diesmal klappte es erstaunlich gut. Nur beim ersten Mal schüttelte er trotzig seine schwarze Mähne. Monika strahlte, weil sie jeden Tag besser mit ihm klar kam. Trausti ritt neben ihr und lobte.

"Ich habe selten gesehen, dass jemand so eine weiche, einfühlsame Hand hat, wie du."

"Danke! Weißt du, meine Hände beim Reiten vollkommen ruhig zu halten, habe ich auf den temperamentvollen arabischen Pferden gelernt. Eine Zeitlang habe ich auf einem Gestüt gewohnt und konnte dort einen Hengst reiten, der jahrelang auf der Rennbahn gelaufen war. Für ihn bedeutete es jedesmal, schneller zu werden, wenn man die Zügel angenommen hat. Was meinst du, wie schnell ich mir angewöhnt habe, die Zügel so gut wie gar nicht mehr anzufassen."

Leise fügte sie hinzu: "Und Alisha war auch so ein übersensibles Pferd. Man konnte sie mit dem kleinen Finger überall hin dirigieren."

"Das ist schön, wenn ein Pferd so feinfühlig reagiert. Aber dennoch sollte es ja doch das Ziel sein, dass das Pferd den Zügel willig annimmt und den Hilfen gehorcht, der Reiter den Zügel also benutzen darf, nicht?"

"Ja, natürlich. So wie bei Skratti zum Beispiel dürfte es nicht sein, denn wenn ich bei ihm die Zügel im Tölt annehme und ihn mit Kreuz und Schenkel etwas mehr treibe, wird er sofort passig. Und ich werde ratlos. Was soll ich da machen?"

"Skratti ist in der Hinsicht wirklich ein Sonderfall. Eigentlich müsstest du ihn dann durchparieren und wieder sauberen, taktklaren Tölt oder Trab von ihm verlangen."

"Schön, Skratti durchparieren. Ein guter Tipp!" Monika lachte.

"Wenn die Herde im Laufen ist, reagiert er überhaupt nicht wenn ich ihn durchparieren will und wenn ich massiver werde, um mich durchzusetzen, steigt er meistens. Das finde ich nicht lustig, es macht mir oftmals gehörig Angst!"

"Ja, ich weiß. Aber gerade deswegen gefällt es mir so gut, wie du ihn reitest. Ich kenne ihn auf den Ritten viel heftiger, meist müssen Snorri oder ich ihn selber reiten, weil andere Reiter schnell die Lust an ihm verlieren."

"Er macht mir sehr viel Spaß. Auch wenn ich auf ihm immer das Gefühl habe, nur drauf zu sitzen und er mich freundlicherweise duldet. Gangart und Tempo entscheidet der Bengel grundsätzlich allein."

Trausti pflichtete ihr lächelnd bei. Er kannte den eigenwilligen Rappen zur Genüge.

Daniel war von der Vielfalt der Gesteinsarten, die sich ihm im Hochland boten, begeistert. Er ritt als Letzter und saß hin und wieder kurz ab, um einige Steine aufzusammeln und mitzunehmen. Ingrid leistete ihm bald Gesellschaft.

"Wenn du einen Diamanten findest, lass es mich wissen!"

“Da mach dir mal keine großen Hoffnungen. Aber sieh hier, ein Obsidian.”
Er überreichte ihr einen tiefschwarzen Stein mit funkelnder, glasartiger Struktur.
“Oh wie schön. Ein Rabenstein! Darf ich ihn behalten?”
“Ja, natürlich. Wusstest du, dass aus Obsidian-Splittern früher Pfeil- und Speerspitzen gefertigt wurden?”
“Nein, auf die Jagd gehe ich selten. Ich werde mich damit begnügen, den Stein zu polieren und in einem Setzkasten aufzubewahren”, entgegnete sie amüsiert.
“In den Naturschutzgebieten ist das Sammeln von Mineralien verboten. Aber hier im Hochland kann das keiner verbieten und ich habe schon einige Schätze gefunden.”
Daniel kramte in seiner Tasche.
“Zum Beispiel diesen Pyrit!” Er zeigte Ingrid einen messinggelben würfelförmigen Stein.
Sie lachte und wühlte ebenfalls in ihren Packtaschen. „Vielleicht kannst du mir sagen, was ich hier gefunden habe. Die Steine leuchteten so schön. Sind es Edelsteine? Ich habe sie in einem ausgewaschenen Flussbett mitgenommen.”
“Aber natürlich! Dieser blaugrau glänzende Stein ist ein Galenit und dieser rötlich-gelbe ein Sphalerit. Du hast einen guten Blick dafür, alle Achtung! Diese metallisch glänzenden Mineralien sind ziemlich selten.”
“Magst du sie haben?”
“Oh, danke, das ist nett. Aber lass nur, ich habe eine umfangreiche Sammlung zu Hause. Wir können am Ende der Reise vielleicht noch eine kleine Tauschbörse veranstalten!”
“Toll! Mal sehen, was ich noch finde. Du musst mir dann nochmal helfen und ich werde mir die Bezeichnungen aufschreiben, denn damit kenne ich mich nicht genügend aus. Und bis ich daheim bin, habe ich das mit Sicherheit verwechselt oder vergessen.”

„Ich glaube, wir sind auf einem anderen Planeten gelandet“, scherzte Ines.

Kevin ging lachend darauf ein: „Erde an Scotty, Erde an Scotty, bitte beam uns wieder zurück."
„Hier herrscht ein von Feuer, Erde, Wasser und Luft gezeugtes Chaos", philosophierte Samuel.
„Je wüster, je schöner, das ist hier das Motto", entschied Brigitte.
„Ja, und der Sand- oder Schneesturm der sich da hinten zusammenbraut, ist im Reisepreis selbstverständlich inbegriffen!"
Snorri zeigte in östliche Richtung. Aber die dunkle Wolke war noch viel zu weit entfernt, als dass sie bedrohlich auf die Reiter wirkte. Es war zwar kalt und sie hatten sich in ihre warmen Jacken eingemummt, aber die Sonne schien und sie waren blendender Laune.

„Die Bewohner des Hochlandes durchquerten früher diese Lava- und Schotterwüste, um im Sommer zum Thing zu gelangen, oder im Winter zu besseren Fischfanggebieten. Aber durch fortschreitende Erosion wurde das Gebiet immer kärglicher und unwirtlicher, somit auch immer menschenleerer", erklärte Trausti.
„Na, hier möchte ich auch nicht wohnen", meinte Jan. „Nichts als trostlose Moränenlandschaft"
„Findet ihr die Landschaft wirklich trostlos?" Ingrid meldete sich zu Wort.
„Sieh doch, wie herrlich es in dieser schwarzen Asche immer wieder glitzert. Unvermutet stößt man wieder auf eine grüne Oase, ich finde das phantastisch."
„Ja, falls man die Oase, oder eine warme, blubbernde Thermalquelle findet. Oder eine heilende Schwefelquelle. Armer Matthias." Daniel grinste.

Samuel ritt neben Britta her. Inga hatte sich mit Monika und Trausti an die Spitze abgesetzt.
"Na, hast du dich wieder versöhnt, mit deiner Tochter?" fragte er sie.
"Versöhnt? Ach, von wegen, sie redet heute kein Wort mehr mit mir. Da könnte ich machen, was ich will und laufe doch nur gegen eine Wand. Die Sturheit hat sie von ihrem Vater!"

“Das zeugt von Charakter, es muss nichts Schlechtes sein”, schmunzelte Samuel. “Sie hat dir vorhin gedroht, zu ihrem Vater zu ziehen. Du hast erzählt, dass du frisch geschieden bist. Zerfleischt ihr euch gerade in einem Sorgerechtsstreit?”

“Nein, das Sorgerecht wollen wir beide behalten. Das ist so ziemlich das Einzige, worüber wir uns einig sind. Wir haben unseren Streit noch nie auf Ingas Kopf ausgetragen. Aber Inga muss sich demnächst entscheiden, bei wem sie leben möchte. Ich habe doch nur noch mein Mädchen. Wenn sie mich auch noch verlässt bin ich völlig alleine.”

Samuel nickte verständnisvoll. “Nun verstehe ich das. Aber war es denn eine leere Drohung, dass sie bei ihrem Vater leben möchte? Oder will sie auch dort hin, wenn ihr nicht streitet?”

“Ich befürchte, das will sie. Sie versteht sich blendend mit ihrem Vater und dessen neuer Lebensgefährtin. Angela hat ein Baby bekommen und auch das ist ein Grund für Inga, dort leben zu wollen. Sie wünschte sich immer schon ein Geschwisterchen.”

“Wie kommt es dann, dass ihr zusammen diese Reise macht?”

Britta wurde verlegen. “Ich habe ihr die Reise geschenkt, um sie an mich zu binden. Ich habe so gehofft, dass es etwas an Ingas Wunsch verändern würde, dass sie dann vielleicht bei mir bleiben möchte.”

“Das funktioniert nicht. Kinder sind nicht bestechlich. So was funktioniert nie. In dem Alter schmieden die Kinder ihre eigenen Pläne. Du wirst sie nur behalten können, wenn du es schaffst, sie loszulassen. Wenn du dein eigenes Leben lebst und dich nicht an sie klammerst.”

“Das weiß ich durchaus, Samuel, im Kopf weiß ich das, aber es ist schwierig.“

Wieder kreuzte ein Fluss ihren Weg. Große rundgeschliffene Kieselsteine bildeten das Flussbett. Sie wirkten wie künstlich aufgeschüttet. Das Wasser war eigentümlich hell, schäumte, sprudelte und gluckerte zwischen den Steinen hindurch. Die Pferde suchten vorsichtig ihren Weg über die glatten Steine. Skratti musste natürlich noch schnell einen Grasbüschel naschen, der einsam am Ufer stand, anstatt auf seinen Weg zu achten. Er stolperte eher über den Fluss als zu laufen.

Snorri lenkte sein Pferd neben Daniel und druckste herum.
"Stimmt es eigentlich, dass du auf Pferdesuche bist?"
"Klar, aber das Thema hat sich ja erledigt in diesen Kreisen."
"Entschuldigung, war nicht so gemeint! Selbstverständlich kannst du dir auf unserem Hof die Pferde ansehen. Auch wenn du meine nicht haben willst, mein Vater und mein Bruder wären mir bis an ihr Lebensende böse, wenn ich einen potentiellen Kunden ablehne."
"Na danke! Und ich dachte schon an einen Sinneswandel."
Snorri tat verlegen. "Ach was, ich rede hin und wieder ziemlichen Mist."
"Das stimmt allerdings."
"Danke", meinte Snorri schnippisch. Sie schwiegen eine Weile.
"Hast du denn nun selbst verkäufliche Pferde", wollte Daniel wissen.
"Ja, mehrere. Am liebsten würde ich sowieso erstmal alle verkaufen und etwas ganz anderes machen!"
"Was denn, was sind das denn für Worte. Und das aus dem Mund eines Horseman?"
"Ich hatte schon den Traum ein großer, bedeutender Pferdezüchter zu werden. Früher mal. Aber dieser Traum ist geplatzt."
"Warum das denn?"
"Mein Vater hat meinem jüngeren Bruder den Hof vermacht. Er hat ihn nicht etwa geteilt, noch mir, dem Ältesten überlassen, sondern jetzt schon zu Lebzeiten meinem Bruder übergeben. Er mochte Nonni schon immer lieber als mich. Ich war ihm zu unzuverlässig." Snorri verdrehte die Augen. Wenn er ehrlich war, konnte er das nachvollziehen.
"Und was machst du jetzt?"
"Ich habe das Recht, auf dem Hof weiterzuleben und ich könnte weiterhin Ritte führen, aber das will ich nicht bis zu meinem Lebensende machen."
"Hast du Pläne?"
"Pläne? Snorri und Pläne", er schüttelte verächtlich den Kopf. "Snorri hat nur Träume!"
"Träume sind wichtig! Von was träumst du denn?"

“Ich möchte Architektur studieren.”
“Nun, warum tust du es nicht? Hast du Abitur?”
“Nein, das ist es ja, mir fehlt das letzte Jahr. Ich habe alles hingeworfen, weil ich einem Mädchen hinterher war. Typisch Snorri, ja, ich weiß, du brauchst nichts dazu zu sagen.”
Daniel lachte. “Gut, aber wenn du nun merkst, dass das nicht sehr geschickt war, kannst du das letzte Jahr doch nachholen, oder? In Deutschland gibt es diese Möglichkeit jedenfalls. Für Berufstätige sogar in einer Abendschule.”
“Ich würde gerne ins Ausland gehen. Mich hält hier nichts. Amerika, Deutschland, egal wo hin!”
“Und Runa? Runa hält dich auch nicht?”
Snorri zuckte die Schultern. “Ich binde mich nicht.”
“Wenn du möchtest, könnte ich dir gerne behilflich sein, eine Wohnung und einen Job in Frankfurt zu kriegen. Aber arbeiten und dich um Schul- oder Studienplatz bemühen müsstest du dich schon selber.”
“Das würdest du für mich tun?”
“Warum denn nicht?”

Trausti bedachte Snorri mit einem wohlwollenden Blick. Er erlebte es selten, dass er einmal einlenkte und sich ohne Vorbehalte öffnete und freute sich sehr darüber. Für ihr war Snorri immer so ein bisschen wie der eigene Sohn gewesen, aber bei Snorri redete er so oft gegen eine Mauer des Starrsinns, dass er es weitgehend aufgegeben hatte, ihm gute Ratschläge zu erteilen.
Er wandte sich an Brigitte.
„Grimur Thomsen hat die Stimmung eines einsamen Reiters, der in der Abenddämmerung den Sprengi-Sandur quert, in einem Gedicht festgehalten. Es wurde auch vertont. Kennst du es?“
„Ja, na klar, das ist doch eines der berühmtesten isländischen Volkslieder. Á Sprengisandi meinst du, oder?“, antwortete sie. Beide summten erst die Melodie des Liedes und fingen dann zu singen an:

Reiten, reiten, übern Sand wir jagen,
hinterm Gletscher schon die Sonne sinkt.
Möge Gott mein Pferd beschirmen
Mühsam wird unser Ritt noch sein.

Reiten, reiten, übern Sand wir jagen
hinterm Gletscher schon die Sonne sinkt.
Böse Geister nun hervor sich wagen,
seit vom Eise her der Schatten dringt.
Möge Gott mein Pferd beschirmen
Mühsam wird unser Ritt noch sein.

Still, still, lausch des Fuchses Heulen,
netzen will mit Blut er seinen Schlund.
Hallt hier nicht ein fernes Rufen,
sonderbarer dunkler Männerklang.
Dort sind Bösewichter wohl zu Gange
treiben heimlich Vieh zum Zufluchtsort.

Reiten, reiten, über dunkle Erde,
nach den Bergen jetzt das Dunkel greift.
Elbenkönigin sitzt schon zu Pferde,
sie zu schaun soll gar gefahrvoll sein.
Gerne gäbe ich mein bestes Tier,
läge das vertraute Tal vor mir.

„Pah, was für depressive Lieder ihr kennt", meinte Ines, als die letzten Töne verklungen waren. „Guckt euch lieber dieses hinreißende Gletscherpanorama an, das vertreibt die trüben Gedanken!" Sie saß halb umgedreht im Sattel und deutete zurück.

Tatsächlich wurden der Hofsjökull, den sie hinter sich gelassen hatten noch traumhaft schön von der Sonne beschienen. Aber sie konnten nicht mehr länger leugnen, dass von der anderen Seite ein bedrohlicher Wetterumschwung seine Vorboten schickte. Die Luft frischte bedenklich auf und sie zogen die Kragen ihrer Jacken so hoch wie

sie konnten, um sich vor dem beißenden Wind zu schützen.
„Anhalten!“, bestimmte Snorri.
„Wir ziehen besser die Overalls über, bevor es richtig los geht!“
„Meinst du, wir kriegen einen ordentlichen Regenguss ab?“, fragte Britta.
„Regen? Nein, das gibt Schnee, ich habe es euch doch versprochen!“
„Schnee im August, ich fasse es nicht.“ Brigitte schüttelte den Kopf.

Kaum waren sie weitergeritten fielen die ersten dicken Flocken. Einen Moment lang fanden sie es noch lustig, aber dann wurde der Wind eiskalt und orkanartig. Die kleinen Schneekristalle verwandelten sich in kleine spitze Geschosse, die im Gesicht verdammt weh taten. Die Reiter zogen die Schultern ein und duckten sich hinunter auf die Hälse der Pferde, die unbeirrbar ihren Weg fortsetzten. Die robusten Pferdenaturen konnten so ein Wetter besser aushalten. Bald sah man kaum noch die Hand vor Augen, es wurde schwarz wie in tiefster Nacht. Einmal hochzublicken, um zu sehen, ob die Kameraden noch in der Nähe waren, trieb einem die Tränen in die Augen. Sie hofften auf den Herdentrieb der Pferde, der die Tiere zusammenhielt und mussten dem Unwetter im Sattel ausharren. Nach etwa zwanzig Minuten war der Spuk vorbei, die unheilvolle Wolke war über sie hinweggezogen, hatte sie gehörig mit ihren Fühlern gestreift und zog nun weiter auf die Berge zu. Als hätte sie mit Absicht die Gruppe als ihr Opfer auserkoren. Wen hätte sie auch sonst in dieser Einöde belästigen können, wenn nicht die einsame Reitertruppe.

Sie waren heilfroh, das Unheil überstanden zu haben und ritten frierend weiter. Um wieder warm zu werden, verschärften sie das Tempo, aber es nützte nicht viel. Die Luft hatte noch einmal deutlich abgekühlt. Es war ein äußerst unangenehmer Wegabschnitt.
Lydia blies ihren warmen Atem in ihre Hände. Sie waren blau gefroren und taten höllisch weg. Snorri bemerkte es.
“Warum hast du keine Handschuhe an?”, fragte er. “Bist du verrückt, willst du dir die Hände erfrieren?”

"Ich habe sie in der Hütte vergessen!", schimpfte sie ärgerlich. Ihre Wut galt ausnahmsweise mal ihr selbst.
Snorri nahm eine Hand von ihr und rieb sie sanft. Dann liebkoste er sie mit den Lippen, zog sich seine Handschuhe aus und gab sie Lydia. Sie blickte ihm dankbar in die Augen.

Endlich erreichten sie Kiðagil. Eine langgezogene schmale Schlucht, die ihnen Schutz vor dem Wetter bot. Am Ziel angekommen freuten sie sich diebisch auf Birgirs gutes Essen. Eine warme Mahlzeit, eine Hütte, in der schon ein Feuer brannte. Aber die Hütte mit dem dunkelbraun gestrichenem Holz und der rostroten Holztür, auf die sie nun zuritten war dunkel und verlassen, von Birgir und Matthias keine Spur. Kein freundlicher Lichtstrahl aus den weiß umrandeten Fenstern hieß sie willkommen. Der Schnee, der auf den Steinstufen liegen geblieben war, wies noch keine Fußspuren auf. Zum Glück hatte Trausti einen Hüttenschlüssel dabei. Sie versorgten die Pferde, holten das bereit liegende Holz, das außen unter einem Vordach gelagert war, und entfachten dann ein Feuer in der Herdstelle. Ihr Hunger machte sich langsam quälend bemerkbar, aber Birgir tauchte nicht auf.
„Vielleicht haben sie sich mit unseren Sachen aus dem Staub gemacht", argwöhnte Lydia.
„Ja, na klar, mit ein paar gebrauchten Klamotten, ein sehr lohnender Diebstahl. So ein Quatsch!" Samuel schüttelte entschieden den Kopf.
Trausti hatte schon mehrmals per Handy versucht, Kontakt mit Birgir aufzunehmen, bekam aber keinen Empfang.
„Am Schluss sitzt er in einer anderen Hütte und flucht, warum wir schon wieder so spät oder gar nicht kommen". Ungeduldig trommelte Jan mit den Fingern auf den Tisch.
Sie hatten sich die letzten Reste ihres Mittagsimbisses brüderlich aufgeteilt, aber die kleine Vorspeise regte ihren Appetit nur noch weiter an.
„Wenn Biggi dann kommt, bringt er uns bestimmt Köstlichkeiten, wie schwarzverkohlte Lammköpfe, sauer eingelegte Widderhoden, Robbenflossen und nach Ammoniak duftenden Haifisch, um den Gott

Thor gnädig zu stimmen."
Snorri bewies einmal wieder Galgenhumor.
„Nun guckt nicht so! Das isst mancher bei einem heidnischen Fest immer noch, damit bittet man den Gott der Bauern um ein gutes, fruchtbares Jahr." Lachend bestätigte er, dass er das ernst meinte.
„Na, Mahlzeit!" Kevin verzog angewidert das Gesicht.
"Vielleicht bringt er auch Hákarl mit, das ist eine traditionelle isländische Vorspeise."
"Was ist Hákarl?", fragte Ingrid vorsichtig.
"Hákarl ist fermentierter Hai. Ein Grönlandhai reift in Fässern bis er wie starker Käse riecht. Der angefaulte Fisch wird dann getrocknet. Sieht aus wie ein Milchprodukt."
Ingrid tat, als müsse sie sich übergeben.
"Ein echter Isländer trinkt natürlich Unmengen von Schwarzem Tod dazu!"
Snorri leckte sich die Lippen.
„Ich hoffe doch, es gibt für Nicht-Götter auch noch etwas anderes."
„Mh, ja, stellt euch vor, er kommt nun zur Tür herein, mit einem Tablett von geräuchertem Lachs im Dillmantel." Als könnte sie es riechen, zog Ines genussvoll die Luft ein.
„Hier an der Hütte grillt er normalerweise immer Lammkeulen. Dazu hebt er ein Erdloch aus, füllt es mit glühender Holzkohle, legt in Alu gewickelt die Keulen darauf und bedeckt es wieder mit den ausgestochenen Grassoden. Da schmoren die Lammteile dann zwei Stunden darin und schmecken phantastisch."
Traustis Hinweis ließ ihnen das Wasser im Munde zusammenlaufen. Sie seufzten im Chor.
„Na, ein Fastentag dazwischen soll ja gesund sein", bemerkte Ingrid.
„Ich falle ja zum Glück nicht so schnell vom Fleisch", lachte Brigitte.

Nach unendlicher Zeit hörten sie auf einmal entferntes Hupen, das immer lauter wurde. Birgir! Sie hatten sich schon resigniert ihr Nachtlager gerichtet und nicht mehr mit ihm gerechnet.

„Oh, ich hoffe, ihr seid noch nicht verhungert oder erfroren", begrüßte er sie außer Atem.

„Wir hatten einen Platten mitten auf der Strecke. Natürlich könnte man dann einfach das Rad wechseln, schließlich sollte man ja ein Reserverad mitführen. Aber leider hatte das Reserverad ebenfalls einen Plattfuß. Wenn ich meinen Bruder erwische, breche ich ihm das Genick. Er hatte nämlich vor einiger Zeit erzählt, dass er mit dem Jeep einen Platten hatte und natürlich bin ich davon ausgegangen, dass er die Räder ausgetauscht hat. Stattdessen blieb das Reserverad drauf und der Plattfuß lag hinten drin. Genial nicht? Und gerade dann kommt ganz bestimmt kein Auto, um einen mitzunehmen. Vom Handy der Akku leer, also ich weiß nicht, wenn es Dicke kommt, kommt aber auch immer alles zusammen. Warum ist das nur so? Wenigstens war ich nicht allein, das war der einzige Trost."

"Und wie seid ihr nun hergekommen?", wollte Ingrid wissen.

"Wir hatten großes Glück! Nach Stunden kamen mehrere Jeeps einer Reisegruppe vorbei und davon hatte einer tatsächlich ein passendes Reserverad dabei. Und er war sogar noch bereit, es mir zu überlassen. Das nenne ich Vertrauen. Aber ich sehe ja auch äußerst vertrauenswürdig aus! Nun bleiben nur noch die Scherereien, das Rad wieder auszutauschen. Aber die Leute wollten wie wir in Richtung Mývatn, ich habe ihre Hoteladresse. Da werde ich das in ein paar Tagen erledigen können."

„Na, zum Glück seid ihr ja jetzt hier. Es wurde schon vermutet, dass ihr euch irgendwo einen schönen Tag macht." Trausti zwinkerte den beiden zu.

„Einen schönen Tag macht. Weil es halt so schön war, in der Kälte nichtstuend herumzusitzen und auf das zu warten, was vielleicht gar nicht kommt. Nee, das war nicht spaßig." Matthias schüttelte sich.

„Aber nun seht her, als Aperitif habe ich euch erst mal das hier mitgebracht."

Birgir überreichte den Reitern eine Flasche, grün, mit einem Totenkopf gekennzeichnet.

„Hier, nehmt erst einmal einen ordentlichen Schluck."

„Willst du uns nun nicht nur dem Hungertod preisgeben, sondern uns auch noch vergiften?“ Daniel blickte entsetzt auf das Etikett. Es sah nach reinem Spiritus aus, es konnte nicht sein Ernst sein, dass sie den trinken sollten.

„Gib her“, meinte Snorri ungeduldig.

„Das ist Brennivín, isländischer Branntwein und keine brennbare Chemikalie!“

„Aber so was ähnliches, oder? Nicht umsonst wird das Zeug doch Schwarzer Tod genannt!“ Ines schüttelte sich bei dem Gedanken, sich das Gebräu einzuverleiben.

Monika nahm vertrauensselig einen kräftigen Schluck. Das Gesöff schmeckte grässlich und rannte ihr brennend durch die Kehle. Aber gleichzeitig machte sich Hitze und eine angenehme Leichtigkeit im Körper breit.

“Hamburgische Kaufleute haben Brennivín vor etlichen hundert Jahren ins Land gebracht. Ein dreifaches Hoch auf sie. Der Schnaps wird aus Kartoffeln gebrannt. Brennivín ist sozusagen das isländische Nationalgetränk!” Snorri prostete um sich.

„Na, wer es nicht ganz so hart mag, hier habe ich auch noch eine Flasche Vodka. Eldur og Ís. Feuer und Eis, das passt doch zu dem Wetter da draußen, findet ihr nicht?“

“Das sagst du jetzt, du Scherzkeks, nachdem ich mir meinen Schlund schon verätzt habe”, lachte Monika.

Keiner konnte widerstehen und ließ sich zu einem kleinen Schluck hinreißen. Der Alkohol sorgte sofort für ein wohlig warmes Gefühl, der Heißhunger war vergessen. In Windeseile kochte Birgir eine herzhafte Suppe und zauberte geräuchertes kaltes Lammfleisch aus seinen Vorräten. Bald glühten alle Backen wie die untergehende Sonne und der Schneesturm war Vergangenheit.

Im Hochland

Die Reiter durften am Morgen nicht ausschlafen. Sie fühlten sich noch kaum ausgeruht nach der Strapaze des Vortages. Doch Snorri drängte energisch, in für ihn ungewohnt hartnäckiger Manier zum Aufbruch. Er wusste, dass ihnen bis zum Vulkankrater Askja wieder eine lange und beschwerliche Tagesetappe bevor lag. Er stand ungeduldig an der Tür, hatte die Hände in die Hüften gestützt und wirkte wie ein Tiger, der endlich in sein Freigehege gelassen werden will. Seufzend und ergeben leerten die Reiter ihre Becher mit Skýr, die Birgir zum Frühstück vorbereitet hatte. Skýr erinnerte sie an Yoghurt und schmeckte gesüßt ausgezeichnet.

Trausti verkündete: "Den Sprengi-Sandur haben wir hinter uns, aber die heutige Strecke ist nicht weniger anspruchsvoll. Es wird bergiger, wir müssen über viele unwegsame Geröllfelder hinweg."

"Aber wir werden etliche Kilometer die Fahrspuren einer grob ausgebauten Piste benutzen können. Das macht das Vorankommen leichter. Wir werden flott reiten können", fügte Snorri hinzu.

"Schaffen wir es heute bis zu dem Vulkankrater Askja?" wollte Matthias wissen. "Ich habe mir die Strecke auf der Karte angesehen, das ist ja mörderisch."

"Nein, die Hütte, in der wir übernachten können, liegt ein weites Stück davon entfernt, die Strecke wäre an einem Tag nicht zu schaffen. Den Askja werdet ihr erst morgen erleben können. Da machen wir zur Abwechslung mal einen Ausflug mit dem Jeep hin."

"Jeder kann gerne einmal ein Pferd reiten, das er noch nicht unterm Sattel hatte. Oder kennt ihr sie schon alle?"

Trausti teilte Reiter und Pferde für die erste Tagesetappe ein. Jeder hatte längst sein Lieblingspferd in der Herde gefunden und sehnte sich nicht unbedingt nach einem erneuten Wechsel. Die gewohnten Pferde fühlten sich längst vertraut unter dem Sattel an. Jeder wusste, wie er sein Pferd anzupacken hatte, und konnte sich geschmeidig auf die Bewegungen einlassen. Aber Trausti bestand auf neue Erfahrungen.

"Man lernt viel mehr, wenn man viele verschiedene Pferde reiten kann!"
Er hatte bereits jedem ein Pferd zugewiesen und sie hatten sich ungern, aber doch einsichtig an die Arbeit gemacht. Nur Ingrid war noch übrig.
"Und was ist mit mir? Hast du mich vergessen?", fragte sie mit gespielter Entrüstung.
"Nein, natürlich nicht!" Trausti zögerte und sah Ingrid durchdringend an. „Ich möchte, dass du heute mal Eldjarn reitest."
"Eldjarn?" Ingrid wurde leichenblass.
„Das ist doch dein Pferd!" Abwehrend hob sie beide Hände und sah aus wie eine Katze mit gesträubtem Nackenfell. „Puh, nee Trausti, der ist mir eine Nummer zu groß. Dieses Temperamentbündel flößt mir schon Respekt ein, wenn ich es von Weitem nur sehe!"
"Du darfst dir ruhig mehr zutrauen," beschwichtigte Trausti. „Du bist eine gute Reiterin und Eldjarn ist an sich sehr leichtrittig. Du wirst begeistert sein, warte ab."
Ingrid war davon nicht überzeugt. Ihr Herz rutschte ihr auf einmal in die Hosentasche. Eldjarn gab unter Trausti ein hervorragendes Bild ab. Er hatte eine hohe Aktion im Tölt, seine Gangarten waren spektakulär. Aber wie sollte sie dieses Kraftpaket beherrschen können? Ingrid focht innerlich einen Kampf aus. Schlimmer als Skratti, mit dem Monika fertig wurde, konnte er doch auch nicht sein, überlegte sie. Sie hatte vor allem deswegen so einen Respekt gestand sie sich ein, weil Eldjarn eben Traustis eigenes Pferd war, und sie spürte die prüfenden Augen des Rittmeisters schon jetzt im Rücken. Sie brannten zwei Löcher hinein und vor lauter Unsicherheit würde sie sich anstellen wie ein blutiger Anfänger. Doch dann gab sie sich selbst einen Tritt.
"O.k, es wird mir eine Ehre sein! Aber ich garantiere für Nichts!"
Trausti hielt ihr den Fuchs zum Aufsteigen fest. Er war ungestüm, bis Ingrid im Sattel saß und drängte dann sofort vorwärts.
Snorri hatte es angekündigt. Von Anfang an wurde scharfes Tempo geritten. Eldjarn setzte sich eigenmächtig an die Spitze und zog die Herde mit sich. Vorwärts, vorwärts, vorwärts hieß die Devise dieses

Tages. Gnadenlos trieben Trausti und Snorri die Herde an, um Kilometer zu gewinnen. Was blieb ihnen anderes übrig, als die Pferde laufen zu lassen.

Schon bald fühlte sich Ingrid wohler auf dem tiefrot leuchtenden Pferd. Sie hatte keinerlei Gewicht in der Zügelhand, Eldjarn bot ihr seine hohe Aufrichtung von Natur aus an. Er reagierte auf minimalste Hilfen mit den Schenkeln. Ingrid hatte noch nie ein Pferd geritten, das so durchlässig reagierte.

"Na, hab ich dir zu viel versprochen?", fragte Trausti nach einer Weile.

"Nein, ich glaube, nur fliegen ist schöner! Eldjarn ist ein Traumpferd."

"Ja, ein Gædingar, das ist er. Er ist immer einsatzbereit und will dem Reiter alles recht machen. Solche Pferde zu züchten wie Eldjarn, das ist mein Zuchtziel! Eldjarn ist ein Sohn von Kengála, einer meiner wertvollsten Zuchtstuten."

"Hast du denn mehrere Pferde wie ihn?"

"Oh ja, das hoffe ich doch!"

"Die würde ich zu gerne einmal sehen."

"Nun, wie war das? Du willst nicht nach Deutschland zurück? So jemand wie dich könnte ich gut als Hilfe auf meinem Hof gebrauchen!"

Ingrid wurde rot bei so viel Lob. "Danke", meinte sie leise. Wenn Trausti wüsste, wie ernst es ihr mit dem Gedanken war, dachte Ingrid. Die zermürbende Trennung von ihrem Freund Karl, der Auszug aus der gemeinsamen Wohnung in ein schäbiges Appartment. Die Möbel hatte sie zum Teil noch in einer Garage eingelagert, die Umzugskartons noch nicht einmal ausgepackt und sie verspürte auch keine Lust dazu.

„Wo liegt dein Hof denn?“, fragte sie.

„In der Nähe von Húsavik. Húsavik ist eine Stadt auf Tjörnes, einer Halbinsel zwischen der Bucht Skjálfandi und dem Fjord Öxarfjördur.“

Als sie von der Schotterpiste abbogen, war oftmals kein Weg mehr ersichtlich. Die Herde hinterließ düstere hohe Staubwolken und sorgte

für einen schmutzigen Schleier auf den Menschen und den Gepäcktaschen. Die Gesichter waren bald grau wie die Landschaft. Die ortsfremden Menschen hatten die Orientierung längst wieder verloren. Doch Trausti und Snorri brauchten weder Karte noch Kompass. Sie kannten das Hochland und die Geröllwüste, die sich vor ihnen ausbreitete, wie ihre Westentasche. Gelegentlich kamen sie an lose aufgeschichteten Steinhaufen vorbei, die offensichtlich eine Wegmarkierung darstellen sollten. Für die Gäste blieb nur die Frage, welcher Weg hier markiert werden sollte, wo es doch keinen gab. Würde ein neu errichteter Steinhaufen die nächsten Reiter oder Geländefahrer in die Irre führen? Sie konnten ihren Führern nur blindlings vertrauen, dass sie sie sicher an ihr Ziel führen würden.
Hinter einem Steinhaufen sprang ein Tier auf und stob fluchtartig in die Unendlichkeit davon.

Inga schrie auf. “Was war das denn, ein Wolf?” Sie hatte sich enorm erschrocken.

“Seit wann sind Wölfe denn rotbraun?” fragte Jan.

“Bestimmt war es ein Polarfuchs”, meinte Trausti.

“Man sieht sie selten, sie sind überaus scheu.”

“Ich wusste gar nicht, dass es in Island Füchse gibt”, meinte Daniel.

“Doch, der Polar-Fuchs ist ein natürlicher Bewohner der Insel. Im Gegensatz zu all den anderen Tieren, die der Mensch an Land gebracht hat.”

“Die Steinhaufen sehen aus wie kleine Grabhügel”, meinte Ingrid.

Daniel grinste: “Wer weiß, vielleicht ist die letzte Reitergruppe nicht an ihrem Ziel angekommen und der Fuchs holte sich soeben die letzten Knochen.”

“Sieh nur, Aasgeier am Horizont!”, ging Kevin auf seinen Scherz ein, und deutete auf ein paar kleine schwarze Vögel, die in der Luft ihre Kreise zogen.

“Stimmt es, dass die Isländer ihre Lieblingspferde richtig beerdigen?”, wollte Ingrid wissen.

“Ja, wenn es ein ganz besonders wertvolles Pferd war, kann das schon sein”, meinte Trausti. „Aber diese Tradition ist eigentlich uralt.“

"Wenn, dann wurde das Pferd jedenfalls mit seinen Hufeisen beerdigt, damit man es im Jenseits sofort wieder benutzen konnte. Ich nehme Blakkur auf alle Fälle mit in den Tod!", fügte Snorri hinzu. Nie wusste man bei ihm, ob er Spaß machte, oder es ernst meinte.

Brigitte war begeistert, weil an manchen Stellen in dem endlos wirkendem Geröll trotz der Tristess Vegetation zu finden war. Sie entdeckte Hahnenfuß in Flussnähe, lila blühenden Thymian und Veronika. Bald war sie als Hobbybotanikerin verschrien.
"Kennst du auch die Namen der 500 verschiedenen Arten an Flechten und Moosen, die es in Island geben soll?", witzelte Snorri. Brigitte warf ihm statt einer Antwort einen verächtlichen Blick zu, doch Snorri kümmerte das wenig.

Nach der Mittagspause wechselten sie erneut die Pferde. Ines, die am Vormittag Brynjar geritten hatte, der zwar lieb und eifrig unter dem Sattel war, aber längst nicht Gnyfaris Gänge hatte, war froh, als sie auf das ihr anvertraute Pferd umsteigen konnte. Snorri spornte die Herde bereits wieder zu einer flotten Gangart an. Mehrmals fiel Gnyfari aus seinem sicheren weiten Tölt in einen schnellen, holprigen Trab, was er noch nie vorher getan hatte. Ines gab sich alle Mühe, aber er ließ sich nicht von ihr korrigieren. Nach einer Weile runzelte Ines die Stirn. Sie glaubte, zu bemerken, dass Gnyfari unsauber lief. Es war noch kein Hinken, aber die Unregelmäßigkeit in seinem Gang fiel nun deutlich auf. Bei dem flotten Tempo fand sie es schwierig, herauszufinden, welches Bein er schonte, aber er lief auf alle Fälle anders als sonst. Sie musste sofort etwas unternehmen.
"Du, Trausti, ich bin mir nicht sicher, aber ich glaube, Gnyfari lahmt." Trausti wendete sein Pferd und ritt neben Ines her. Er sah eine Weile angestrengt auf Gnyfaris Beine und hob ergeben die Schultern. Dann nickte er. "Das stimmt. Wir halten mal an!"
Er schrie den Frontreitern seinen Befehl zu und sie versuchten sofort, die Herde zu stoppen und versperrten ihnen dann den Weg. Ines und Trausti saßen ab und untersuchten Gnyfaris Bein.
"Ist kein Wunder, er hat sich ein Eisen abgetreten und sich an der

Fessel verletzt. Wahrscheinlich hat er sich selbst getreten. Hast du das nicht gemerkt?"

Ines stockte der Atem. "Nein, er ist vorhin zwar mal gestrauchelt, ist aber schon eine ganze Weile her, aber er lief dann zunächst ganz normal weiter. Erst jetzt habe ich es bemerkt!"

"Na, dann ist es wohl aussichtslos, dass wir sein Hufeisen wieder finden." Trausti blickte versonnen in die Weite der Landschaft zurück. „Sattle dir schnell den Bangsi und sitze um, damit Gnyfari keine reiterliche Belastung mehr hat. Es ist wohl nicht so schlimm", versuchte er Ines zu trösten, wurde sich aber sofort gewahr, dass das ein sinnloses Unterfangen sein würde. Dann hob er nochmals die Schultern. „Aber weiterlaufen muss er!"

Bald hinkte Gnyfari gottserbärmlich. Ines machte sich heftige Vorwürfe, aber sie konnte ja nichts dafür. Ihr tat der Wallach so leid, sie hätte ihn am liebsten getragen, wenn sie gekonnt hätte.

Immer wieder fing sie davon an, ob man nicht Aðalsteinn anrufen könnte, damit er das verletzte Pferd abholen käme. Aber weder Trausti noch Snorri gingen darauf ein.

"Hierher kann sowieso kein Hänger fahren," erklärte Trausti.

Snorri meinte herablassend: "Das bringt den Gaul schon nicht um!"

Ines glaubte, aus seinem Ton ein wenig Schadenfreude herauszuhören. Ihm mochte es vielleicht gerade recht sein, wenn der Konkurrent auf den nächsten Turnieren ausgeschaltet sein würde.

Sie hatten schon den größten Teil ihrer Tagesetappe hinter sich gebracht und ritten auf einer Schotterpiste dahin, die ins Niemandsland bis zum Horizont verlief. Mannshohe, bizarre Lavaformationen säumten ihren Weg. Dunkel hoben sich die Felsen von dem Grau der Landschaft ab. In jedem zweiten Felszacken glaubte Ines ein Gesicht zu erkennen. Vorwurfsvoll blickten ihr die Gnome hinterher und ihre Laune wurde düster. Die Piste verlief schnurgerade, nur die tiefen Schlaglöcher bildeten ein eigenwilliges Muster.

In Gedanken versunken ritten Samuel, Jan, Trausti und Snorri vor der Herde her. Skratti führte die anderen Pferde an und brach plötzlich, einen Haken wie ein Hase schlagend, nach links aus. Sofort beschleunigte er zu halsbrecherischem Tempo und zog die gesamte Herde, einschließlich der gerittenen Pferde, unweigerlich in die neue ungeplante Richtung mit sich. Snorri und Trausti hatten alle Hände voll zu tun, um die Tiere in einem weiten Bogen wieder auf den richtigen Kurs zu bringen. Hartnäckig folgten sie dem selbsternannten Führer. Snorri fluchte wie der leibhaftige Teufel und hätte Skratti liebend gerne eins mit seiner Gerte drübergezogen. Verzweifelt versuchte er an die Spitze neben Skratti zu gelangen. Aber der schwarze Satansbraten ahnte, was ihm blühte und wich ihm geschickt aus, was Snorri noch wütender machte.

Als sie die Herde wieder unter Kontrolle hatten, machte sich Erleichterung breit. Es kehrte wieder Ruhe ein, der Staub lichtete sich langsam und Trausti atmete auf, dass alle Reiter noch im Sattel saßen.

„Warum sind die Pferde eigentlich erschrocken? Hat irgend jemand gesehen, was an der Stelle war?“

„Ich glaube, da waren Menschen“, meinte Britta.

„Menschen? Das muss eine Hallunzination gewesen sein. Menschen gibt es hier nicht, außer uns. Es war nur mal wieder ein saudummer Einfall von dem Teufel hier,“ grollte Snorri, machte eine vernichtende Geste und spuckte verächtlich in den Sand.

„Doch, ich hab sie auch gesehen“, meinte Ingrid vorsichtig. Sie standen und hockten in einiger Entfernung hinter diesem Felsvorsprung, an dem wir vorbeigeritten sind.“

„Ich mag es fast nicht glauben. Aber dann sollten wir besser umkehren und einmal nachsehen, wer das war und was die da zu suchen hatten. Mit rechten Dingen geht das nicht zu. Was haben Menschen in dieser Einöde verloren? Noch dazu ohne Fahrzeug oder Pferde, denn die hätten wir doch bestimmt nicht übersehen!“ Trausti wendete sein Pferd mit einem unguten Gefühl und trieb die Herde an.

Unwillig setzten sich die Tiere in die entgegengesetzte Richtung in Bewegung. Die Reiter ließen die Pferde in einem ruhigen Schritt gehen, damit sie sich nicht erneut erschrecken würden.

Tatsächlich trafen sie etwa einen Kilometer zurück an den Felsen auf eine Menschengruppe. Zwei von ihnen waren den Reitern hinterhergelaufen, aber sie hatten die Hoffnung schon wieder aufgegeben gehabt, auf sich aufmerksam machen zu können. Sie winkten und riefen von Ferne. Die Freude war groß, als sie registrierten, dass die Reiter die Pferde wendeten. Dem festen Schuhwerk nach zu urteilen waren es Wanderer. Etliche Personen hatten ihre schweren Rucksäcke abgelegt und kauerten erschöpft am Boden. Sie hatten Kartenmaterial ausgebreitet vor sich liegen und diskutierten aufgebracht miteinander. Es waren Italiener, wie sich nun herausstellte, die nur ein wenig Englisch sprachen. Ingrid sorgte für enorme Überraschung, als sie im fließenden Italienisch antwortete. Ingrid errötete, fuhr aber weiter fort und fing an zu dolmetschen. Sie nannte zunächst die Namen von den Leuten, die sich vorgestellt hatten.

"Sie sind von ihrer Route abgekommen und haben sich verlaufen, wenn ich sie richtig verstehe."

"Wie konnte das denn passieren, sie sehen gut ausgerüstet aus," wollte Trausti wissen.

"Sie sagen, dass ihr Kompass versagt hat."

"Da nützt dann natürlich weder gute Ausrüstung noch Erfahrung. Sehr viele Anhaltspunkte zur Orientierung gibt es in diesem Abschnitt wirklich nicht.

"Oh ja, das haben wir ja auch schon festgestellt." Monika stimmte bedingungslos zu.

Daniel erklärte: „Es kann sein, dass das basaltische Gestein lokale Magnetfelder hervorruft, die einen Kompass durcheinander bringen. Ich habe gehört, dass das hier in Island öfter vorkommt."

Ingrid redete weiter mit den Leuten. „Sie wollen auch zum Askja, genau wie wir", verkündete sie.

„Da haben sie ja großes Glück gehabt, dass wir sie fast über den Haufen geritten haben, denn wie sie soeben auf ihrer Karte gezeigt haben, wären sie genau in die andere Richtung gelaufen, als sie gemusst hätten."

Jan stöhnte als er sich in die Lage der Wanderer versetzte.

„Wer weiß, wo die gelandet wären". Brigitte schüttelte sich bei dem Gedanken.

„Die Nacht hätten sie hier im Hochland verbracht. Damit hatten sie sich schon abgefunden."

"Reichlich ungemütlich!" stellte Matthias fest.

"Aber immerhin haben sie Zelte und warme Schlafsäcke dabei und genügend Proviant, es sind also welche von der erfahrenen Sorte." Samuel bewunderte die umfangreiche Ausrüstung.

Als Ingrid ihnen mit Hilfe von Trausti den tatsächlichen Standpunkt auf der Landkarte zeigte, und erklärte, welche Wegstrecke sie noch bis zum Askja zu bewältigen hatten, seufzten die Italiener und redeten alle durcheinander. Sie klangen verzweifelt. Ihre Kräfte waren erschöpft und sie hatten bereits ihre Zelte ausgepackt, um geschützt von der Felsengruppe zu kampieren. Eines der Expeditionszelte war schon zur Hälfte aufgebaut. Eine Plane flatterte wild im Wind.

"Aber am nächsten Tag müssen sie ja wieder ohne Kompass weiter", stellte Inga fest.

Trausti gab zu: "Das ist hier nicht ungefährlich, sie können sich bald wieder verirren."

„Warum nehmen wir sie nicht einfach mit?" fragte Inga ganz naiv.

„Wie sollen wir sie denn mitnehmen?" Lydia antwortete schnippisch und verdrehte die Augen. Warum konnte sie nicht einmal positiv denken?

„Na, Pferde haben wir ja wirklich genügend dabei." Samuel war sofort Feuer und Flamme, eine gute Tat zu vollbringen.

„Aber jeder von uns hat nur einen Sattel." Brigitte klang ängstlich, ahnte sie bereits, welcher Vorschlag nun kommen sollte?

„Gut, dann müssen die Geübten eben ohne Sattel reiten. Die Wanderer bekommen die Sättel, damit sie überhaupt ein bisschen Halt auf den Pferden haben und wir nehmen sie als Handpferd an die behelfsmäßigen Halfter."

"Mit Handpferden zu reiten haben wir ja schon fleißig geübt", scherzte Daniel.

Mit einiger Anstrengung konnte es gelingen.

Als Ingrid den Italienern den Vorschlag übersetzte, sie auf den Pferden mitzunehmen, lachten sie ungläubig und winkten zunächst ab.

Als sie sich untereinander beraten hatten, sagten sie jedoch zu, sie hatten keine andere Wahl.

Ganz wohl war ihnen allen nicht bei dem Gedanken, aber es war die einzige Möglichkeit, die Leute nicht ihrem Schicksal zu überlassen. Einzig Inga jubelte. Sie ritt für ihr Leben gerne ohne Sattel. Mit kindlicher Ungezwungenheit dachte sie nicht an eine Unfallgefahr und freute sich auf den blanken Pferderücken. Samuel sprach aus, wovor sich alle anderen füchteten.

„Und die Herde geht jetzt dann bitte ausnahmsweise mal nicht im Galopp davon, o.k.?"

Sie sattelten ihre Reitpferde ab und Trausti gab an, auf welche Pferde die Sättel gelegt werden sollten. Es waren die brävsten Pferde in der Herde. Snorri nahm seinen und Traustis Sattel als Gepäckträger auf zwei Pferde und zurrte die Rucksäcke und Zelte der Wanderer darauf fest. Es war eine abenteuerliche und wackelige Konstruktion, die einen wilden Galopp nicht überstehen würde. Aber dann wären alle im Dreck gelegen.

„Monika, am besten du nimmst Skratti auch als Handpferd neben dich, dann behalte du aber deinen Sattel, damit du genügend Halt auf dem Pferd hast und ihn bändigen kannst. Nicht dass der Bursche wieder alles durcheinander bringt. Du weißt ja schon, zu welchen Einfällen er hin und wieder neigt. Jetzt können wir kein Wettrennen gebrauchen."

Monika war Skratti dankbar, dass sie wegen ihm ihren Sattel behalten durfte. Ohne fühlte sie sich sehr unsicher. Sie war nicht gewohnt, auf einem blankem Pferderücken zu sitzen.

Sie halfen den ungeschickten Reitanfängern auf die Pferde und hielten sich die neuen Reitpferde gegenseitig fest, um aufsitzen zu können. Im langsamen Schritt zockelte die seltsame Karawane nun dahin. Vielleicht war es gut, dass sie am Vormittag so flott geritten waren. Die Pferde waren müde und zu keinem Galopp mehr aufgelegt und Matthias genoss die Pause ganz besonders. Er zog es plötzlich vor, zu laufen, und führte freiwillig einen der Italiener auf einem Pferd rechts, einen anderen links. Leise meinte er immer wieder zu sich selber: „Die hat mir der Himmel geschickt!“

Besorgt drehte sich Ines immer wieder nach Gnyfari um. Auch für ihn war es ein Segen, dass die Herde nun langsamer voran kam und er sein verletztes Bein schonen konnte. Er fiel immer weiter zurück. Der Zwischenraum zur Herde vergrößerte sich mehr und mehr. Stoisch hinkte er mit hängendem Kopf vor sich hin. Ines ritt neben ihm und versuchte ihn mit freundlichen Worten aufzumuntern.

Es war eine Wohltat, als sie spät am Abend auf einer Anhöhe ihre Hütte erblickten. Das Häuschen sah baufällig aus, ein dürftiger Zaun hielt das Grundstück zusammen. Aber der Schornstein rauchte und Birgirs Pick-up parkte davor. Sie atmeten auf, es war geschafft.
"Ich fühle mich total verklebt", meinte Monika.
"Ich muss auch als erstes unter die Dusche", sagte Lydia sofort.
Aber Snorri entgegnete: "Äh, also, eine Dusche gibt es hier nicht."
"Ja, ja, ich meine ja auch ein Bad in dem obligatorischen Pool", korrigierte Lydia.
"Nein, hier gibt es weder Dusch- noch Bademöglichkeit. Auf der Hütte hier gibt es überhaupt kein Wasser."
"Na prächtig. Und wie soll ich mich dann sauber kriegen? Also, das ist ja eine Frechheit. Der Service hier ist doch unter aller Kanone!" Lydia schimpfte noch eine Weile vor sich hin, aber niemand hörte ihr zu.

Birgir empfing die Gruppe lauthals schimpfend. Er hatte sein Festessen nachholen wollen und mühsam vor der Hütte die Lammkeulen gegrillt. Bevor sie zum Schmorbraten wurden, hatte er sie allerdings aus dem Feuer genommen. Sein liebevoll zubereitetes Essen war längst kalt, als sie um drei Stunden verspätet an ihrem Ziel ankamen. Aber als er sah, dass sie ungeplante Gäste dabei hatten, meinte er:
„Euch fällt doch auch jeden Tag irgendwas Neues ein, oder?“
Sofort machte er sich dran, sein Essen noch einmal warm zu kriegen und überprüfte, ob es auch für die italienischen Gäste reichen

würde. Denen wurde es langsam richtig unangenehm, so umsorgt zu werden, aber sie kamen in den Genuss von uneingeschränkter Gastfreundlichkeit. Nach dem Essen fühlten sie sich alle pappsatt. Sie breiteten die vorhandenen Matratzen kurzerhand als Lager nebeneinander auf den Boden aus, damit ausreichend Schlafplätze geschaffen waren, und rückten eng zusammen.

"Góða nótt!", wünschten sie sich.

"Morgen bitte einfach nur mal ausschlafen", stöhnte Brigitte.

"Vor Mittag bringt mich keiner aus den Federn", pflichtete Ingrid ihr bei.

Dann verebbten die Gespräche.

Sie hatten sich ihren Tag Pause am Vulkankrater Askja redlich verdient.

Am Vulkankrater Askja

Nach dem überaus anstrengendem Vortag freuten sich nicht nur die Reiter auf einen wohlverdienten Ruhetag, sondern auch die Pferde. Als Trausti in den Morgenstunden etliche Ballen aromatisch duftendes Heu herankarrte, ruhten die meisten Pferde im Liegen und hatten ihre Köpfe schwerfällig auf dem Boden aufgestützt. Manche hatten sich sogar lang ausgestreckt und schliefen tief und fest. Nur einige Wachposten waren dazu verdonnert worden, stehen zu bleiben und auf die anderen aufzupassen. Fast alle Menschen blieben lange in ihre Schlafsäcke gekuschelt liegen und erst der Geruch nach frisch aufgebrühtem Kaffee lockte die Gäste aus ihrem Schlafsaal an Birgirs reichhaltige Frühstückstafel. Matthias hatte sich jedoch schon im Morgengrauen von seiner Multifunktions-Armbanduhr wecken lassen und war lautlos mit seiner Fotoausrüstung nach draußen verschwunden. Birgir hatte ihm sein Auto anvertraut. Matthias wollte am Vormittag wieder zurück sein, damit die anderen ebenfalls zur Besichtigung an den Askja aufbrechen konnten. Die Italiener wollten gleichfalls einen Tag am Vulkankrater verbringen. Sie bestanden darauf, Birgir die Übernachtung und das Essen zu bezahlen, aber unbemerkt steckte er ihnen das Geld wieder zurück in ihr Gepäck. Gute Taten durften nicht mit Geld entlohnt werden.

Nach dem Frühstück packten die Südländer sorgfältig ihre Rucksäcke. Sie legten die weitere Strecke nun selbstverständlich wieder zu Fuß zurück. Die nächste Nacht wollten sie auf einem Campingplatz bei Dreki in ihren Zelten schlafen. Ingrid unterhielt sich den ganzen Morgen lebhaft und ausgiebig auf italienisch mit ihnen. Sie flirtete mit dem braun gebrannten, attraktiven Francesco, was ihr von Lydia missbilligende Blicke einbrachte. An manchen Stellen ihres Gespräches lachte sie herzhaft. Hin und wieder gab sie einen Gesprächsinhalt an die anderen weiter. Zuletzt hatten sie sich über ihre Reiseziele und die Landschaft unterhalten, in der sie gerade verweilten.

“Wisst ihr eigentlich, dass wir uns hier im Gebirge der Steinriesen befinden?”

“Steinriesen?” Daniel wurde sofort neugierig und spitzte die Ohren. Ungläubig zog er die Stirn in Falten und hörte gespannt, was es über ein neues Mysterium zu erfahren gab.

“Consiglia hat erzählt, dass sich der Campingplatz in Dreki am Eingang zur Drachenschlucht Drekagil befindet. Dort hat die Lava bizarre Gebilde mit Überhängen und Höhlen geschaffen. Wind und Wasser haben mal wieder ihr übriges getan und die riesigen Lavabrocken modelliert. So trägt ein Felsen die versteinerten Gesichtszüge eines Riesen und das Tal wurde Dyngjufalladalur genannt. Das Tal der Steinriesen.”

Daniel schmunzelte nachsichtig. „Ein schönes Märchen“.

Snorri meinte: “Ihr werdet heute noch öfter mit dem Mystischen in Berührung kommen, da gibt es nichts zu lachen.”

Die Reiter lachten trotzdem.

Die Italiener bedankten sich überschwenglich für die Rettung und Bewirtung bevor sie ihre neu gewonnenen Freunde umarmten, küssten und mit einem heiterem “Ciao” aufbrachen.

Noch vor dem Frühstück sahen Ines, Monika und Brigitte nach Gnyfari. Ines hatte die Nacht kaum ein Auge zugetan in Sorge um das verletzte Pferd. Sie hoffte so, dass die Verletzung nicht ernster war, als Trausti und Snorri annahmen. Was würde Aðalsteinn sagen, wenn sie ihm das Pferd auf drei Beinen zurückgab. Er würde ihr den Kopf abreißen und das war noch ihre harmloseste Vorstellung. Sie hatte krampfartige Magenschmerzen, wenn sie daran dachte und war auf alles gefasst, als sie zum Paddock liefen.

Gnyfari bot ein Bild des Jammers. Alle Pferde malmten ihr Morgenheu, er jedoch stand abseits, hatte das verletzte Bein eingeknickt und ließ den Kopf hängen. Die sonst so unternehmungslustig gespitzten Ohren baumelten kraftlos zur Seite. Er, der sonst so lebhaft war, dessen Augen voller Glanz funkelten, stand nun apathisch herum. Seine verkniffene Maulpartie und die kraus gezogenen Nüstern verrieten, dass er große Schmerzen litt. Brigitte hatte ihre Heilsalbe mitgenommen. Schon am Vorabend hatten sie den geschwollenen blutverkrusteten Ballen großzügig eingerieben, bevor sie sich selbst in die Hütte zur Ruhe begaben. Vorsichtig tastete Monika das Bein unterhalb des Vorderfußwurzelgelenkes ab. Die Sehne war angelaufen und die verletzte Stelle fühlte sich heiß an und pulsierte. Trotz ihrer sanften Berührung zog Gnyfari energisch das Bein weg und wollte davonlaufen.

“Wir sollten das Bein kühlen”, schlug Monika vor. “Ich hole Wasser, bin gleich wieder da!”

Sie lief zur Hütte zurück und bat Birgir um einen Topf mit kaltem Wasser. Er sah sie verständnislos an. Als sie ihm erklärte, wofür sie es brauchte, stieß er einen Schwall isländischer Schimpfworte aus und schüttelte stur den Kopf. Er hielt es für eine maßlose Verschwendung seines kostbaren Wassers, das er an dieser Stelle nur aus dem Kanister zur Verfügung hatte, aber Monika stemmte die Hände in die Hüften und bestand hartnäckig auf ihre Forderung. Sie war nicht bereit, sich abweisen zu lassen. Schließlich füllte er widerstrebend eine Schüssel halb voll.

„Geizkragen“, entfuhr ihr leise.

Vorsichtig trug Monika die Kostbarkeit aus dem Haus. Im Schatten hinter einem Felsen fand sie auf dem Weg zurück zu den Pferden den Rest eines kleinen Schneefeldes. Sie stellte die Schüssel ab und grub mit den Händen darin herum. Den losgekratzten Schnee warf sie in den Topf hinein, wo er langsam schmolz. Nun konnte man das Wasser wirklich kalt nennen.

Gnyfari ließ es geduldig über sich ergehen, als Ines ihre Tennissocken auszog, einen davon mit dem Wasser tränkte und die Fessel kühlte. Er spürte, dass der kalte Wickel ihm die Schmerzen nahm. Nach etwa zehn Minuten trocknete sie mit der anderen Socke das Bein vorsichtig ab und dann bestrich Brigitte es nochmals dick mit Salbe.

“So, mehr können wir nun nicht für ihn tun”, beschloss Monika. Dennoch sah Ines unglücklich drein und litt genauso wie das Pferd. Vielleicht noch mehr. Nur mühsam hielt sie die Tränen zurück und ein dicker Kloß hatte sich in ihrem Hals festgesetzt.

“Wollte Snorri ihn nicht neu beschlagen?”, presste sie mühsam hervor.

Monika nickte. “Ja, das sagte er. Er meinte, wir sollten heute bei allen Pferden den Beschlag gewissenhaft kontrollieren. Heute ist dazu ja genügend Zeit und dann kann er richten, was zu richten ist.”

“Wann wollte er das machen?”

“Gleich nach dem Frühstück, sagte er.”

“Da würde ich ihm gerne dabei helfen”, meinte Ines.

“Oh ja, ich auch”, antworteten Monika und Brigitte wie aus einem Mund.

Während dem Essen boten sie Snorri ihre Hilfe für den Hufbeschlag an und er nickte zustimmend. Bereitwillig nahm er ihr Angebot an. So machten sie sich – nachdem sie sich satt gegessen hatten - gleich an die Arbeit. Vorsichtig traten sie an jedes Pferd aus der Herde heran. Brigitte legte dem jeweiligen Tier einen Zügel um, und fixierte es damit sanft an Kopf und Hals. Die Pferde mochten ihre ruhige Art. Sie unterbrachen ihr Kauen und standen still, während Monika und Ines abwechselnd die Beine anhoben und an den Eisen eines jeden Pferdehufes rüttelten. Die meisten Hufeisen saßen bombenfest. Snorri hatte nicht viel zu tun. Nur bei Kergja und Smyrill hatte sich ein Vordereisen gelockert. Sie trensten die drei Kandidaten und führten sie zur Hütte.

Dort saßen Snorri und Lydia auf einer rustikalen Holzbank in der Sonne. Lydia hatte ihm eine Hand auf den Oberschenkel gelegt und bat ihn, ihr eine Zigarette anzuzünden. Sie inhalierte tief und genießerisch. Dann ließ sie ihr Gesicht mit geschlossenen Augen zurücksinken und hielt es der wärmenden Sonne entgegen. Die anderen Gäste standen ungeduldig herum, denn Matthias war noch immer nicht eingetroffen. Dabei hatte er fest versprochen, am Vormittag zurückzukommen, um die anderen zu holen.

Snorri streckte faul die Hände nach vorne. Monika verstand die Geste, packte ihn an den Handgelenken und zog ihn energisch hoch.

“Dann muss ich wohl!”

Er legte bittend und unwiderstehlich den Kopf schief. “ Holst du mir auch noch meine Packtaschen? Da ist das Beschlags-Werkzeug drin,

sowie Hufnägel und Ersatzeisen."
"Ich tu fast alles, was du willst! Hauptsache, du kriegst Gnyfari wieder flott, denn sonst wird mit Ines die nächsten Tage nichts mehr anzufangen sein."
Snorri winkte sorglos ab.

Ines wollte ihm gerne die Hufe des ersten Pferdes aufhalten, aber Snorri wies sie zurück.
"Danke, nein, ich komme besser zurecht, wenn ich die Hufe selber halte."
Er klemmte sich das jeweilige Pferdebein zwischen die Schenkel, zog die Nägel der beiden lockeren Eisen nach, zwickte die überstehenden Nagelenden ab, feilte mit geübten Zügen über die spitzen Kanten und suchte ein passendes neues Hufeisen für Gnyfari aus. Gnyfari stand reglos an der Hütte angebunden. Als Snorri die Nägel in den Huf einschlug, zuckte Gnyfari mehrmals zusammen, aber er entzog sich nicht. Nachdem Snorri fertig war, machten sich die Frauen noch einmal daran, die Fessel zu kühlen und zu schmieren. Snorri überließ es den dreien, das Werkzeug wieder in den Taschen zu verstauen und gesellte sich zurück zu Lydia.

"Findest du nicht, dass Gnyfaris Bein schon ein bisschen besser aussieht?" Brigitte schraubte die Salbe zu und klang zuversichtlich.
Ines seufzte nur und sah traurig auf den Boden.
"Na, nun sieh doch mal genau hin und sei nicht so pessimistisch. Die Wunde, wo er sich getreten hat, hat einen dicken Schorf gebildet und die Schwellung ist schon deutlich zurückgegangen. Wir kühlen und schmieren heute Abend noch einmal und du wirst sehen, morgen läuft der Knabe wieder wie ein Wiesel."
"Ich hoffe es sehr."
Ines ließ ihren Tränen nun freien Lauf, als sie den humpelnden Gnyfari in den Paddock zurück brachte. Sie blieb noch in der Herde bei den Pferden stehen. Eine der Stuten sah sehnsuchtsvoll in die Ferne. Der Wind zauste ihr liebevoll die Mähne, in der sich blond schattierte Strähnchen abzeichneten. Maulpartie und Nüstern hatten dieselbe

helle Färbung. Die Stute wieherte schrill, ohne jedoch Antwort zu erhalten.

Der Paddock sah mittlerweile trostlos aus und bot nur noch zertrampelte Erde. Es war kein Hälmchen Gras mehr vorhanden. Das Heu, das Birgir mitgebracht hatte, war längst von der Pferden verzehrt. Erst am Abend würde es Nachschub geben.

Monika kam zum Pferch und wollte Ines holen, denn Matthias war endlich angekommen und sie wollten zu der Besichtigung des Askja aufbrechen. Sie legte den Arm um die Schultern der Freundin und zog sie mit sich.

"Nun hör auf um Gnyfari zu trauern, der wird schon wieder."

"Du hast ja recht! Weißt du, dass ich unsagbar froh bin, nochmal in Island sein zu dürfen? Ich danke dir so für die Einladung zu dieser Reise."

Sie warf sich Monika an den Hals.

"Ach, was, ich danke dir, dass du mich begleitest. Ich bin restlos begeistert. Von den Islandpferden, der Landschaft, den Leuten. Von mir selbst, dass ich die Tour durchhalte..."

Sie lachten und rannten zur Hütte zurück. Die anderen hatten es sich schon in und auf dem Pick-up gemütlich gemacht. Daniel drückte ungeduldig auf die Hupe und sie quetschten sich rasch mit in das Auto hinein.

Matthias betätigte sich als Chauffeur und nahm dankbar das Lunchpaket in Empfang, das Birgir für ihn gerichtet hatte. Für eine Fotoserie bei Sonnenaufgang würde er jederzeit auf eine Mahlzeit verzichten, aber hungrig war er natürlich doch. Er ließ sich von Kevin, der neben ihm saß gleich eines der Brote auspacken, lenkte einhändig und biss herzhaft hinein.

Trausti und Biggi waren im Quartier geblieben und streckten nun auf der Bank die Füße von sich. Sie wollten und konnten einen freien Nachmittag genießen und hoben zum Abschied nur lässig eine Hand.

"Wo hast du eigentlich so lange gesteckt?", fragte Brigitte. Ihre

Stimme klang schneidend und vorwurfsvoll.

"Hauptsache der Herr kommt zu seinem Recht! Findest du es nicht ziemlich egoistisch, uns so lange warten zu lassen?"

Doch Matthias schwieg und blieb ihr eine Antwort schuldig. Sie tippte sich vielsagend an die Stirn und sah wieder zum Fenster hinaus.

Die Fahrt dauerte auf der holprigen Piste eine knappe Stunde, aber immerhin hatte Matthias die beste Anfahrtsstrecke bereits ausgekundschaftet. Sie stiegen aus und erklommen die Anhöhe des Askja. Bei dem Anblick der sich ihnen bot, meinte Ingrid:

"Sieht so aus, als wären die beiden Krater hier die Wächter der Calderasenke! Ob wir wohl eintreten dürfen?"

Ihr war das Vulkangebiet unheimlich. Das Lavaformationen wirkten düster und furchteinflößend.

Snorri erzählte mit geheimnisvoller Stimme: "In den dunklen Lavagewölben im Inneren des Askja befindet sich das Heim der Schwarzalfen."

"Schwarzalfen? Was ist das denn?" Inga versperrte ihm den Weg und forderte eindringlich nach einer Erklärung.

"Schwarzalfen sind hässliche schwarze Zwerge mit guten wie auch bösen Eigenschaften. Sie leben im Dunkeln der Erde und stellen in ihrer unterirdischen Schmiede zum Beispiel Mjölnir, den Blitze schleudernden Hammer Thors, her. Viele ihrer Schätze sind mit einem Fluch beladen und bringen Verderben über denjenigen, der sich daran vergreift. Die Sonne ist ihre Todfeindin, denn ihre Strahlen lassen sie zu dunklen bizarren Steinen erstarren."

Ingrid sah sich ängstlich um. Es wimmelte hier von dunklen bizarren Steinen. Ob die versteinerten Schwarzalfen auch wieder zum Leben erweckt werden konnten?

Daniel lachte, aber er fügte hinzu: "Die beiden Krater entstanden beim letzten Ausbruch 1961. Sie bewachen das Tor zur Hölle. Víti, so nennt man den Krater, heißt Hölle."

Ein riesiger tiefblau schimmernder See hatte den Einsturzkessel gefüllt. Der Öskjuvatn. Einer der tiefsten Seen in Island, unter dessen Wasseroberfläche weitere Krater verborgen lagen.

Jan las aus seinem Reiseführer:

"Der Krater entstand 1875 bei einem unvergesslichem Ausbruch. Die Eruptionskraft war so gewaltig, dass die Rauch- und Aschesäule noch in Stockholm zu sehen war. Die Asche selbst wurde bis über die schwedische Hauptstadt getragen."

"Diese Urgewalten sind unvorstellbar", merkte Britta an.

"Ja, vor allem, wenn man jetzt diesen See da unten so friedlich liegen sieht." Kevin hatte Daniels Hand ergriffen.

Vorsichtig wanderten sie am Grat des Trichters entlang, der zum größten Teil von sandigen Steilhängen gesäumt war.

Unter einer Steinpyramide fanden sie einen dunklen, leicht verrosteten Metallkessel, in dem ein vergilbtes, zerfleddertes Gedenkbuch aufbewahrt lag. Gierig stürzte sich Brigitte auf die Geschichte, die darin niedergeschrieben war. Sie erzählte den anderen:

"Das Buch ist zur Erinnerung an zwei Deutsche, Walther von Knebel und Max Rudolow. Beide waren 1907 mit einem kleinen Ruderboot auf den See hinaus gefahren und kamen nicht mehr zurück. Einen Grund dafür fand man nicht. Das ist ja unheimlich."

"Vielleicht lebt ein Seeungeheuer darin?", schlug Inga vor.

"Und was ist das für ein kleiner See, der hinter dem Krater hervorlugt?" Kevin zeigte in die Richtung, aus der es graugrün hervorspitzte.

"Das ist unser Badesee", behauptete Snorri vergnügt.

Die Reiter guckten ihn ungläubig an.

"Doch, wirklich, das Wasser ist richtig warm!"

"Das ist ja fantastisch. Wie sehr sehne ich mich bei all dem Staub gestern nach einem Bad!"

"Wer kommt mit runter zum Wasser?" Snorri steckte voller Unternehmungslust. "Dort hinten über den Schutthang kann man hinabklettern!"

"Oder vielmehr rutschen, meinst du", bemerkte Daniel. "Ich bin dabei!"

Schon machten sie sich an den Abstieg und rissen sich die Kleider vom Leib. Keiner hatte seine Badesachen eingepackt. Egal, dann eben nackt in die Fluten. Sie spritzten und planschten ausgelassen wie kleine Kinder.

Nachdem sie sich von der Sonne und dem lauen Wind trocknen

gelassen hatten, zogen sie die staubigen, verschwitzten Kleider über und spazierten weiter. Unendliche Lava- und Aschefelder umgaben das Gebiet der Askja.

"Die Ódáðahraun ist die größte Wüste Europas", erklärte Snorri.

In der Ferne erhob sich einsam ein Berg mit schneebedecktem Gipfel aus der Ebene heraus. Er sah so ebenmäßig aus wie ein von Hand gestalteter Modellberg, der zunächst abgestellt worden war, um später in ein passendes Landschaftsbild eingefügt zu werden.

Snorri deutete hinüber und schirmte seine Augen mit der anderen Hand gegen die blendende Sonne ab.

"Das ist der Herðubreið!"

"Ich finde, der Berg sieht unwirklich und unecht aus. Ich wette, er ist aus Pappmaché und stellt nur eine tolle Fotokulisse für Touristen dar."

Snorri entrüstete sich.

"Es heißt, der Herðubreið ist einer der schönsten Berge Islands! Zu seinem Fuße befindet sich die Oase Herðubreiðalindir, ein weltbekannter Platz im Hochland."

Matthias sah sehnsuchtsvoll auf die weit entfernte glitzernde Bergkuppe.

"Kannst du das bestätigen?"

"Du wirst lachen", meinte Snorri. "Ich war noch nie näher dran, als hier an dieser Stelle. Ich kann es dir also nicht sagen."

Ines grinste: "Wir könnten die Tour ja um einen Tag verlängern und noch einen kleinen Abstecher zu Pferd da hin machen. Ist das nicht eine prima Idee?"

Matthias stöhnte und verdrehte die Augen. "Bloß nicht!"

"Ich finde, der Berg sieht aus, wie eine Burg auf einem geschmolzenem Fels", meinte Brigitte und zuckte mit den Schultern. Die Phantasie ging wieder einmal mit ihr durch.

Jan meinte: "Herðubreið, das bedeutet die Breitschultrige. Dort an den Felsen sind viele Bergsteiger unterwegs, aber die Routen gelten als schwierig und gefährlich." Snorri empörte sich. "Was müssen die Leute auch darauf herumklettern?"

"Nanu, warum stört dich das?", wunderte sich Brigitte.

“Der Berg ist die wichtigste Kultstätte der Germanen. Es ist Asgard, der Wohnsitz der Götter!”

Ingrid nickte. “Es heißt: Im obersten Stockwerk der Götterburg steht Odins Thron.”

“Hlidskjalf!”, merkte Snorri an.

“Im unteren Teil des Berges wohnen die Lichtalfen, das sind gute Hausgeister, die den Menschen beistehen und sie beschützen. Deswegen leuchtet das Bergmassiv manchmal geheimnisvoll.”

“Quatsch, der Berg leuchtet nur bei einem bestimmten Einfall des Sonnenlichtes, weil er aus vulkanischem Glas besteht, aus Hyaloklastit!” Daniel schüttelte verständnislos den Kopf. Der Wissenschaftler in ihm konnte nur verneinen.

Snorri fuhr unbeirrt fort: “Am Fuße der Götterburg liegt der Versammlungsplatz der Götter. Hier halten die Götter Gericht und vertreiben sich die Zeit mit Spielen.”

Ingrid setzte noch eines obendrauf: “Die Götter würfeln und bestimmen damit das Schicksal der Menschen.”

“Das glaubt ihr doch nicht wirklich, oder?”

Monika hörte staunend zu aber die beiden sahen sie als Antwort nur an. Ihr Blick war undurchdringlich.

Sie genossen das Sonnenlicht bis zum letzten Moment. Nur ihr Hunger trieb sie von der atemberaubenden Schönheit der Natur zur Hütte zurück. Auf halbem Wege trafen sie auf Leute, die sich verzweifelt bemühten, ihren Geländewagen aus einem Fluss zu schieben. Matthias hielt sofort an. “So ging es mir heute morgen auch! In dem Fluss sind quer zur Strömung tiefe Rinnen ausgespült. Ich war so wie sie festgesessen. Schlagartig wusste ich, dass es kein Scherz von Birgir war, als er mir riet, eine Gletscherfurt erst zu überqueren, wenn ein anderes Fahrzeug in Sichtweite ist. Zum Glück sind hier doch immer wieder Touristen unterwegs, aber ich musste dennoch über eine Stunde lang warten, bis mich einer anschleppen konnte. Deshalb kam ich so spät.”

“Warum hast du das denn nicht gesagt?”, fragte Brigitte vorwurfsvoll.

“Hättet ihr es mir denn geglaubt?”

Entschlossen stieg Matthias aus und hob eine schwarze, abgewetzte Werkzeugkiste von der Ladefläche. Mit dem Inhalt war er bereits bestens vertraut. Er kramte Birgirs Abschleppseil heraus und lief zu den Leuten, die seine Hilfe dankbar annahmen. Mit vereinten Kräften befestigten sie den Haken unter Wasser an geeigneter Stelle, und zogen den Jeep mit Hilfe der Motorkraft des eigenen Fahrzeugs nach hinten wieder aus dem Fluss.

"Ein Stück weiter stromaufwärts gibt es eine geeignete Möglichkeit zur Überfahrt! Meine Retter heute morgen hatten eine ganz aktuelle Übersichtskarte über die Befahrbarkeit der Hochlandpisten dabei. Birgir hat so eine zwar auch im Auto liegen, aber die ist offensichtlich schon etwas veraltet."

Matthias fuhr dem anderen Jeep voraus und fand die Stelle, an der er den Fluss überquert hatte, nur mit Mühe wieder. Der Fluss führte viel mehr Wasser als am Morgen. Dennoch war die Furt befahrbar und sie schafften den weiteren Weg zurück ohne Probleme.

Schon bald rief Birgir zum Abendessen. Er hatte Fischklöße vorbereitet. Fiskibollur nannte er sein Gericht.

Alle saßen schon versammelt um den Tisch, nur Matthias, Snorri und Lydia fehlten noch.

Als Matthias durch die Tür trat, drückte er auf die Stop-Taste seines Diktiergerätes. Er war den ganzen Tag schwer beschäftigt gewesen, hatte den Krater von allen Seiten und Blickwinkeln fotografiert und jede Menge seiner Gedanken auf Band aufgezeichnet. Für ein genüssliches Bad wie die anderen hatte er sich keine Zeit genommen. Er schien noch immer ganz in Gedanken.

"Hast du Snorri irgendwo gesehen?" fragte Trausti.

"Ja, zuletzt habe ich ihn und Lydia Händchen haltend irgendwo bei den Pferden gesehen und dann sind sie nochmals weggefahren. Ich glaube nicht, dass die so schnell kommen werden."

Inga hatte sich nach dem Essen mit einem Buch nach draußen gesetzt. Nach einer Weile gesellte sich Britta zu ihr und nahm ihr das Buch weg, in das ihre Tochter starr hineinblickte.

“Kind, wir müssen miteinander reden.”
“Ach, müssen wir das?”
Britta seufzte. “Ja, wir müssen. Inga, ich will wissen, warum du nicht bei mir leben willst. Was bietet dir dein Vater, das ich dir nicht ebenfalls bieten kann?”
Inga sah ihre Mutter lange schweigend an und sagte dann:
“Bieten? Er bietet mir nichts. Aber er hat Zeit für mich. Er nimmt sich Zeit für mich!”
“Und das tue ich nicht?”
“Nein, du lebst doch nur für deine Arbeit!”
“Aber das stimmt doch überhaupt nicht.”
“Eben schon. Jeden Abend kommst du spät nach Hause, bist müde und zu nichts mehr bereit. An den Wochenenden willst du dich erholen, aber ich will was unternehmen, ich will nicht nur zu Hause sitzen.”
Britta schwieg und malte mit der rechten Ferse Kreise in den sandigen Boden.
“Und außerdem will ich nicht nur dauernd mit dir alleine sein, das ist langweilig. Bei Papa ist immer irgendein Besuch im Haus, die haben ihre Kinder in meinem Alter dabei. Das sind meine Freunde, die möchte ich nicht missen. Warum verstehst du das nicht?”
Britta fühlte sich verletzt. Inga entriss ihr das Buch, klappte es hektisch zu, sprang auf und verschwand.

Ines hatte Gnyfaris Verletzung noch einmal gepflegt und warf nun Stöckchen für Stjarni, der nicht müde wurde, ihr die Hölzer zu apportieren und angesabbert vor die Füße fallen zu lassen.
Daniel und Kevin sahen ihr belustigt zu.
Später meinte Kevin: “Nun muss ich schon noch einmal auf diese Lunde-Hunde zurückkommen. Ich möchte schon seit langer Zeit selber einen Hund haben. Einen großen Wachhund brauche ich nicht, ein kleiner, pfiffiger passt glaube ich besser zu mir. Er sollte unkompliziert vom Wesen sein. Habe ich es richtig in Erinnerung? Ich glaube, du hattest gesagt, dass es keine Züchter in Deutschland gibt und du deine Hündin in Kopenhagen geholt hattest.”

"Ja, in den Osterferien letztes Jahr bin ich nach Kopenhagen geflogen. Es war eine ziemliche Odyssee einen Lunde-Hund zu kaufen. Aus dem ersten Wurf, den einzigen den es damals in Deutschland gab, von dem ich mir eine Hündin ausgesucht hatte, starb der einzige weibliche Welpe. Für mich ist eine Welt zusammengebrochen, denn ich hatte mir nun einmal eine Hündin auserwählt. Einen Rüden wollte ich nicht. Also musste ich weiter auf die Suche gehen. Letztendlich bin ich dann doch noch fündig geworden. Die Leute in Kopenhagen waren riesig nett, ich stehe noch immer in Kontakt mit ihnen."
Ines kramte ein Foto aus ihrem Geldbeutel.
"Sieh mal, das ist Jule!"
"Die sieht ja nett aus."
"Sie ist nett! Na, und wenn du mal einen Lunde-Hund kennen lernen willst, kommst du eben einmal zu Besuch, gar kein Problem. Ich gebe dir auch gerne die Züchteradressen, die ich habe."
"Darauf werde ich garantiert zurückkommen!"

Nebel

Brigitte war die Erste, die am nächsten Morgen aufwachte. Sie gähnte, streckte sich ausgiebig und schälte sich umständlich aus ihrem Schlafsack. Dann tappte sie barfuß nach draußen, um frische Luft zu schnappen und um vollends munter zu werden.

"Huch!", entfuhr es ihr. "Ich glaube, ich steh vor einer Wand!" Sie rieb sich die Augen, um den Dunstschleier zu beseitigen, aber das Bild wurde nicht klarer.

Dichter, zäher Nebel lag über dem Land. Undurchdringlich, zum Schneiden dick. Sie konnte nicht einmal die Pferde im Pferch ausmachen, dessen Zaun nicht weit von der Hütte begann.

"Ach, bis nach dem Frühstück ist der Nebel bestimmt verschwunden", meinte Britta, die sich zu Brigitte gesellt hatte.

Snorri erschien nun ebenfalls an der Tür.

"Nein, das sieht leider nicht so aus."

Er hatte sich die Hände in die Hüften gestützt und sah nachdenklich aus. "Wenn der Nebel früh am Morgen so dicht ist, lichtet er sich den ganzen Tag nicht."

"Das ist ein Erfahrungswert, was?" Daniel strich sich verschlafen mit den Fingern durch das ungekämmte Haar.

"Das gibt also heute einen Blindflug", merkte Kevin an.

"Oh nein, das nächste Abenteuer", seufzte Ingrid.

"Bislang haben wir uns noch nie verritten, holen wir das heute nach?", fragte Kevin.

"Es ist in der Tat nicht ungefährlich, bei so extrem schlechter Sicht zu reiten", bestätigte Trausti.

"Auf der Strecke bis Ísholtsvatn gibt es einige tückische Treibsandfelder, da sollten wir tunlichst nicht hinein geraten. Wir müssen versuchen, die Tiere dicht beisammen zu halten."

Das musste Trausti nicht zweimal sagen. Der Nebel war so unheimlich, dass sich die Reiter nach dem Abritt bereitwillig wie eine Herde Hammel zusammendrängten.

"Kennst du den Film – Fog, Nebel des Grauens?" flüsterte Daniel

mit gruselig verstellter Stimme.
"Na, klasse", entgegnete Ines. "Musst du damit jetzt anfangen? Ich hab eh schon am ganzen Körper eine Gänsehaut."
Daniel lachte über seinen gelungenen Scherz. Er war der Einzige, wie es schien, der die Situation mit Humor nahm.

Lange Zeit ritten sie nervös schweigend und fast lautlos dahin. Der Nebel schluckte sogar das Hufgetrappel, als ritten sie auf einer Schicht aus Watte. Schließlich schnaubte Jan durch die Nase.
"Nun weiß ich, warum so viele Isländer noch immer an die Existenz von übernatürlichen Wesen und Naturgeistern glauben. In dieser Einsamkeit und erdrückenden Stille würde ich auch bald damit anfangen."
"Ich weiß nicht, was ihr habt! Ich finde die Vorstellung total nett, dass hübsche Elfen und lustige Trolle in den Hügeln hausen, oder Zwerge mit krummen Nasen die Steine beleben. Ob es Nachts, wenn wir schlafen, hier richtig lebendig wird? Da würde ich gerne einmal Mäuslein spielen. Wir sollten eine Nachtwanderung machen," schlug Brigitte vor. „Bestimmt könnte man interessante Kontakte knüpfen."
Monika lachte. "Ich fürchte mich ebenfalls nicht vor Gespenstern", bekräftigte sie.
"Schließlich bedroht das Unsichtbare die Welt nicht nur, sondern beschützt sie auch."
"Pst", flüsterte Ingrid. „Sprecht nicht so laut! Die Geister wollen Ruhe und Respekt!"
"Wer glaubt hier nicht an Geister?" Snorri entrüstete sich. "Hier, seht, hier hat ein Troll heute Nacht sein Brot liegen lassen. Bei Tageslicht wurde es zu Stein!"
Snorri zügelte sein Pferd und deutete auf ein merkwürdig aussehendes Objekt am Boden. Die Reiter scharten sich um ihn und guckten ungläubig auf den Stein, der vor ihnen auf einer Felsplatte lag. Es sah tatsächlich aus wie ein Laib Brot, der fein säuberlich in Scheiben geschnitten war.
"Bevorzugst du Marmelade oder Honig auf deinem Brot, kleiner Troll?", spottete Lydia.

“Sieht irre aus”, meinte Ingrid.
“Aber dafür gibt es eine geologische Erklärung!” Daniel meldete sich zu Wort. “Wenn Wasser in einen porösen Stein eindringt und gefriert, wird er manchmal scheibenförmig zersprengt, wie ihr es hier sehen könnt.”
“So gleichmäßig? Das mag man kaum glauben.” Britta runzelte die Stirn.
“Nun haben wir also die freie Auswahl, an was wir glauben wollen. An die Geologie, oder die Mythologie. Ich finde letzteres spannender!”, äußerte Brigitte mit einem Brustton der Überzeugung.
“Aber ersteres ist nicht so unheimlich”, merkte Ingrid an.
Snorri erzählte: “Im östlichen Hochland sollte einmal eine Straße gebaut werden. Ein großer Erdhügel musste der Straße weichen, aber alle Versuche, ihn abzutragen schlugen fehl. Baumaschinen streikten plötzlich, Dynamit explodierte nicht wie geplant. Dann kam ein benachbarter Bauer zu den Arbeitern und teilte ihnen mit, dass in dem Hügel Elfen wohnen würden. Die Elfen hätten mit ihm Kontakt aufgenommen, behauptete er, und ließen ausrichten, dass sie bereit sein würden, umzuziehen, wenn man ihnen dazu die Zeit ließe. Erst als sie dem Bauern Bescheid gaben, dass dies nun geschehen war, gelangen die Erdarbeiten. Was sagst du dazu, schlauer Daniel?”
Daniel verdrehte die Augen und blieb ihm eine Antwort schuldig. Trausti schmunzelte und setzte noch eins obendrauf.
“In Hafnarfjördur gibt es einen Stadtplan, in dem die Wohnstätten der Elfen eingezeichnet sind!”
“Wirklich nett, was ihr Isländer euch so alles für gutgläubige Touristen einfallen lasst!”, merkte Daniel an. Er wirkte langsam ungehalten. Aber Trausti war noch nicht am Ende.
“Im Norden, in der Flammenburg Hverfjall unweit des Mývatn, beschützt der Riese Gymir seine schöne Tochter Gerda durch einen Ring aus Feuer und Lava. Von Asgard aus sieht Freyr, der Gott der Fruchtbarkeit, die schöne Tochter des Riesen und entbrennt in feurigem Begehren nach ihr...”
Daniel unterbrach ihn: “Schöne Geschichten sind das. Die isländischen Sagen sind mir bekannt. Aber das sind Metaphern für das

Feuer der Vulkane!"
Trausti legte den Kopf schief und sah ihn mitleidig an.

Trotz des steinigen, unebenen Weges und der schlechten Sicht, verschärfte Snorri das Tempo.
"Genug gequatscht! Vorwärts! Wir wollen dieses triste Niemandsland heute hinter uns bringen!"
Aber die Einöde wollte sie noch lange nicht freigeben. Die unendliche Nebelglocke hielt sie wie eine Riesenwolke, die sich für alle Ewigkeit auf der Erde niedergelassen hatte, gefangen. Vereinzelt tauchten einige Schafe hinter Nebelfetzen auf und entschwanden geisterhaft. Dumpfe Schreie von Möwen drangen in die lautlose Welt und klangen wie höhnisches Gelächter. Hin und wieder hatte man das Gefühl, einen lachenden Troll mit einem haarlosen, zerfurchten Kopf zwischen den graukalten Felsblöcken zu erkennen, der sich über die tollkühnen Reisenden lustig machte, die in dieses verwunschene Stück Land eingedrungen waren.
Gegen Mittag hatten sie die vage Hoffnung, dass der Nebel sich etwas lichtete. Sie standen in der Pause eng zusammen und freuten sich mit schwarzem Humor, dass sie immerhin erkennen konnten, was sie essbares in den Händen hielten. Aber kaum ritten sie weiter, schlang der Nebel seine milchigen Fesseln wieder dichter um sie. Manchmal hatten sie das Gefühl, kaum mehr atmen zu können, so fest hielt die graue Masse sie gefangen.
Ines war glücklich, dass Gnyfari sich einigermaßen erholt hatte. Der verletzte Hufballen war nicht mehr geschwollen und er lief wieder zügig mit der Herde mit. Dennoch wollte sie ihn noch weiterhin schonen.

Auf einmal ertönte ein Schrei aus der Stille. Was war das? Angestrengt spähten sie in die Richtung, woher der Ruf kam, aber sie konnten nichts sehen.
"Alles in Ordnung?"
Trausti rief in das Nichts hinein.
"Hilfe, halt, kommt zurück!"

Es war eindeutig Samuels Stimme, die aus der Nebelwand zu ihnen drang. Er war als Schlusslicht geritten, doch nun sahen sie sein reiterloses Pferd in der Herde laufen. Der Sattel hing Brynjar schief auf dem Rücken und die Zügel schleiften auf dem Boden. Sie wendeten sofort und ritten behutsam zurück, um Samuel nicht zu überreiten, falls er plötzlich vor ihnen am Boden liegen sollte. Nur durch sein Rufen, konnten sie orten, in welcher Richtung sie nach ihm suchen mussten.

Samuel kauerte mit schmerzverzerrtem Gesicht auf felsigem Untergrund.

"Mein Bein", jammerte er und hielt mit beiden Händen seinen rechten Unterschenkel umklammert.

"Verflixt, sind das Schmerzen", stöhnte er. "Jetzt hat´s mich erwischt."

Brigitte war sofort voll in ihrem Element. Sie war schon aus dem Sattel gesprungen und kniete neben ihm.

"Was ist denn passiert?", fragte sie besorgt.

"Mein Pferd ist hier in diese Felsspalte getreten und wäre fast gestürzt." Er deutete auf eine Spalte im Stein neben sich, die heimtükkisch mit fedrig behaartem Silberwurz bewachsen war.

"Ich hab wohl geträumt und war nicht darauf vorbereitet, als Brynjar strauchelte. Und schon lag ich unten."

"Du solltest vorsichtig den Stiefel ausziehen. Das Bein schwillt bestimmt enorm an, und in einer Stunde kommst du sonst nicht mehr raus."

"Aus dem Stiefel komm ich jetzt schon nicht mehr raus, fass bloß mein Bein nicht an!"

"Dann müssen wir den Stiefel aufschneiden, da bleibt nichts anderes übrig. Raus musst du aus dem engen Ding!"

Snorri schärfte theatralisch die Klinge seines Fahrtenmessers und machte sich vorsichtig an die Arbeit. Behutsam schnitt er Zentimeter für Zentimeter in das Leder hinein. „Der schöne Stiefel...", bedauerte er.

"Ich glaube, ich muss mich übergeben", entschuldigte sich Samuel.

Als Samuels Unterschenkel freigelegt war und Brigitte vorsichtig das

Bein abtastete, meinte sie:
“Das sieht verdammt nach einem Bruch aus!”
“Ach was, das gibt’s doch gar nicht! Das ist nur verstaucht!” Samuel weigerte sich, sich seinem Schicksal zu ergeben. „Was habe ich in meinem Leben schon alles für Touren gemacht und nie ist mir was passiert. Und jetzt stürze ich hier vom Pferd, ich alter Dussel. Ich werde langsam alt, vielleicht sollte ich es doch endlich mal glauben...”
“Wir brauchen auf alle Fälle einen Hubschrauber, du musst in ein Krankenhaus. Das Bein muss unbedingt geröntgt werden.”
Für Brigitte war die Sachlage völlig klar.
“Nur wie will bei dem Nebel denn ein Helikopter fliegen, das ist ja völlig utopisch!” Daniel schnaubte verächtlich durch die Nase.
“Das wird heute wirklich nicht möglich sein. Wir werden versuchen, Birgir zu erreichen. Er muss sich mit dem Jeep bis hierher durchschlagen. Wir müssen Samuel bis zu unserer Hütte transportieren, damit ihn dort die Sanitäter so bald wie möglich abholen können.” Trausti war wieder ganz Organisator.
Schon hatte er sein Handy am Ohr und wählte die eingespeicherte Nummer von Birgir an. Zum Glück erreichte er ihn sofort und versuchte die Stelle zu bestimmen, an welcher der Unfall passiert war. Das schwierigste Unterfangen würde es sein, Birgir an die richtige Stelle zu lotsen.
Samuel fluchte noch immer über das eigene Missgeschick. „Meine erste Reise, bei der meine Frau mal keine Sorge um mich hatte, weil ich mich auf einer geführten Tour befand. Sie wird es mir nicht glauben! Ich glaube es ja selbst nicht!“
“Und wir hocken jetzt schon wieder mitten in der Landschaft fest,” stellte Matthias vollkommen entnervt fest. Ihm taten alle Knochen weh und bis auf die Bilder beim Askja-Krater hatte er im Hochland noch kaum ein Foto gemacht. Schneesturm, Nebel, das würde eine tolle Fotostory werden. Er fluchte.
“Einmal ein Tag ohne Zwischenfälle würden mir wirklich sehr zusagen, ich hab langsam die Schnauze voll.”
“Das gibt’s ja nicht. Warum buchst du dann einen Wanderritt, wenn

du weder reiten kannst noch magst. Hättest du eben eine Jeepsafari machen müssen! Oder eine Kreuzfahrt!" Nun wurde sogar die sanfte Ingrid böse.

"Du kannst ja schon mal alleine weiterreiten", fauchte Ines ihn an.

Britta echauffierte sich: "Ja, hoffentlich verirrst du dich im Nebel und tauchst nie wieder auf! Du bist so egoistisch. Da liegt einer aus der Gruppe verletzt am Boden, braucht unsere Hilfe und du würdest dich einfach so aus dem Staub machen. Toller Charakter! Schade, dass du nicht hier liegst."

Matthias stellte sich abseits und schmollte.

"Es wäre aber wirklich gut, wenn einige von uns weiterreiten würden", meinte Snorri. "Vielleicht stoßen wir unterwegs auf Birgir und können ihm noch einen weiteren Anhaltspunkt geben, wohin er fahren muss. Sonst findet der uns hier nie."

"Ja, dann könnte jemand zu ihm umsteigen und ihm den Weg lotsen", meinte Lydia geschäftstüchtig. Sie brannte darauf mit Snorri weiterzureiten.

"Die Idee ist gar nicht schlecht", fand Trausti.

"Wer will mitreiten?", fragte Snorri in die Runde. Aber alle schwiegen und sahen eisern auf den Boden.

Sie wollten lieber warten, bis Samuel sicher im Auto saß. Das gebot die Kameradschaftlichkeit. Und bei den unsäglichen Witterungsverhältnissen wollte sich die Gruppe gefühlsmäßig lieber an Trausti anschließen, das schien verlässlicher zu sein.

"Dann reiten wir eben alleine, Lydia." Mit gespielter Resignation schwang Snorri sich wieder in den Sattel.

"Wir nehmen die Herde gleich mit, dann könnt ihr unbeschwert und schneller reiten, wenn Birgir eingetroffen ist."

Trausti nickte zustimmend. „Das ist eine gute Idee."

Die gesattelten Pferde warfen die Köpfe hoch, als die beiden losritten und die Herde aufforderten, ihnen zu folgen. Gerne wären sie mitgelaufen..

"Ich hoffe doch, du kennst den Weg", meinte Lydia zu ihrem Begleiter.

“Wie meine Westentasche”, antwortete Snorri schelmisch grinsend.
“Glaubst du wirklich, dass wir Birgir unterwegs finden?”
“Das ist unwahrscheinlich! Ich habe nicht mal ein Handy dabei. Er müsste theoretisch aus östlicher Richtung kommen, da verläuft eine Straße lang. Wir aber reiten erst ein Stück strikt nach Norden.”
“Was hast du denn mit mir vor? Willst du mich kidnappen?” Lydia sah ihn verführerisch an.
“Oh, da wird mir schon was einfallen. Wir werden es uns auf der Hütte schon mal gemütlich machen, bis die anderen eintreffen werden.”
“Klingt gut”, lachte Lydia.

Es dauerte noch über zwei Stunden, bis Trausti Birgir über das Handy an den Unfallort gelotst hatte. Dann endlich hörten sie das Motorengeräusch durch den Nebel dringen.
„Na, Gott sei Dank!“, entfuhr es Brigitte und sie atmete laut auf. Plötzlich redeten alle durcheinander und die Anspannung löste sich. Wäre es leise gewesen, hätte man wohl zwölf Steine vom Herzen fallen hören.
Samuel wurde vorsichtig aufgehoben und zwischen die Kochtöpfe gebettet, die viel Platz in der rollenden Küche einnahmen. So gut es ging, polsterten sie sein verletztes Bein mit den Schlafsäcken ab, die sich zum Glück noch im Auto befanden. Ein Rettungsteam war schon verständigt. Es wollte die Hütte anfliegen, so bald es am nächsten Morgen die Sicht zuließ.
“Macht es euch etwas aus, wenn ich auch mitfahre?”, fragte Melissa. Trausti sah sie erschrocken an.
Entschuldigend meinte sie: “Es geht mir zwar gut, aber ich merke, dass ich heute nicht noch mehr Aufregung verkraften kann. Irgendwie liegen meine Nerven doch ziemlich blank und so kann ich mich ein bisschen ausruhen.“
“Was soll uns das ausmachen” und “ja, fahr nur”, antworteten die Reiter im Chor.
Samuel verabschiedete sich mit einem frustrierten Winken, als Biggi startete.

Der kleine, übrig gebliebene Haufen setzte sich nun wieder in Bewegung und konnte endlich den Weg fortsetzten. Der kühle, feuchte Nebel hatte die Glieder steif werden lassen. Die Kleidung fühlte sich klamm an und klebte unangenehm auf der Haut. Es wurde Zeit, dass sie im Sattel wieder warm und beweglich wurden. Die Pferde legten von sich aus ein schnelles Tempo vor, als gelte es, ihre Kumpels wieder einzuholen.

Lydia und Snorri hatten die Herde flott gemacht und kamen ihrem Ziel rasch näher. Sie trieben die Herde in den vorgesehenen Paddock und Snorri schleppte mühsam einen von den Heuballen herbei, die ordentlich an die Hauswand gestapelt und mit wetterfesten schweren Planen abgedeckt waren. Die hungrigen Tiere stürzten sich gierig auf das wenige Futter. Lydia hatte ihre Reitpferde abgesattelt und ließ sie zu den anderen laufen.

"Komm!" Snorri nahm Lydia bei der Hand.

Ausgelassen scherzend rannten sie zur Hütte, doch die Eingangstür war verschlossen.

"Das darf doch nicht wahr sein!" Snorri fluchte und hämmerte wild an die Tür.

Doch die schwere Holztür gab keinen Millimeter nach. Er streckte sich und fühlte hektisch mit den Fingern über dem Türstock entlang.

"Das gibt es doch nicht, unsere Hütten sind hier im Hochland immer offen. Wenn, dann liegt ein Schlüssel hier auf dem Gebälk."

Er tastete nochmals auf dem Holzbalken entlang, fand aber nichts.

"Geht denn heute alles schief?"

In maßloser Wut trat er auf die Tür ein.

"Dann eben nicht in die Hütte. Ist doch egal!", meinte Lydia besänftigend und umfasste Snorri von hinten um die Taille. Sie presste sich fest und unmissverständlich an ihn. Er drehte sich um, sah sie an und küsste sie leidenschaftlich. Hand in Hand liefen sie um die Hütte herum. Eine schmale Leiter führte zu einer Holzlade hinauf. Snorri winkte Lydia, ihm zu folgen. Sie kletterten hinauf und Snorri peilte die Lage. Rasch kickte er den Boden mit dem Fuß von einigen Holzscheiten frei und breitete einige alte Säcke aus, die schon bessere

Tage gesehen hatten.
"Nicht gerade bequem und kaum gemütlich zu nennen."
Lydia rümpfte erst die Nase, zuckte dann aber mit den Schultern.
"Egal, dafür romantisch. Endlich sind wir mal allein. Aber du liegst unten, das ist mir zu dreckig!"
Sie kicherten, zerrten an ihren Kleidungsstücken und sanken auf den harten Boden.

Fast gleichzeitig mit Birgir trafen die Reiter erschöpft bei der Hütte ein. Birgir war entsprechend langsam und vorsichtig gefahren, um die Erschütterungen für Samuel weitgehend zu vermeiden, denn jedes Schlagloch ließ ihn vor Schmerz aufschreien. Birgir angelte den Hüttenschlüssel aus seiner Hosentasche. Er war bereits vorher in der Hütte gewesen, bevor ihn der Notruf erreichte und hatte in der Eile seines Aufbruchs abgeschlossen und den Schlüssel bei sich gehabt.
"Nanu, sind Snorri, Lydia und die Herde denn noch gar nicht da? Haben die sich denn nun verirrt? Für heute reicht es doch wieder mit Zwischenfällen."
"Aber hier sind viele Spuren zu sehen und die Schnüre eines Heuballens liegen vor der Tür, sie müssen schon hier gewesen sein!"
Kevin betätigte sich als Fährtenleser und hob die Seile vom Boden auf. Ratlos hielt er sie in den Händen.
"Snorri? Lydia?"
Trausti rief ihre Namen und starrte mit gerunzelter Stirn ins Leere hinein. Merkwürdig, dass sie nicht zu sehen waren.
"Ja, wir sind hier oben, wir konnten leider nicht hinein!", rief Snorri und streckte den Kopf aus der Dachluke. Sein Haar sah arg zerzaust aus, seine Backen waren gerötet. Eilig zog er seinen Pulli über den Kopf.
Birgir griente. "Eigentlich hätte ich euch doch auf dem Weg treffen müssen, dann hättet ihr den Schlüssel mitnehmen können, ich hatte ihn aus Versehen eingesteckt. Habt ihr eine Abkürzung genommen?"
Snorri blieb ihm eine Antwort schuldig.
"Wo habt ihr denn die Pferde hin?" Trausti klang jetzt vorwurfsvoll.

“Die Pferde? Na die stehen doch im Paddock und hauen sich die Bäuche voll”, entgegnete Snorri sicher.
“Also da unten im Pferch steht kein Pferd. Vielleicht solltest du dich mal herunter bequemen?” Trausti wirkte ungehalten. Snorri kletterte, gefolgt von Lydia die Leiter hinab.
Das Gatter stand offen, die Pferde waren verschwunden. Verschluckt vom Nebel.
“Ich fasse es nicht.”
Mehr konnte Snorri nicht stammeln. Wie betäubt stand er vor der leeren Koppel. Trausti verpasste ihm eine schallende Ohrfeige.
“Tolle Leistung, Snorri, wirklich! Ein Ballen Heu für fünfzig Pferde und dann das Tor nicht richtig zu! Da wäre ich auch gegangen, ganz ehrlich!” Traustis Ton klang schneidend.
Snorri blieb die Luft weg. Er schluckte.
“Ich finde sie schon wieder”, meinte er kühl und übernahm Traustis Pferd.
“Warte, ich komme mit und helfe dir”, beeilte sich Lydia zu sagen. Aber Trausti hielt sie hart am Arm zurück.
“Nein, du bleibst hier. Das lass ihn mal alleine machen. Und wenn er die ganze Nacht dazu braucht. Er muss endlich mal lernen, Verantwortung zu übernehmen.”
Lydia hielt sich den schmerzenden Arm und spielte die Beleidigte. Sie verzog sich ins Haus, ohne Trausti eines weiteren Blickes zu würdigen.

Snorri trabte langsam in die Richtung, in die er die Herde vermutete. Leise fluchte er vor sich hin. War diese Demütigung vor allen Gästen das kleine Abenteuer mit Lydia wert gewesen? Für ihn war es nach wie vor nicht mehr als eine harmlose Liebelei. In Schwierigkeiten wollte er deswegen nicht geraten.

Es war noch keine halbe Stunde vergangen, als er die Herde in einer kleinen Senke fand. Die Tiere standen ruhig in einem Flussbett und tranken. Er parierte sein Pferd zum Schritt durch, saß ab und ging behutsam, fast unauffällig auf sie zu und ließ sein Reitpferd ebenfalls saufen. Er nahm mit langsamen Bewegungen zwei Halfter aus den Packtaschen und halfterte damit vorsichtig zwei der ranghohen Tiere: Skratti und Eldjarn. Er saß wieder auf und nahm die Beiden als Handpferd. Nur zweimal musste er rufen und schon folgten ihm die Pferde problemlos wie an einem unsichtbarem Leitseil.

„Uff!“ Snorris Herzschlag beruhigte sich, er stieß pfeifend die Luft aus. Es hätte genauso gut sein können, dass die gesamte Herde kilometerlang vor ihm davongelaufen wäre und ein weniger lustiges Katz-und-Maus-Spiel mit ihm veranstaltet hätte. Es wäre ihm dann nichts anderes übrig geblieben, als hinterher zu reiten, bis er sie irgendwann hätte überholen können. Aber auch dann wäre es noch fraglich gewesen, ob und wann sie bereit waren, umzudrehen und ihm zu folgen.

Daniel und Kevin standen außerhalb der Hütte und erwarteten die Heimkehrer. Sie liefen zum Gatter, öffneten bereitwillig das Tor und leiteten die Pferde hinein. Sorgsam überzeugte sich Snorri selbst, dass der Verschluss am Tor gesichert war. So ein Fauxpass würde ihm kein zweites Mal in seinem Leben mehr passieren. Die beiden klopften ihm auf die Schulter.

„Nimm es nicht so schwer“, meinte Kevin versöhnlich. Aber das war leichter gesagt als getan.

Die Gruppe saß beim Abendessen zusammen. Birgir hatte aus gewürfelten Fischstücken von einem Dorsch eine würzige Fischpfanne gebraten. Aber Snorri wollte Trausti heute besser nicht mehr unter die Augen kommen. Es war alles gesagt, was zu sagen war und alles getan, was getan werden musste.

“Keinen Hunger”, murmelte er und ging schnurstracks zu seiner Schlafkoje.

Wenig später klopfte Lydia an seine Tür, aber er herrschte sie an:

“Verzieh dich!”

Wütend stampfte sie mit dem Fuß auf, war aber zu stolz, ihn ein zweites Mal um Einlass zu bitten.

„Idiot!“, zischte sie und rauschte davon.

Im Flur wartete Matthias in einer dunklen Nische. Er hatte mitbekommen, dass Lydia den Weg zu Snorri eingeschlagen hatte. Als sie zurückkam, versperrte er ihr den Weg, umarmte sie heftig und wollte sie zu einem Kuss zwingen. Sie aber löste sich abrupt aus seinen Armen und verpasste ihm einen heftigen Tritt ans Schienbein.

"Was bildest du dir ein, du Schwachkopf!"

Sie hob die Nase noch ein Stückchen höher und gesellte sich unauffällig wieder zu der Gruppe in den Aufenthaltsraum.

Matthias rieb sich das schmerzende Bein. Wieder einmal verletzt in seiner Ehre, setzte er sich nach draußen vor die Hütte auf eine Steinstufe. Die Gedanken schossen ihm wirr durch den Kopf. Er hatte die Schnauze gehörig voll. Er fand, dass er zu wenig Anerkennung und Beachtung von der Truppe bekam. Genügend Fotos hatte er im Kasten für seine Story. Im Hochland gab es nichts faszinierendes mehr zu fotografieren, glaubte er. Nichts als Nebel und öde Steine. Der nächste Reittag würde sie wieder in die Zivilisation bringen, hatte Trausti gesagt. Weit konnte es also nicht mehr sein. Warum nicht schon jetzt aufbrechen? Die Gruppe mit ihrem zwischenmenschlichen Geplänkel hinter sich lassen und einfach abhauen? Diese blöde Lydia nicht mehr sehen müssen, die ihm ständig Avancen machte und ihn im letzten Moment abblitzen ließ, oder die dämliche Brigitte, die ihm ständig irgendwelche Vorwürfe machte. Er musste sich immer in nördliche Richtung halten, wusste er. Er hatte einen Kompass, und bei Sonnenaufgang könnte er vielleicht schon am Mývatn sein, um endlich wieder einmal geniale Fotos schießen können. So malte er sich in Gedanken sein Vorhaben aus.

Er rauchte eine Zigarette nach der anderen und sein Plan nahm immer deutlicher Gestalt an. Das meiste Gepäck würde er zurücklassen, was sollte er noch mit den Reitklamotten. Das Zeug konnte er nicht mehr sehen, es würde nur unnötiger Ballast sein. Nur seine Fotoausrüstung und ein wenig Proviant wollte er mitnehmen. Über das Pferd und die Richtung machte er sich weiter keine Gedanken. Er würde schon eine Weide finden, wo er es zurücklassen könnte, oder er hätte das Vieh einfach wieder zurück in die Wüste gejagt. Die Gegend würde nun auch rasch wieder bewohnter werden, dachte er sich und spekulierte dann auf eine Mitfahrgelegenheit.

Er schlich in die Hütte zurück, ungesehen von den anderen, die fröhlich zusammen saßen, lachten und sangen. So packte er fest entschlossen seine Sachen ein und schlich mit dem Bündel zum Pferdegatter. Er wollte Grettir satteln. Den Schimmel hatte er mehrmals geritten, er schien ihm am Verlässlichsten. Matthias hatte ihn in der Herde gleich ausgemacht. Der Schimmel spielte nervös mit den Ohren bei dem ungewohnten Besuch zu nächtlicher Stunde, ließ sich aber brav aus der Herde holen, auftrensen und satteln. Unbeholfen befestigte Matthias die Ausrüstung an den Metallösen am Hinterzwiesel des Trachtensattels und wollte dann aufsitzen. Schwerfällig hob er sein Bein über die hoch aufgetürmten Packtaschen und bohrte Grettir grob die Absätze in den Bauch.

Snorri hatte das geheime Unterfangen von seinem Zimmer aus beobachtet. Er stand am Fenster, war mit sich selbst unzufrieden und grübelte über Gott und die Welt. Er rauchte voll innerer Unruhe ebenfalls mehrere Zigaretten. Er glaubte, seinen Augen nicht zu trauen, als er Matthias in die Pferdeherde schleichen sah und wenig später mitsamt Pferd das Gelände verlassen. Er eilte nach draußen und stieß dort fast mit Trausti zusammen, der mit einer unguten Vorahnung ein Auge auf Matthias gehabt hatte.
Snorri nickte ihm zu.
“Ich hab was gut zu machen!”
Er schnappte sich das nächstbeste Pferd, schob ihm schnell ein Trensengebiss ins Maul und schwang sich mühelos auf den blanken Rücken. In gebührendem Abstand ritt er Matthias hinterher. Zunächst wollte er ihn nur beobachten, wohin es ihn zog, sozusagen auf ihn aufpassen. Vielleicht würde nach einem Ritt in der Dämmerung die Vernunft von selbst wieder zurück kommen und Matthias würde freiwillig umkehren. Snorri wollte in Ruhe abwarten, bevor er ihn zur Rede stellen würde.

Die Entscheidung über das Ende des gewagten Rittes musste Snorri nicht beschließen. Grettir übernahm das selbst. Als der Wallach merkte, dass er sich Mutterseelen alleine immer weiter von der Herde entfernte, wieherte er einige Male aufgebracht.

„Halt die Klappe, blödes Vieh!“, schimpfte Matthias halbherzig und versuchte seine Unsicherheit zu verbergen. Dabei fühlte er sich ziemlich ausgeliefert und zweifelte ein wenig an seiner abenteuerlichen Handlung. Er versuchte seine Nervosität mit Grobheiten zu kaschieren und traktierte Grettir wieder mit den Füßen. Der Schimmel machte kurzen Prozess. Blitzschnell drehte er sich um 180 Grad auf der Hinterhand. Ein kleiner Hüpfer genügte, um seinen unerfahrenen Reiter loszuwerden. Dann gab Grettir Fersengeld und galoppierte wiehernd mit fliegenden Zügeln zu seiner Herde zurück. Es klang hämisch und triumphierend in Matthias Ohren und er hasste in dem Moment die ganze Welt.

Snorri wartete, bis Matthias sich aufgerappelt hatte. Er sah, wie er sich den Schmutz von den Kleidern klopfte und hörte ihn fluchen. Offensichtlich war ihm nichts passiert. Er grinste.

Matthias sah ein, dass er ohne Pferd nicht weiter konnte.

“Verdammter Gaul!”, schimpfte er. Er hoffte, dass Grettir mit der Kamera in den Packtaschen heil nach Hause kam. Um das Pferd war es ihm nicht. Schleppend lief er in Richtung Hütte zurück. Er hatte nicht bemerkt, dass er verfolgt wurde.

Beruhigt wendete Snorri sein Pferd, um vor Matthias zurück zu sein.

Trausti war nach draußen geeilt, als er Hufgetrappel hörte und nahm Grettir in Empfang. Das Pferd war längst abgesattelt als Snorri eintraf. Trausti hatte die Packtaschen demonstrativ an den Zaun gehängt. Wenn Matthias das Pferd in der Herde und sein Gepäck am Balken vorfand, würde er wissen, dass sein Fluchtversuch entdeckt worden war. Mehr war zu so viel Dummheit nicht anzumerken.

Mývatn

Monika stellte wehmütig fest, dass die Reittour schon in großen Schritten auf das Ende zusteuerte. Bald war zu merken, dass die Truppe an diesem Tag einmal wieder in zwei Lager gespalten war. Ein Teil schwatzte fröhlich drauf los, der andere Teil, bestehend aus Snorri, Lydia und Matthias starrte wortlos in die eigene schlechte Laune versunken vor sich hin.

“Matthias, kannst du ein Gruppenfoto von uns machen?”, schlug Brigitte vor. “Überhaupt hätte ich liebend gerne Abzüge von deinen Bildern fürs Fotoalbum – wenn wir schon einen Profi dabei haben. Geht das?”

“Oder verlangst du von uns dann 50 Euro pro Bild als Honorar?”, lachte Ingrid.

“Ihr interessiert euch doch sowieso nicht für meine Arbeiten. Keiner von euch hat je gefragt, welche Story ich überhaupt schreibe, für welchen Auftraggeber ich fotografiere. Aber jetzt kommt ihr gekrochen und wollt Fotos haben”, ereiferte sich Matthias.

“Also weißt du, nun wirst du aber ungerecht. Man musste dir die ganze Zeit jedes Wort aus der Nase ziehen, dauernd warst du nur am Meckern”, konterte Brigitte. “Da hat man oft keine Lust mehr, Fragen zu stellen!”

“Also, nun verrate uns doch endlich, was du als Fotograf so tust. Für den Playboy arbeitest du ja vermutlich nicht!” Britta wurde ungeduldig.

Er sah sie finster an.

“Es wird eine Foto-Reportage über diesen Wanderritt für ein Trekking-Magazin.“

“Für ein Trekking-Magazin?” Snorri war entsetzt.

Matthias sah ihn entgeistert an. “Was ist daran so schlimm?”

Trausti nahm ihm die Antwort vorweg.

“Ein Trekking-Magazin lesen Leute, die nicht unbedingt reiten können. Die melden sich zu so einer Tour an, weil sie abenteuerlustig sind und wir können uns dann mit Reitanfängern herumschlagen, die eventuell noch durch fehlende Kenntnisse die gesamte Gruppe in

Gefahr bringen."
"Du meinst, sie sind vielleicht so lästig, wie ich?", meinte Matthias mit einem schiefen Grinsen.
"Das hat keiner behauptet. Aber gib es zu, dass du geschwindelt hast, als du auf dem Anmeldeformular deine Reiterfahrungen eingestuft hast." Snorri schnaubte verächtlich.
"Na, immerhin bist du aber wenigstens schon mal im Sattel gesessen", meinte Trausti. "Und du merkst am eigenen Körper, welche Strapazen mit so einem Ritt einher gehen."
"Vielleicht lasse ich diese schmerzlichen Erfahrungen in den Artikel einfließen, ihr könnt euch ja mal überraschen lassen. In der November-Ausgabe sollen meine acht Seiten erscheinen. Wer möchte, kann sich das Magazin ja kaufen. Es heißt < Trekking around the world >."
"Acht Seiten?", fragte Ines und pfiff anerkennend.
"Dafür kassierst du aber ein saftiges Honorar, oder?" Sie hatte selbst schon einige Kurzgeschichten veröffentlicht und kannte die Honorarsätze von einigen Verlegern.
"Ja, das lohnt sich durchaus. Die haben mir auch die Reise finanziert!"
Nun wurde den anderen klar, warum sich Matthias so oft distanziert gab. Für ihn war es lediglich ein beruflicher Auftrag wie jeder andere, während bis auf Incs und Monika die meisten lange gespart hatten, bis sie sich den Island-Urlaub leisten konnten.
"Ha, so einen Sponsoren hätte ich auch gerne", schwärmte Brigitte.
"Oder so viel Glück wie Monika!", pflichtete Ines ihr bei.
"Was meinst du damit?" Brigitte sah fragend zwischen Monika und Ines hin und her.
Monika wurde ziemlich verlegen. Es musste doch nicht jeder wissen, dass sie umsonst auf der Tour dabei waren. Sie wollte nicht, dass ihr nun eine Welle des Neides entgegenschwappte.
"Nun, also...," druckste sie herum.
"Sie hat die Reise gewonnen", meinte die Freundin freizügig.
"Du hast diese Reise gewonnen?" Brigitte mochte es kaum glauben.

“Ja“, meinte sie zögernd und gab dann preis: „ Ich habe bei den Deutschen Islandpferdemeisterschaften zugesehen und an einem Preisausschreiben teilgenommen.” Nun war es heraus. Wie würden die anderen reagieren? Sie sah vorsichtig in die Runde.
“Du Glückspilz! Herzlichen Glückwunsch”, rief Brigitte spontan. Achselzuckend meinte sie: “Mir passiert so was nie! Ich musste mir den Ritt selber schenken, ein anderer kam leider nicht auf die Idee.“
“Gratuliere!”, fielen andere aus der Gruppe ein. Nur Lydia setzte schnippisch obendrauf:
“Na, wenn man es sich anders nicht leisten kann...” Irgendein dummer Kommentar musste von Lydia gewohnheitsmäßig erfolgen.

Wenig später kämpften alle mit ihren Reisetaschen und Rucksäcken, um Kleidungsstücke und sonstiges Hab und Gut darin zu verstauen.
“Ich weiß nicht, woran liegt das nur? Obwohl ich nicht mehr und nicht weniger dabei habe als am ersten Tag, weigern sich die Reißverschlüsse mehr und mehr, zugezogen zu werden.” Monika saß halb auf ihrem prallen Reiserucksack und kämpfte verbissen mit einem Wulst, der immer wieder heraus quoll. Ines hatte schon fertig gepackt. Sie hockte im Schneidersitz auf ihrem Bett und starrte zum Fenster hinaus. Dabei schien sie die abenteuerlichsten Wolkenformationen, die am hellblauen Himmel zu sehen waren aber nicht zu registrieren.
“Monika”, fing sie auf einmal an und wirkte ganz in ihre Gedanken versunken. Ihre Stimme kam von weit her.
“Monika, ich muss dir was gestehen!” Monika hielt mit ihren verzweifelten Packversuchen inne und sah sie entgeistert an. Was kam jetzt? Musste sie sich um die Freundin Sorgen machen? Wenn Ines in so einem Ton anfing, war etwas oberfaul. Sie war auf alles gefasst.
“Schieß los!”, meinte sie ergeben.
“Monika, ich hab mich unsterblich verliebt!”
Sie hatte Grund zur Sorge. Sie hatte es geahnt.
“Ach nee, komm, hör auf. Nun fang du bitte nicht auch noch an, diesem albernen Snorri hinterher zu steigen. Er sieht unverschämt gut aus, ja, aber mehr hat er doch wirklich nicht zu bieten.”

“Doch nicht Snorri!” Ines konterte entsetzt.
Zum Glück, Monika atmete auf. Aber die Gefahr war noch nicht gebannt.
“Trausti?”, fragte sie vorsichtig.
Ines lachte und sah sie strahlend an. Monika wartete auf das Schlimmste. Jetzt kam´s! Vorsicht!
“Doch kein Mann, du Dussel!” Wie konnte Monika nur auf so einen abwegigen Gedanken kommen.
“Gnyfari!” Ines ließ den Namen auf ihrer Zunge zergehen, wie Eis im Hochsommer zerschmilzt.
“Gnyfari”, schwärmte sie und sah verträumt wieder zum Fenster hinaus.
“Gnyfari! Du müsstest ihn einmal reiten! Du glaubst, du schwebst auf Wolken dahin, wenn er töltet. Er ist so sanft, so sensibel! Wenn ich daran denke, ihn bald verlassen zu müssen, bricht es mir das Herz!”
Monika lachte schallend. So kannte sie ihre Freundin Ines. Sie musste sich doch keine Sorgen machen. Ines hatte sich nur in ein Pferd verguckt.
“Na, dann nimmst du ihn eben mit”, scherzte sie.
“Wir kaufen eine große Reisetasche. Macht nichts, wenn die Füße rausgucken.”
“Du nimmst mich nicht ernst!”, entgegnete Ines böse.
“So ein Pferd gibt es nicht zweimal. Wenn ich ihn doch kaufen könnte!”
“Gut, dann kaufst du ihn eben! Musst du Aðalsteinn eben fragen, ob er ihn dir überlässt. Wollte er Gnyfari nicht am Mývatn wieder abholen?”
“Nein, erst in drei Tagen, an unserer Endstation.”
“Gut, dann eben in drei Tagen. Du fragst ihn einfach. Mehr als nein sagen kann er ja nicht!”
“Toll – und was ist, wenn er nein sagt?”
“Dann wirfst du dich eben hinter einen Zug, oder du kaufst Aðalsteinn obendrein, oder du kommst einfach mal wieder auf den Boden der Tatsachen zurück!”

Ines sah sie bitterböse an. Aber so ganz ernst nehmen konnte Monika ihre Freundin wirklich nicht. Ines hatte immer irgendwelche Flausen im Kopf, das kannte sie zur Genüge und so manche verrückte Idee hatte sich über Nacht wieder in Luft aufgelöst. Sie schüttelte verächtlich den Kopf.

"Los, nun hilf mir lieber!"

Sie wuchteten ihre schweren Gepäckstücke ins Auto und Birgir verließ sie winkend.

"Zieht euch am besten die Overalls gleich vor dem Abritt an", riet Trausti.

"Auf dieser Etappe gibt es immer wieder einen Cocktail aus Sonne und Schneeschauern. Ich hoffe, wir bleiben wenigstens von Hagel verschont. Der Himmel sieht nicht danach aus und den Wintereinbruch durften wir ja schon zur Genüge erleben."

Snorri schlug vor: "Wir sind heute recht früh dran, Trausti, dann könnten wir noch einen Abstecher zum Aldeyjarfoss machen, was meinst du?"

"Ja, die Zeit reicht aus, wir reiten den kleinen Umweg." Trausti nickte.

"Wir kommen noch am Aldeyjarfoss vorbei?" Matthias schoss in die Höhe. „Gilt dieser Wasserfall nicht als ganz besondere Naturattraktion?" Er wirkte peinlich berührt, als ihm bewusst wurde, was er verpasst hätte, wenn er in der Nacht wirklich alleine weg geritten und nicht mehr zurückgekommen wäre. Je länger er darüber nachdachte, desto absurder kam ihm sein Verhalten vor und er rechnete es Snorri und Trausti hoch an, dass sie ihn nicht vor versammelter Mannschaft bloßgestellt hatten.

"Ja, es ist der schönste Wasserfall im Fluss Skjálfand und liegt im oberen Bárðartal."

Die Gegend, in die sie hineinritten wurde hügeliger und grüner. Ausgedehnte Lavafelder waren von wolligem Zackenmützenmoos besiedelt. Das Moos bildete einen weichen, gleichmäßigen Teppich. Stellen mit leuchtend grünen Quellmoosen wiesen auf sprudelnde Quellen hin. Die Flussufer waren von mächtigen Engelwurzstauden

gesäumt. An den Stellen mit sauerem Moorboden hatte sich Wollgras angesiedelt.
“Die Blüten sehen fast wie Pusteblumen aus”, fiel Ingrid auf. Sie konnte nicht widerstehen, rasch abzusitzen und die Puschel auf den Grashalmen zu befühlen. Die schneeweißen Häubchen kamen ihr wie die weichen Haare eines weiß gewordenen Greises vor.
“Aber die Köpfe sind haariger als bei Pusteblumen und fest mit den Stengeln verbunden“, stellte sie fest.
“Wahrscheinlich machen sich die Trolle Perücken daraus”, lachte Britta.
“Vielleicht ist es gar kein Gras, sondern eine ganze Armee von Trollen.” Inga fand die Vorstellung genial.
„Vielleicht wurden sie nach der letzten Nacht nicht zu Steinen, sondern zu Blumen, wer weiß?“
“Leute, es ist Wollgras und kein Trollgras!”, zerschmetterte Daniel ihre Phantasie.

Für die kurze Etappe bis zum Wasserfall hatte Ines Gnyfari gesattelt. Sie wollte ausprobieren, ob er das Bein wirklich schon wieder belasten konnte. Sie behandelte ihn wie ein rohes Ei, aber er schien keine Schmerzen mehr zu haben und lief freudig wie eh und je. Ines war überglücklich.
Unterwegs fragte sie Trausti Löcher in den Bauch. Seit sie ihre Gedanken und Gefühle vor Monika laut ausgesprochen hatte, ließ das Thema Gnyfari ihr keine Ruhe mehr.
“Trausti, meinst du, Gnyfari könnte verkäuflich sein?”
“Gnyfari? Verkäuflich? Oh, das wage ich zu bezweifeln. Warum fragst du?”
“Gnyfari ist genau das Pferd das ich haben möchte. Von einem Pferd wie ihm habe ich schon immer geträumt. Aber du meinst, ich brauche Aðalsteinn erst gar nicht zu fragen?”
Ines war bitter enttäuscht. Sie konnte nichts dagegen tun, dass ihr die Tränen in die Augen schossen. Verstohlen wischte sie mit dem Handrücken darüber. Im Grunde rechnete sie doch selbst mit einer Verneinung und hatte Traustis Reaktion erwartet. Aber es tat ver-

dammt weh und sie hatte das Gefühl, in einen dunklen Abgrund zu stürzen.

"Fragen kannst du ihn schon. Aðalsteinn hat viele wertvolle Pferde. Ich weiß nicht, wie sehr sein Herz an Gnyfari hängt. Aber billig wird er nicht sein, wenn er sich von ihm trennt. Es ist eines seiner besten Turnierpferde."

"Ja, das denke ich mir." Ines seufzte und umarmte während des Reitens Gnyfaris mächtigen Hals. Wahrscheinlich war er unbezahlbar und unverkäuflich obendrein.

Der traumhafte Anblick des Aldeyjarfoss brachte sie kurzfristig auf andere Gedanken. Der Fluss zwängte sich durch einen schmalen Felseinschnitt und stürzte in ein Becken mit gleichmäßig aussehenden Strudellöchern. Besonders eindrucksvoll war jedoch die Kulisse mit vielfältig geformten Basaltsäulen, die sich wie ein Vorhang über den Fels zog. Auf die Säulen waren merkwürdige Reliefs aufgesetzt und wirkten wie versteinerte Kronen.

"Das sieht schon wieder so unwirklich aus", meinte Ingrid.

"Ich möchte nicht wissen, wie viele Bildhauer daran gearbeitet haben, bis das Werk vollendet war. Aber alle Achtung, es ist ihnen ein Meisterwerk gelungen!"

"Quatsch, Bildhauer!", schnitt Brigitte ihr das Wort ab.

"Hier war ein Orgelbauer am Werk. Das sind eindeutig Orgelpfeifen. Hörst du nicht die Musik?" Sie dudelte einige Orgeltöne vor sich hin.

Alle lauschten angestrengt, aber bis auf das Tosen des Wassers konnten sie keine Töne vernehmen.

Ines sattelte rasch um. Sie wünschte sich noch einmal Bangsi, einen liebenswerten bärenstarken Hellbraunen und durfte ihn reiten. Als die Herde wieder in die Gänge gekommen war, fragte Brigitte in die Runde, ob sie das Snaefellsnesslied kannten. Nicht nur die Rittführer, sondern auch Ines und Daniel kannten es, denn es stammte aus einem Songbook, das auf vielen Islandritten mit von der Partie war. Die Autorin hieß Silvia Lux-Entius. Freudig stimmten sie das Lied zusammen an.

Wir sind durch Island geritten
Vom Meer bis zum Gletscherschnee
Wir haben noch Wind in den Haaren
Den Wind von Bergen und See

In den Ohren das Brausen der Ströme
Der Möwen kreischender Sang
Das Getrappel der töltenden Hufe
Am Strande des Meeres entlang

In der Nase den Duft der Geysire
Vor Augen den brodelnden Schlamm
Unterm Stiefel das Knirschen der Lava
Im Sinn der Geschmack von Lamm

In den Augen das Leuchten der Sterne
Der Mitternachtssonne Glut
Und tief in der Seele das Ferne
Das Sehnen, das nimmermehr ruht

So sind wir durch Island geritten
Vom Meer bis zum Gletscherschnee
Wir werden weiter noch reiten
Bis wir ganz Island gesehen.

Kaum waren die letzten Töne des Liedes verklungen, erwartete sie auf einmal strahlend blauer Himmel. Als ob sie durch ein Tor geritten wären, tauchte die verschwenderische Vegetation des Mývatn-Gebietes vor ihnen auf und hieß sie herzlich willkommen. Das tiefe Blau des Sees strahlte ihnen entgegen. Im Hintergrund thronte ein Vulkankrater.

"Das ist der Pseudokrater von Skútustaðir." Jan deutete in die Richtung.

"Was ist ein Pseudokrater?", fragte Inga.

Daniel erklärte ihr: "Einem Pseudokrater fehlt der Schlot. Aus ihm ist nie Magma ausgetreten. So ein Krater entsteht, wenn sich ein heißer Lavastrom über einen wasserhaltigen Untergrund, ein Moor, einen Sumpf, oder einen flachen See ergießt. Das Wasser verdampft unter der glühend heißen Lava explosionsartig und sprengt die Lavadecke weg. Dadurch entsteht ein tiefer Krater. Die zurückfallenden Lavafetzen schichten sich kegelförmig um den Krater herum an."

"Ist das eine Fata-Morgana?" Matthias zückte begeistert seine Kamera.

"Eine Oase mitten in der Wüste!" Melissa strahlte.

Die Szene wirkte, als wenn sie auf einer Modelleisenbahn gelandet wären. Oder an einen gepflegten Golfrasen. Auf den sanften grünen Hügeln grasten kleine schwarzweiße Kühe. Manche hoben träge die Köpfe und glotzten mit ihren dunklen Kulleraugen zu ihnen hinüber. Andere standen bewegungslos herum, oder lagen wiederkäuend und satt im Gras.

Brigitte lachte. "Sind die winzig, die sehen aus wie Spielzeugkühe!"

"In einem anderen Teil des Landes habe ich hornlose, noch kurzbeinigere Kühe gesehen. Die Euter mussten hochgebunden werden, damit sie nicht am Boden streiften. Kühe mit BH, was haben wir gelacht." Ines amüsierte sich über die Erinnerung daran.

Sie quälten sich durch dichte Mückenschwärme hindurch, die sich lästig in den Haaren verfingen und schnell in Mund und Augen landeten. Die Reiter wedelten wild mit den Armen um sie zu vertreiben. Die Pferde schnaubten pausenlos und schüttelten ständig die Köpfe.

"Das sind Zuckmücken", sagte Trausti. "Wie ihr seht tragen sie ihren Namen zu recht. Zum Glück stechen sie nicht. Ihr wisst nun auch, warum der Mývatn Mückensee heißt!"

Auf dem See dümpelten unzählige, buntgefiederte Enten dahin und sahen aus wie 1000 kleine Bojen. Jan war von der Artenvielfalt schlichtweg begeistert.

"Seht nur, Pfeifenenten, Schnatterenten, Spießenten und Spatelenten. Der Mývatn ist der einzige Brutplatz der Spatelenten in ganz Europa. Aber dazwischen schwimmen auch Odinshühnchen und Sterntaucher. Genial!"

“Hey, ich wusste nicht, dass wir auch noch einen Hobby-Ornithologen dabei haben. Lauter verkappte Talente an Bord!” Ingrid schüttelte den Kopf. Vögel interessierten sie nicht die Bohne.
“Ich erkenne immer nur die Singschwäne, die es hier massenhaft gibt!”, meinte Monika. “Aber warum die jemand Singschwäne getauft hat, möchte ich zu gerne wissen. Ihr Ruf erinnert mich bestenfalls an eine rostige Autohupe.“ Sie ahmte das unsägliche Geräusch nach. „Singen würde ich das nicht nennen.”

Die Berge und das Hochland guckten drohend hinter ihnen her. Dunkle Wolken verdeckten die Gipfel. Es machte weitaus mehr Spaß, nach vorne in die Sonne zu sehen. Von Unwettern hatten die Reiter genug.
“Wow, der See ist riesig, so groß hatte ich mir den gar nicht vorgestellt. Ist er tief?”, fragte Kevin.
“Nein”, antwortete Trausti. “ Kaum viereinhalb Meter tief und 37 km^2 groß. Er wird von unterirdischen Quellen gespeist.”
Bald hatten sie ihr Tagesziel erreicht und die Pferde machten sich auf einer solide eingezäunten Weidefläche gierig über das saftige Grün her.
“Nun sind wir im Paradies”, schwärmte Brigitte, als sie sich in der Unterkunft eingefunden hatten.
“Nein, ein Paradies ist das hier leider nicht mehr”, konterte Trausti. “Der Mensch ist auch hier auf gutem Weg, das Paradies eigenhändig zu zerstören.”
“Hier ist die Kieselgur - Industrie ziemlich aktiv, oder?” Daniel hatte von den Problemen dieser Region bereits einmal gehört.
“Ja, das Ausbaggern des Sees ist ökologisch reichlich fragwürdig. Dadurch gehen die Mückenschwärme zurück.”
“Na, das ist doch prima! Die Millionen Fliegen-Biester sind doch nur lästig.” Brigitte machte eine abwehrende Geste, als müsse sie auch im Haus die Plagegeister abwehren.
“Klar, sie sind lästig, aber harmlos. Und sie sind die Nahrungsgrundlage für zahlreiche Fische und Vögel. Das ist ein Teufelskreis. Die Population der Enten ist von 8.000 auf 2.000 Paare zurückge-

gangen. Die Straßenbaumaßnahmen am Seeufer und ausgesetzte Nerze aus den Pelztierfarmen, die es früher hier gab, und die sich rapide vermehren, tragen ebenso zu einer Dezimierung der Vögel bei. Zum Glück ist der Mývatn og Laxá nun schon seit einiger Zeit zum Naturschutzgebiet erklärt worden und die Situation bessert sich wieder."

"Kvöldverður!" Birgir rief zum Essen.

"Wie schön, Abendessen!", rief Ines und rieb sich erwartungsvoll den Bauch.

"Welche Überraschung unser Koch wohl heute für uns bereit hält?"

"Das kann ich dir bereits sagen", meinte Snorri. Am Mývatn besorgt er uns immer geräucherte Forellen. Die schmecken hier besonders herzhaft, weil sie traditionell über getrocknetem Schafsdung geräuchert werden."

Ines war skeptisch, denn sie wollte keinen Fisch essen, der nach Schaf roch. Dabei schmeckten die Forellen vorzüglich. Zum Nachtisch brachte Birgir noch eine Platte herein, die er geheimnisvoll mit einem Tuch abgedeckt hatte. Nun enthüllte er feierlich sein Werk.

"Kleinurringur með sukkulaði!", sagte er stolz. Er hatte Kuchenringe gebacken und fingerdick mit Schokolade überzogen. Ines lief das Wasser im Munde zusammen.

In der Packtasche gab Brittas Handy ein Piepen von sich. Ein SMS war angekommen. Sie kramte das Telefon umständlich und widerstrebend heraus. Dann verzog sie das Gesicht.

"Für dich", sagte sie zu ihrer Tochter und gab das Handy an Inga weiter.

Inga sah neugierig auf das Display. "Von Papa!", rief sie erwartungsfroh.

Sie drückte aufgeregt und hastig die Tasten, um die Nachricht zu lesen. Dann fing sie zu jubeln an.

"Stell dir vor, Papa kommt mit Angela nach Akureyri und holt mich dort ab. Sie wollen auch noch ein paar Tage Urlaub in Island machen und laden mich dazu ein. Das ist ja großartig! Ich fasse es nicht!

Bleibst du auch noch ein paar Tage mit uns in der Stadt, Mum?"
"Bestimmt nicht", konterte Britta pikiert.
"Das tu ich mir nicht an. Als Anhängsel zum jungen Glück noch die alte Ehefrau. Dann flieg ich eben alleine nach Hause!" Beleidigt verließ Britta den Raum.

In Grüppchen flanierten sie nach dem Abendessen bis in die Nachtstunden am Ufer der zahlreichen Buchten des Mývatn entlang. Islandfalken zogen in der Ferne ihre Kreise über felsige Schluchten. Schwäne glitten mit lauten Flügelschlägen in den Mitternachtshimmel hinein. Der Klageruf eines Eistauchermännchens drang durch den Abendnebel, der sich wie ein zartes Tuch auf den See legte.

Aðalsteinn

Sie erwachten bei strahlend blauem Himmel. Die Sonnenstrahlen schickten ihre freundlichen Morgengrüße in die Zimmer hinein. Brigitte räkelte sich genüsslich:

"Ah, wenn das nicht der richtige Tag für eine Sight-Seeing-Tour ist!"

Am zwölften Tag ihrer Reise war noch einmal ein Tag Pause eingeplant. Sie hatten den Tag zur freien Verfügung. Beim Frühstück zählte Trausti auf, welche Sehenswürdigkeiten vom Mývatn aus gut zu erreichen waren.

"Ihr kommt mit den öffentlichen Bussen überall hin, sie verkehren regelmäßig und den ganzen Tag. Entscheiden müsst ihr euch nur, was ihr gerne sehen wollt, denn es sind alles eher Tagestouren. Ihr habt Ausgang so lange ihr wollt", verkündete er.

"Hauptsache, morgen früh seid ihr zum Abritt wieder da! Ihr könnt euch auch entschließen, auswärts zu Abend zu essen, aber dann tragt das auf dem Zettel dort an der Tür ein, damit Birgir weiß, für wie viele er kochen soll."

"Was machst du heute, Trausti?" Ingrid hatte ihn zur Seite genommen.

"Ich muss nach Akureyri, um noch einige Formalitäten wegen unserem Rückflug zu erledigen. Warum fragst du?"

"Gilt dein Angebot denn noch?"

Trausti runzelte die Stirn und Ingrids Selbstbewusstsein rutschte gleich wieder ein Stockwerk tiefer. Er erinnerte sich schon nicht einmal mehr an ihr Gespräch.

Leise startete sie noch einen Versuch:

„Du hattest gesagt, dass du mich auf deinem Hof gebrauchen könntest. Ich bin mittlerweile fest davon überzeugt, dass mir ein Jahr im Ausland gut tun würde. Es zieht mich so gar nicht nach Deutschland zurück."

Jetzt verstand Trausti, was sie meinte und nickte ihr zu.

“Natürlich gilt mein Angebot! Aber die Bedingung ist, dass du dich mit meiner Frau verstehst, denn mit ihr hättest du in erster Linie zu tun. Ich kann sie gerne anrufen. Unser Hof liegt in etwa zwei Stunden von hier. Snorri soll dich dort hinbringen, dann könnt ihr euch mal beschnuppern. Sonst hast du ja gar keine Ahnung, auf was du dich da einlassen würdest.”

“Das ist eine super Idee! Ich sehe mir euren Hof sehr gerne an!”

Schon wählte Trausti die Telefonnummer.

Plötzlich wurde die Tür schwungvoll aufgestoßen. Der Türgriff hinterließ ein kleines Loch in der weiß getünchten Wand, als er dagegen prallte. Ein junger Isländer stürmte herein und raufte sich die Haare. Er blickte suchend in die Runde und strahlte dann über das ganze Gesicht:

”Goðan daginn!”

Alle Augen richteten sich auf den Mann, den nun alle erkannten. Ines wurde leichenblass.

“Aðalsteinn!”, stammelte sie.

Er ging zielstrebig auf sie zu und riss sie in seine Arme. Er küsste sie und strich ihr über die blonden Haare. Sie errötete tief.

“Ich habe gehört, ihr habt heute frei. Da bin ich gekommen, um dich zu entführen!”

“Aðalsteinn”, mehr brachte sie nicht hervor.

“Ich würde gerne mit dir zu den Wasserfällen am Jökulsá fahren. Hast du Lust? Ach, sag einfach ja!”

Monika lachte und schlug sich auf die Schenkel. Von wegen, Ines hatte sich in Gnyfari verliebt. Jetzt wurde ihr so einiges klar. Ines warf ihr einen flehenden Blick zu, doch bevor sie etwas sagen konnte, meinte Monika großzügig:

“Aber natürlich, geh ruhig! Um mich musst du dich nicht kümmern. Aber vergiss nicht, dass du etwas fragen wolltest!”

Aðalsteinn wartete keine Antwort ab. Schon nahm er Ines an die Hand und zog sie hinter sich aus der Hütte hinaus.

“Nein, ist das lustig!” Monika kriegte sich kaum mehr ein.

„Er will Ines entführen! Und sie wird knallrot, wenn sie ihn sieht!

Ha-Ha, das ist einfach klasse! Na, soll er sie zu dem Wasserfall begleiten. Mir wäre sowieso eher noch einmal nach einem Vulkan-Abenteuer, als nach so viel Wasser. Hat jemand Lust, mit zu diesem Vulkan Krafla zu fahren?"

"Oh, ja, ich!" Kevin meldete sich sofort.

"Ich bin ja heute sozusagen Strohwitwer. Snorri ist tatsächlich bereit, mit Daniel Pferde ansehen zu gehen, und wenn es dann nur noch um Abstammungen geht, bin ich nutzlos, da kenne ich mich nicht so gut aus. Ich würde dich gerne begleiten, wenn du nichts dagegen hast!"

Monika konnte sich keine nettere Begleitung vorstellen, als mit dem sympathischen attraktiven Kevin einen Tag zu verbringen. Sie wollten ebenfalls gleich aufbrechen. Aber vorher konnte Monika sich nicht verkneifen, Snorri ironisch zu fragen:

"Was denn, Snorri, du lässt dich nun tatsächlich herab, einem Schwulen die Pferde zu zeigen?"

"Was dagegen?" Snorri warf ihr einen bösen Blick zu.

"Ach, tatsächlich? Ihr fahrt zu dir nach Hause?" Trausti wurde hellhörig. "Finde ich ja gut! Dann könnt ihr gleich Ingrid mitnehmen und bei meiner Frau abliefern, es ist nur ein kleiner Umweg. Abends holt ihr sie dann einfach wieder ab. Hervorragend!
Und was macht der Rest?"

Jan und Melissa saßen Händchen haltend auf der Eckbank. Sie sahen sich liebevoll an. Jan küsste seine Frau zärtlich auf die Stirn.

"Wir werden den Tag nur hier am Mývatn faulenzen!"

"Traute Zweisamkeit genießen!"

"Es gibt einen sehr schönen, romantischen Aussichtspunkt auf dem Geitafell. Man hat von dort ein hinreißendes Panorama auf den Mývatn. Der Weg ist einfach. Ein Steig beginnt am Kraftwerk Laxárvirkjun entlang einer alten Fahrspur. Ich werde euch dann zeigen, wie ihr dort hin kommt. Da wird es euch gefallen!" Trausti nickte verständnisvoll.

“Na, und ich will heute noch mal meine Kamera heiß laufen lassen.”
Matthias wusste sicher, was er wollte.
“Ich will zu diesem Solfatarengebiet.”
“Ja, das lohnt sich für einen Fotografen bestimmt. Dort kriegst du alle Farben zu sehen, die du dir vorstellen kannst. Noch dazu bei dem traumhaften Wetter heute.”
Trausti bekräftigte die Entscheidung. Dann sah er zu Britta und Inga hinüber.

“Inga möchte gerne zu diesen “Schwarzen Schlössern” nach Dimmuborgir.”
“Oh, das kann ich euch sehr empfehlen. Es ist ein traumhafter Platz und wäre für alle sehenswert. Dort kann man verschiedene Rundwege laufen, je nachdem, wie gut man zu Fuß ist. Könnt ihr überhaupt alle noch laufen, nach den langen Ritten? Mir fällt das immer schwer, ich bin es gewohnt, entweder auf dem Pferd, oder im Auto zu sitzen”, lachte Trausti.

“Und die beiden Damen?”
“Wenn ich nur wüsste, was ich will”, stöhnte Brigitte.
„Ich möchte alles sehen. Wie soll ich mich nur entscheiden? Ich weiß nur, dass mir nicht nach einer strapaziösen Tageswanderung ist. So fallen wohl die Vulkane schon mal weg. Die Wasserfälle sind auch schon passé, außerdem will ich doch das junge Glück nicht stören...”
“Dann komm doch mit mir ”, schlug Matthias vor. Die auffordernde Einladung kam überraschend für Brigitte und sie sah Matthias skeptisch an.
„Na, los, ich beiße dich schon nicht! Und ich brauch auch niemand, der meine Ausrüstung trägt, falls du davor Angst hast!“
“Also gut, ich begleite dich. Aber versprich mir, dass du mich nicht in so ein heißes Schlammloch wirfst, o.k.?”
Matthias kreuzte lässig die Finger zu einem Schwur. „Großes Indianerehrenwort!“

Trausti wandte sich an die Letzte in der Runde.
"Lydia?" Lydia saß verloren auf ihrem Stuhl.
"Sieht fast so aus, als würde ich übrig bleiben. Ich habe es mir wohl hier mit jedem verdorben. Tut mir leid."
"Selbsterkenntnis ist der erste Weg zur Besserung!"
Daniel zog mal wieder jemand aus der Patsche.
"Sag doch spontan, was du am liebsten machen möchtest!"
Sie sah von Daniel zu Snorri und zurück.
"Das ist es ja! Am liebsten würde ich mit euch mitfahren und die Pferde ansehen, aber ich glaube nicht, dass Snorri...."
Snorri verdrehte die Augen. Er hatte es geahnt.
"Gut, dann mach das doch! Wir haben im Auto schließlich noch einen Platz frei. Aber versprich mir, dass du nicht wieder den ganzen Tag schöne Augen machst. Wenn, dann nehme ich dich mit, um mir zu helfen, die richtigen Pferde auszusuchen. Du wirst sie probereiten, damit ich ihre Gänge beurteilen kann, kapiert?"
Lydia fiel ihm mit einem Blick um den Hals. Daniel war wirklich ein feiner Kerl.

Der beißende Geruch nach faulen Eiern empfing Matthias und Brigitte bereits am Parkplatz, als sie aus dem Bus stiegen. Zum Schutz band sich Brigitte sofort ihr Nicki-Tuch fest vor die Nase, aber der Erfolg war mäßig. Matthias meinte trocken:
"Glaube mir, man gewöhnt sich schnell daran, ich spreche aus Erfahrung!"
Er deutete auf sein geschundenes Hinterteil.
Matthias legte in beide Kameras neue Filme ein, wechselte ein Objektiv und schraubte einen Filter darauf. Dann schulterte er seine Fototasche und klemmte sich ein zusammengeklapptes Stativ unter den Arm. Zunächst wanderten sie über eine ausgetrocknete Lehmfläche. Die Risse im Boden wirkten wie ausgedorrte Erde in der Wüste. Ob man dem erkalteten Gestein trauen konnte? Wie dicht lag die glühende Magma unter dem Boden? Bestimmt unterlag die Gegend immer wieder Veränderungen.

“Ob der Boden jemals wieder fruchtbar werden wird?“, fragte Brigitte mit Zweifeln in der Stimme.

„Keine Ahnung! Vorstellen kann man es sich nicht. Bis in das 19. Jahrhundert hinein wurde hier Schwefel gewonnen. Zurück blieb diese unwirtliche Mondlandschaft.“

„Ja, wozu zum Mond fliegen? Es reicht aus, nach Island zu fliegen, die Eindrücke sind vermutlich fast dieselben. Nur mit der Schwerelosigkeit haut es noch nicht so ganz hin.“, bedauerte Brigitte und watschelte breitbeinig vor sich hin, als wäre sie dick wie ein Michelin-Männchen.

„Die amerikanischen Astronauten bereiteten sich 1965 tatsächlich in Island auf die Mondlandung vor!“

„Tatsächlich? Sieh mal, da hinten ist ein UFO gelandet. Sind die Wesen vom anderen Stern schon unter uns? Wie gerne hätte ich eine Bekanntschaft auf dem Mars.“

Brigitte amüsierte sich prächtig. Sie hätte nie erwartet, dass mit Matthias eine normale und obendrein witzige Unterhaltung möglich wäre.

Sie wanderten durch eine sandige Ebene und stiegen dann auf den Berg Námakolla hoch, um einen Überblick über das Solfatarengebiet zu erhalten. Der Berg gab den Blick auf ein einzigartiges Farbenschauspiel frei wie bei einer Multi-Media-Show. Der Himmel strahlte tiefblau, die Landschaft versank in den verschiedensten Brauntönen.

„Ich wusste gar nicht, dass die Farbe Braun so viele verschiedene Farbnuancen haben kann! Als wenn ein Maler mit seiner Farbpalette experimentiert hätte!“

„Versuch das mal nachzumalen!“, meinte Matthias.

„Ach, ich würde einfach drauf los mischen und die Farben wahllos ausschütten. Das nennt man kreativ!“, lachte Brigitte.

Dann kletterten sie mutig in den Hexenkessel hinab, zwischen dunkle Löcher, in denen ein zäher Brei wallte und die blubbernden und spuckenden, weißen und grauen Schlammpötte, aus denen ätzende Schwefeldämpfe krochen. Stinkende Gasblasen zerplatzten mit dumpfen Knallen.

“Ist das eine eklige Pampe. Faulige Eiersuppe! Wie lecker.”

Brigitte rümpfte die Nase.
„Pudding für die Götter." Matthias verzog angewidert das Gesicht. Hinter Brigitte zischte heißer Dampf aus einer Spalte und sie trat erschrocken einen Schritt zur Seite. Fast wäre sie gestürzt, doch Matthias fing sie im letzten Moment noch auf.

Die Schwefelablagerungen leuchteten an dieser Stelle in hellem Beige, an manchen Stellen gelb, bis hin zu einem tiefen Orange. Eisenoxide sorgten für ein sattes Rotbraun, die weißen Farben deuteten auf Silikate hin. Der Boden wirkte wie mit einer kristallenen Kruste überpudert. Die verfärbten Stellen sahen porös aus. Warnschilder machten auf die Gefahren aufmerksam. Einige vereinzelt stehende rostige Metallpfähle mit einem Stahlseil daran, bildeten eine dürftige Absperrung.

„Ein bisschen zu heiß für ein Moorbad", lästerte Brigitte.

„80-90 Grad hat die Pampe bestimmt, oder? Wo mag man wohl landen, wenn man darin versinkt? Die weiche, wabbelige Masse würde einen bestimmt wie Treibsand verschlingen!"

„Aber vorher würde sie dich hart kochen wie ein Ei!"
Zum Fotografieren zog es Matthias noch einmal zu den Berghängen des Námafjall. Auch das vulkanische Gestein konnte mit zahlreichen Farben aufwarten.

"Brigitte, fühl mal, hier!" Matthias rief sie zu sich.
Sie legte ihre Hände auf den Stein, wie er es ihr vormachte. Man konnte die Hitze im Erdinnern gut mit den Händen fühlen.

Die Stunden vergingen wie im Flug. Brigitte hatte es sich auf einem der warmen Felsen gemütlich gemacht und Matthias ging dazu über, Portraits von ihr zu schießen. Brigitte fühlte sich geehrt. So übel war Matthias gar nicht, wenn er erst einmal aufgetaut war, fand sie. Bald setzte er sich neben sie und sie redeten über Gott und die Welt. Sie blieben lange und merkten nicht, wie der Nebel langsam in das Tal kroch. Die Berge verloren auf einmal ihre leuchtenden Farben und sahen plötzlich dumpf und unheimlich aus. Ein kleiner hell glitzernder Bergsee wurde tiefschwarz in der Dämmerung.

„Wie war das mit den Schwarzalfen? Der Nebel ist zu gruselig, er verleitet richtig dazu, schon wieder Gespenster zu sehen." Brigitte

schauderte.
„Ist es Nebel? Oder ist es Dampf der aus der Hölle aufsteigt?“ Matthias verstellte seine Stimme, um sie geheimnisvoll klingen zu lassen. Brigitte schlug freundschaftlich nach ihm. Rasch brachen sie auf, um den letzten Bus zu erreichen.

„Also, dann mal los!“ Snorri drängte zum Aufbruch und warf den Autoschlüssel unternehmungslustig in die Höhe. Daniel stieg auf der Beifahrerseite ein, Lydia und Ingrid setzten sich auf die Rückbank. Die beiden Männer redeten nur über Pferde. Daniel fragte Snorri über die Zucht seiner Familie aus, über Zuchtrichtungen, Zuchterfolge, Zuchtziele. Lydia konnte hier nicht mitreden und Ingrid fand es zum Gähnen langweilig. Gesprächsstoff mit Lydia fiel ihr auch nicht ein, so sah sie gedankenverloren zum Fenster hinaus und versuchte sich Traustis Hof und dessen Familie vorzustellen.

Der Hof lag auf der Halbinsel Tjörnes, hatte Trausti erzählt. Der winzige Ort hieß Heðingshöfði und sollte nicht weit von der Stadt Húsavík entfernt liegen. Húsavík wusste sie, war ein Städtchen mit über 2.500 Einwohnern, so war mit Sicherheit einiges an Infrastruktur vorhanden. So konnte sie einen Stadtbummel machen, wenn die Einsamkeit der Einöde eines abgelegenen Hofes sie erdrücken würde. Sie hatte schon ein wenig Angst davor. Auch wenn sie sich mit Traustis Frau gut verstehen würde, würde sie dennoch in der Fremde leben und auch wenn sie nicht von Heimweh geplagt wurde, war sie dennoch zurückgeworfen auf ihre eigene Person, ständig mit sich selbst konfrontiert und genau das war das Schwierige. Aber noch hatte sie nicht zugesagt, noch ging es darum, unverbindlich die Lage zu checken.
Ein Schild tauchte auf: Húsavík, 54 km. Snorri erzählte, dass die Straße, auf die sie eben eingebogen waren, Kíslivegur genannt wurde. Kieselgurstraße. Auf diesem Wege wurde das Kieselgur, das am Mývatn abgebaut wurde, zum Hafen in Húsavík transportiert.
Die Straße führte durch eine einsame Heidelandschaft, die Grímsstaðaheiði und ging dann wieder in ein Lavagebiet über. Die

Landschaft des Hólasandur erstreckte sich bis zu einem kleinem See, den Snorri den Langavatn nannte. An einer Kreuzung hielt Snorri sich gen Osten und Ingrid wunderte sich, warum er die gut ausgebaute Straße verließ.

„Wir nehmen eine kleine Abkürzung!“, meinte er.

Ingrid hätte lieber auf die Abkürzung verzichtet, denn die Piste wurde wieder merklich holpriger. Der Weg führte über das Lambafjöll, einen kleinen Gebirgszug von etwa 800 Metern Höhe, schätzte Ingrid. Erneut tauchte eine Heidelandschaft auf, die Reykjaheiði, und sie fuhren am See Höskuldsvatn vorbei. Die ruppigen Wege erschienen endlos, aber sie fand, dass die Landschaft dennoch von den Mühen des Fahrens entschädigte. Endlich tauchte wieder ein Ortsschild nach Húsavík auf. Sie hatten es fast geschafft.

Als sie die Stadt erreichten, empfand Ingrid sie als angenehm ruhig. Keine Verkehrshektik stresste die Atmosphäre. Sie fuhren an der Uferstraße der Bucht Skjálfandi vorbei. Schiffe lagen verträumt und verschlafen vor Anker. Auf einer Anzeigentafel las sie : Whale Whatching - und war sofort Feuer und Flamme.

„Werden hier tatsächlich Fahrten zur Walbeobachtung angeboten?“

„Ja, das ist hier die große Touristenattraktion. In Húsavik gibt es ein großes Wal-Zentrum: Das Hvalamiðstöðin in Hafnarstétt. Dort kannst du Führungen durch eine Fischfabrik machen. Es werden Fangmethoden und Fischverarbeitung vorgestellt.“

Na, danke, dachte Ingrid. Sie wollte die Wale lieber in ihrem natürlichen Lebensraum und lebendig sehen und sah in Gedanken schon einen gigantischen Blauwal an der Meeresoberfläche auftauchen, eine kraftvolle Fontäne in die Luft blasen und wieder untertauchen, nachdem er zum Abschied mit der Fluke in die Luft geschlagen hatte. Sie sah eine Herde von Zwerg- und Buckelwalen vor sich, hörte ihr melancholisches Rufen. Sie vernahm nur mit halbem Ohr, dass Snorri davon erzählte, dass er bei rauher See auf dem Nordatlantik sofort seekrank werden würde und es bevorzugte, den Fisch auf einem Teller serviert zu bekommen. Vorzugsweise in einem traditionellen und hervorragendem Restaurant im Ort, wie dem Gamli Bankur. Sie

ließen das Städtchen im Nu hinter sich und Snorri riss Ingrid aus ihren Träumen.
„Können wir dich hier raus lassen?“ Sie sah verdutzt auf und traf Snorris Blick im Rückspiegel.
„Herauslassen?“, meinte sie begriffsstutzig.
„Ja, raus lassen. Aussteigen, du verstehst?“ Höhnisch grinste er sie an.
„Du folgst nur dem Weg hier, es ist kein Kilometer bis zum Hof, du kannst ihn gar nicht verfehlen.“ Schon hatte er angehalten.
Ingrid war nicht wohl bei dem Gedanken. Sie lief in ein Niemandsland hinein. Was, wenn Traustis Frau sie schon nach fünf Minuten postwendend vor die Tür setzte? Wenn sie durch einen dummen Zufall gar nicht zu Hause war? Aber sie verwarf die Gedanken und gab sich selbst einen Tritt.
„Ja, na klar! Und wann holt ihr mich wieder ab?“, fragte sie mutig.
„Wir rufen an, wenn wir bei mir zu Hause losfahren, dann kannst du uns wieder entgegenlaufen!“
„Alles klar!“ Ingrid stieg aus und winkte zum Abschied. Snorri hupte, aber keiner drehte sich noch einmal nach ihr um.
„Dann eben nicht“, meinte sie und stiefelte los.

Aðalsteinn bog östlich auf die Ringstraße Richtung Àsbyrgi ein.
“Ich möchte dir die phantastische Felsenschlucht Jökulsárgljufur zeigen, die der Fluss Jökulsá hier geschaffen hat. Die Schlucht ist gerade mal 30 Meter lang, aber das Wasser hat dort bei mehreren Gletscherläufen einen beeindruckenden Canyon in das granitharte Lavagestein gefräst.”
“Einen kleineren Gletscherlauf haben wir selber erlebt auf unserer Tour. Ich möchte gar nicht wissen, welche Wassermassen notwendig sind, um so ein Naturschauspiel zu erschaffen.”
“Das ist unvorstellbar, nicht? Es ist auch schon lange vor unserer Zeit passiert. Die Schlucht ist das Kernstück des Jökulsárgljufur-Nationalparks.”
Sie fuhren durch eine dünenartige Hochebene.
“Als erstes kommen wir zu dem größten Wasserfall Europas: Dem Dettifoss.”

Aðalsteinn parkte, und öffnete Ines galant die Wagentür. Er bot ihr seinen Arm an, und sie hakte sich lachend bei ihm unter. Gerne ließ sie sich zu dem Wasserfall geleiten.

Der Anblick war überwältigend. Man konnte bis direkt an die Felskante gehen und über den Abgrund blicken. Asphaltgraue Gesteinsplatten wirkten, als hätte sie dort jemand befestigt, aber der Untergrund war natürlichen Ursprungs. Abgestürzt, und am Boden zerschellt, lagen Reste dieser ominösen Felsplatten am Boden. Dort hinabzustürzen würde den sicheren Tod bedeuten. Auf einer Breite von fast 100 Metern schossen Unmengen trübes Gletscherwasser über 40 Meter in die Tiefe. Fast sah das Wasser aus wie Staub, es hatte dieselbe graue Farbe wie die Felsen. Die Gischt vernebelte die Schlucht. Man verstand bei dem Tosen das eigene Wort kaum mehr.

"Wollen wir das Auto stehen lassen und zu Fuß bis zum Selfoss spazieren?"

"Ja, sehr gerne." Ines war froh, etwas tun zu müssen, denn sie saß mit einem mulmigem Gefühl neben ihrem Begleiter. Dauernd überlegte sie sich eine andere Version ihrer Frage nach Gnyfari, und verwarf sie dann aufs Neue.

Sie folgten einem ausgetretenem Pfad über grobe Felsen oberhalb des Canyons. Nach etwa fünfzehn Minuten erreichten sie schon den nächsten Fall. Der Selfoss war zwar längst nicht so hoch, aber deutlich breiter als der Dettifoss. Ines fand ihn nicht weniger beeindrukkend. Aðalsteinn stand auf Tuchfühlung hinter ihr und legte die Arme um sie. Dann fing er an, ihren Nacken zu küssen.

"Ich habe dich vermisst", betonte er bestimmt zum dritten Mal.

Sie machte sich von ihm los.

"Du wolltest mir doch noch eine andere Stelle zeigen!"

"Ja, den Hafragilsfoss. Von dort hast du noch eine besonders gute Sicht nach Norden in die tiefe breite Schlucht."

"Na, dann los!"

"Bei Àsbyrgi - aber so weit fahren wir nicht - ist durch die Jökulsá ein großartiges Felsen-Theater entstanden. Es hat von oben betrachtet die Form eines Hufeisens. Nach einer alten Göttersage hat hier Sleipnir, das achtbeinige Götterpferd Odins, eines Tages, als der

Herrscher von Himmel und Erde durch die Luft ritt, einen Fuß so stark aufgesetzt, dass die Spur noch heute sichtbar ist."

Ines schauderte. Jetzt oder nie! Das Götterpferd war das Stichwort. Sie musste es wagen!

"Aðalsteinn?"

"Ja, was ist, du bist die ganze Zeit schon so still." Er zog sie wieder in seine Arme.

"Aðalsteinn, ich wollte dich etwas zu Gnyfari fragen!"

"Schieß los! Ein tolles Pferd, nicht? Er stammt aus einem Gebiet südlich des Skagafjörðurs. Die Gegend ist bekannt für seine hervorragende Pferdezucht. Auf dem Turnierplatz dort in Vindheimamelar finden im Sommer fünf Vorstellungen die Woche statt. Gnyfari hat mir schon etliche Turniersiege eingebracht. Ich bin sehr stolz auf ihn. Ich trainiere ihn nun für das Laufskálarétt, das im September stattfindet und ich gehe jede Wette mit dir ein, dass wir uns den nächsten Pokal nach Hause holen werden!"

Er machte er es ihr nicht leichter mit seinen Worten.

"Aðalsteinn,.... nein, es ist absurd!"

„Hallo!" Er zog Ines schwungvoll an sich und küsste sie. „Du kannst mir doch alles sagen!"

Ines blieb die Luft weg und sie stammelte:

„Aðalsteinn.... würdest du mir Gnyfari verkaufen?"

Nun war es heraus. Gleich würde er in schallendes Gelächter ausbrechen, sie würde in den Erdboden versinken, und aus der Traum. Warum hatte sie nicht einfach die Klappe gehalten.

Aðalsteinn hielt Ines nun auf Armlänge von sich. Er lächelte wirklich und sah sie mit verklärtem Blick an, als hätte er sie nicht richtig verstanden.

"Du willst Gnyfari kaufen? Wie kommst du denn auf die Idee?" Sein Ton klang auf einmal schneidend und gleichzeitig spöttisch.

"Er ist ein Traumpferd!", erwiderte Ines leise, fast tonlos.

"Ja, richtig! Komm, lass uns zurück gehen und weiterfahren!" Schweigend lief Aðalsteinn vor Ines her und wortlos fuhren sie auf der Schotterpiste, bis er den Blinker setzte und nach links abbog. Warnschilder schrieben hier Allradfahrzeuge vor. Die erdige Straße war schmierig und endete auf einem Felsplateau. Ines fand die Stille zwischen ihnen schier unerträglich.

Aðalsteinn parkte, stieg aus und lief eilig los, ohne auf Ines zu warten. Sie holte tief Luft und überlegte kurz, ob sie im Auto sitzen bleiben sollte, aber dann folgte sie ihm ergeben mit etwas Abstand. Der Weg führte durch ein Wäldchen, zu einer Wiese mit einem Rastplatz auf dem mehrere Bänke durchaus dazu einluden, sich zu setzen. Doch Aðalsteinn legte keine Pause ein. Zielstrebig folgte er einem schmalen Pfad und kletterte über einen Leitersteig hoch zu einem Aussichtsfelsen. Ines tat es ihm mühsam nach. Sie standen nun mutterseelenallein hoch über den Wasserfällen Rettarfoss und Vigabergsfoss. Aðalsteinn erwartete Ines bereits und zog sie wieder an sich, heftig diesmal, er tat ihr weh.

"Aua, was soll das! Gut, Aðalsteinn, es war ein Fehler, dich zu fragen, ob du Gnyfari verkaufst. Vergiss es einfach. Bitte lass uns jetzt zurückfahren!"

Ines bekam es mit der Angst zu tun. Er hatte gar so heftig reagiert und machte ihr Angst. Sie konnte keine Aussicht mehr in die Schlucht genießen.

Aber Aðalsteinn ließ sie nicht los. Er hielt sie gefangen und trat mit ihr zusammen bis an die äußerste Felsenkante. Ines schauderte. Kalter Schweiß brach ihr aus. Sie fühlte sich entsetzlich ausgeliefert.

Aðalsteinn deutete auf einen Felsen in der Tiefe. „Der Felsen heißt Grettishlaup. Einer Sage nach hat sich hier Grettir mit einem waghalsigem Sprung über den Felsen vor seinen Verfolgern gerettet.“ Er beugte sich mit Ines noch weiter über die Kante. Ines blieb fast das Herz stehen, sie beschloss, sich jetzt auf keinen Fall zu bewegen, oder zu wehren.

Gedankenverloren sinnierte Aðalsteinn:

„Ich glaube, dass hinter jedem Wasserfall eine Schatzkiste versteckt ist!“

Spielte er mit diesen Worten auf die Sage hin an, in der es hieß, dass der erste Siedler des Gebietes am Skógafoss, er hieß Þrasi, eine Schatzkiste versteckt haben soll? Aber was wollte er damit sagen? Er sprach in Rätseln, doch Ines schwieg, sie wollte nun nicht irgend

ein falsches Wort von sich geben.
"Gut, du sollst ihn haben", sagte er plötzlich, und wurde wieder zärtlicher, weicher, aber auch zudringlicher. Doch Ines machte sich nun vollends von ihm los und stieß ihn davon.
"Nee, du! Wenn damit irgendwelche Verpflichtungen einhergehen sollen, die ich nicht erfüllen will, dann wird das nichts!"
"Ich verpflichte dich zu nichts. Ich verkaufe ihn dir", sagte er mild. Widerstrebend ließ sie sich auf seine leidenschaftlichen Küsse ein. Sie war froh, als er von ihr abließ und sie den Heimweg antraten. Wieder fiel kein Wort zwischen ihnen. Ines wusste nicht, was sie von Aðalsteinn halten sollte. Er hatte gesagt, dass er ihr Gnyfari verkaufen würde, und nun? Was sollte er kosten? Wie würde das vonstatten gehen? Hatte er es ernst gemeint? Sie wurde nicht schlau aus ihm.

Auf einmal bog Aðalsteinn wieder von der Straße ab. Diesmal befanden sie sich auf keinem Weg, er fuhr querfeldein und umfuhr einzelne Gesteinsbrocken mit übertriebenen Lenkbewegungen. Ines wurde heftig hin- und hergeworfen.
„Ich möchte jetzt wirklich zurück! Es war ein langer Tag, ich bin müde!" Ihre Stimme klang weinerlich. Was hatte er jetzt vor? Sein Verhalten war merkwürdig und beängstigte sie erneut.
„Ich bringe dich noch zum Hljóðaklettar, dem Echofelsen. Dort kannst du dich ausruhen! Ich kenne eine windgeschützte Höhle..."
„Aðalsteinn, ich möchte jetzt bitte zurück!" Ihre Stimme überschlug sich. Aðalsteinn hielt an, stieg aus und lief los, ohne sich weiter um Ines zu kümmern. Genervt lief sie ihm abermals hinterher. Sie fühlte dass sie sonst lange auf ihn hätte warten müssen. Ines holte ihn ein und er nahm sie wortlos an der Hand. Schweigend erreichten sie das Westufer der Jökulsá. Die Erosionskraft hatte dort den größten Teil der Vulkane abgetragen. Es waren nur noch die harten Kerne der ehemaligen Schlote erhalten geblieben. An ihnen war das Rauschen des Flusses zu hören und Ines verstand, wovon der Felsen seinen Namen bekommen hatte.
Aðalsteinn ließ sich auf eine weiche moosige Stelle fallen und bedeutete Ines, sich zu ihm zu setzen. Sie hielt gebührenden Abstand.

Weit und breit war keine Menschenseele zu sehen. Niemand würde sie hier jemals finden, wenn...

Sie versuchte ihre schwarzen Gedanken zu vertreiben. Aber was wusste sie schon von dem Isländer? Konnte sie ihm trauen? Nun starrte er sie schon bestimmt fünf Minuten lang an. Ines bekam eine Gänsehaut und sah betont in eine andere Richtung.

„Fjöll grána á hausti. Heiðin Þagnar, sól hættir að velta vörgum í vatnsspegli."

Was murmelte er vor sich hin? War es ein Gedicht? Ines verstand nicht alle Worte, in etwa konnte es heißen: "Berge werden im Herbst grau. Die Heide wird stumm, die Sonne denkt nicht mehr über ihr Spiegelbild nach." Was sollte das nun wieder heißen? Bis die letzten Sonnenstrahlen verschwunden waren, saß er an der Stelle und beobachtete sie. Ines wurde abwechselnd heiß und kalt. Dann endlich stand er auf und reichte ihr die Hand.

„Komm!"

In Geiteyjarströnd bog der Bus auf die Zufahrt nach Dimmuborgir ab.

"Vor 2.300 Jahren schichtete sich dort ein 20 Meter dicker Lavasee auf. Die erstarrte Lava bildete auf einer Fläche von 1 km^2 verschiedene Lavagebilde. Türme, Kanäle, Überhänge, Brücken." Britta erzählte ihrer Tochter, was sie soeben in einem Faltblatt gelesen hatte. "Dimmuborgir bedeutet: Dunkle Burgen!"

Nach ihrer Ankunft entschieden sie sich, nachdem sie eine Schautafel studiert hatten, für eine vorgeschlagene Route und wanderten einen Rundweg entlang.

Eine durchlöcherte Lavawand hieß "Gatklettir", ein Tunnel "Borgarskora", ein Felsen "Smyrilsklettar", eine Spalte mit einer Höhle "Grjotagja". Inga amüsierte sich köstlich darüber, dass die Gebilde alle Namen erhalten hatten, die sie kaum aussprechen konnte.

"In der versteinerten Stadt sollen Trolle hausen."

In den schroff gezackten Felsen war es ein Leichtes, eine Burg zu erkennen. Eine Burg und verschiedene Gesichter, aber nicht von Menschenhand in den Stein eingemeißelt. Er war eine Märchenlandschaft und sie tauchten freudig ein in eine Welt für sich. Der Wander-

weg führte um den Explosionskrater Hverfjall herum.
"Warum sind denn hier solche Steinbarrieren aufgeschichtet?"
"Sie sind als Windschutz gedacht. Die Wälle und auch dieses Lymegras, das du hier sehen kannst. Sie schützen die Lavaburgen vor der Versandung. Der Wind würde die Sehenswürdigkeiten sonst an dieser Stelle mit Sand zuwehen.
Wollen wir uns hier noch etwas setzen?"
Britta nickte zu einem Felsvorsprung hin, der einladend windgeschützt in der Sonne lag.
Sie kletterten hinauf. Der Stein fühlte sich hart und kühl an, aber die Lehne machte den Sitz gemütlich. Britta zog eine Packung Kekse aus ihrer Handtasche, öffnete die Verpackung und bot Inga davon an. Begierig griff das Mädchen zu.
„Inga, ich möchte, dass du bei mir wohnen bleibst!"
„Oh nein, nun geht das schon wieder los! Ich kann das Thema nicht mehr hören. Ich werde zu Papa ziehen und wenn du mich nicht endlich in Ruhe lässt und meine Entscheidung akzeptierst, werde ich dich auch nicht mehr besuchen kommen."
Wütend schleuderte Inga die Kekse von sich und sprang von dem Felsen herunter. Sie lief zielstrebig zur Bushaltestelle zurück, wo bereits ein Linienbus auf die Abfahrt wartete. Inga stieg ein und setzte sich bewusst auf die hinterste Bank, auf der nur noch ein einziger Platz frei war. Britta war auf dem Felsen sitzen geblieben. Sie weinte und stützte verzweifelt den Kopf in ihre Hände. Schemenhaft sah sie den Bus abfahren. Was spielte es für eine Rolle, ob sie darin saß oder nicht. Sie fühlte sich abgrundtief traurig und allein. Wie sollte ihr Leben ohne ihre einzige Tochter weitergehen?

Monika und Kevin waren zu ihrem Ausflug an den Vulkan Krafla aufgebrochen. Nach etwa 18 Kilometer zweigte eine Zufahrtstraße von der Ringstraße ab, die der Busfahrer einschlug. Auf der Fahrt durch das Hliðardalur begleiteten sie bis zu einem Kraftwerk silbrig glänzende Dampfrohre an der Straße entlang. Der Bus hielt am Parkplatz in Höhe der Leirhnjúkur-Spalte. Danach mussten sie zu Fuß weiter.

“Weißt du, dass ein Ausbruch der Krafla seit Jahren überfällig ist?” Kevin blätterte in einer Broschüre.

“Ja, davon habe ich auch gelesen. Aber ich bin ein optimistischer Mensch. Der Vulkan wird schon noch einen Tag durchhalten”, lachte Monika. “Woran liegt es eigentlich, dass die Krafla so aktiv ist?“

“Die Ursache ist ein 30-40 km langes Spaltensystem, das tief in die Erdkruste bis zu einer mit flüssigem Magma gefüllten Blase reicht. Ich glaube, sie liegt nur drei bis fünf Kilometer tief unter der Erde. Wenn die Magma zur Oberfläche steigt, verursacht das Erdbeben und reißt die Spalten in der Erdkruste auf. Und die sind eine Folge der auseinander driftenden Lithosphärenplatten. Schade, dass Daniel nicht hier ist, er könnte das bestimmt besser erklären.“

Bald hatten sie einen herrlichen Blick auf den stahlblauen Kratersee der Krafla.

“Der See entstand 1724 bei einem Vulkanausbruch. Da muss derzeit der Bär gesteppt haben, denn anschließend brach die Leirhnúkurspalte aus und vernichtete viele Höfe. Man sprach damals von dem Mývatn-Feuer.”

“Das kann man sich gar nicht mehr vorstellen, wie es damals ausgesehen hat. Das Land war bestimmt kilometerweit mit Asche und Schlacke bedeckt.”

“Ein ganzes Jahrhundert müssen die vulkanischen Aktivitäten gewütet haben, bevor wieder Beruhigung eintrat. Gruselig, nicht?“

Hupend fuhr Snorri in eine geschotterte Hofeinfahrt hinein. Auf einer Ovalbahn, ähnlich wie Daniel sie aus Deutschland kannte, ritt ein schlanker, hochaufgeschossener junger Mann einen Fuchs, dessen Beine hochweiß gestiefelt waren und der sich mehrmals heftig widersetzte. Er bäumte sich hoch auf, wenn sein Reiter ihn parieren wollte und im schnellen Tempo Tölt sah es so aus, als renne das Pferd unter seinem Bezwinger davon. Snorri schüttelte den Kopf.

„Nonni geht oft viel zu grob mit den jungen Pferden um und fordert viel mehr, als sie leisten können. So wird das nichts, aber man darf ihm ja nicht reinreden!“

„Liegt die Sturheit etwa bei euch in der Familie?“ Daniel schmunzelte.

Snorri pfiff laut durch die Zähne und winkte zu seinem Bruder hinüber. Nonni wendete den Fuchs und stob auf die Gruppe zu. Lydia und Daniel traten erschrocken zurück, Snorri wich keinen Millimeter zur Seite und der Fuchs bremste im letzten Augenblick ab. Die Brüder klopften sich ruppig auf die Schultern. Nonni bequemte sich nicht aus dem Sattel, folgte ihnen aber zu den Stallungen.

„Wo ist Vater?"

„Nicht da!"

„Ich würde Daniel gerne unsere verkäuflichen Stuten zeigen!"

„Ja, mach das! Dazu brauchst du mich ja nicht, oder? Ich habe noch zwei Pferde zu reiten!"

„Ist klar, ich komme durchaus zurecht!"

Mit dem kargen Dialog wurde Daniel und Lydia bewusst, welch herzlichen Umgang die Brüder miteinander pflegten. Lydia fühlte sich unwohl und fragte sich gerade, ob sie die richtige Entscheidung getroffen hatte, mit Daniel hierher zu fahren.

In dem Moment ertönte ein lautes wildes Wiehern und ein schwarzes Pferd galoppierte quer über den Hof, in einem Tempo, dass der Schotter meterweit hoch geschleudert wurde. Das Tier rannte bis zu einem Gatter, stieg davor und bretterte dann am Zaun entlang. Die Vorstellung schien nicht beabsichtigt zu sein.

„Blakkur!" Snorri schrie den Namen seines Pferdes entsetzt heraus.

Wütend rief er seinem Bruder entgegen: „Habe ich dir nicht schon zehnmal gesagt, dass er die Tür vom Schuppen öffnen kann?"

Nonni winkte nur gleichgültig ab und ließ Snorri einfach stehen.

Blakkur rannte am Zaun auf und ab und suchte offensichtlich eine Möglichkeit, um auf die Weide zu den Pferden, die dort grasten, zu gelangen. Snorri rannte seinem Hengst hinterher und sprang ihm in den Weg. Er fuchtelte mit den Armen, um ihn aufzuhalten und Lydia schlug vor Schreck die Hand vor den Mund. Sie sah Snorri schon zertrampelt am Boden liegen. Doch Blakkur rannte seinen Herrn nicht um. Er stoppte und wurde auf einmal völlig ruhig und friedlich. Daniel lachte über die Mimik im Gesicht des pechschwarzen Tieres, das Snorri ganz offensichtlich sofort erkannt hatte. Nun tat er ganz scheinheilig, als könne er sich gar nicht erklären, warum er eigentlich außerhalb des Stalles war und was er hier zu suchen hatte. Snorri grinste. Es war nicht einmal nötig, dass er den Hengst an der Mähne packte, Blakkur folgte ihm freiwillig, immer einen Schritt hinter Snorri, sanft wie ein Lämmchen. Neugierig streckte er Daniel und Lydia die Nase entgegen, ließ seine Aufdringlichkeiten aber sofort sein, als Snorri mit ihm schimpfte. Er brachte Blakkur in den Schuppen zurück und sicherte die Tür mit einem extra Balken. Dann wandte er sich an seine Gäste:

„Kommt mit auf die Weide, ich zeige euch die Stuten."

Snorri schnappte sich mehrere Halfter, die an der Stallwand hingen und stieg wieder ins Auto.

„Macht mal jemand das Tor auf?"

Daniel ließ ihn in die Weide hineinfahren und schloss das Tor hinter ihm. Dann stieg er ein.

„Auf was wartest du, Lydia?" Lydia stand noch ratlos herum, eilte dann aber ebenfalls zum Wagen.

„Es ist zu weit zum Laufen, wer weiß, wo die Herde steckt!"

Snorri behielt recht. Sie fuhren eine ganze Weile, bevor in einem Tal auf einmal viele schwarze, braune und weiße Flecken sichtbar wurden, die sich als Pferde entpuppten. Die Stuten grasten seelenruhig weiter, nur die Fohlen wurden neugierig und näherten sich zögernd dem Fahrzeug.

„Was sind die niedlich!" Lydia war begeistert. Sie wirkten mit ihrem plüschigem Fohlenfell wie Teddybären, waren aber immer darauf bedacht, genügend Abstand zu halten. Zu gerne hätte Lydia sie gestreichelt, aber Snorri meinte:

„Sie lassen sich nicht anfassen. Die Fohlen leben hier halbwild mit ihren Müttern und wenn sie abgesetzt sind, tummeln sie sich die ersten Jahre so gut wie frei auf abgelegenen Weiden. Erst vierjährig holen wir sie nahe zum Hof, um sie zu zähmen und einzureiten."

Sie stiegen aus dem Wagen.

„So, nun zeige ich dir mal alle, die wir verkaufen würden. Die, die dir gefallen, nehmen wir mit, damit du sie reiten kannst." Snorri deutete auf mehrere Stuten und erklärte ihre Abstammungen. Aber der

Funke sprang nicht über. Lediglich eine Rappstute sah Daniel sich näher an. Ansonsten zuckte er mit den Schultern.

„Nein, Snorri, tut mir leid. Sie treffen nicht meinen Geschmack. Ich suche irgend was besonderes, ohne dass ich dir genau beschreiben kann, was ich suche."

Snorri sah ihn lange prüfend an.

„Du verfügst über viel Pferdekenntnis und hast einen guten Geschmack, hätte ich gar nicht erwartet. Das hier sind wirklich nur durchschnittliche Stuten. Sie gehören Nonni und einigen Bauern aus der Umgebung. Aber nun steigt wieder ein, ich fahre euch zu einer anderen Weide und bin gespannt, was du dort zu sagen hast."

Querfeldein fuhr Snorri weiter. Mehrmals hielt er an, um Drähte aufzubiegen, damit er durchfahren konnte, und musste die Zäune nach dem Durchfahren umständlich wieder schließen. Nach einer Ewigkeit tauchten endlich wieder Pferde auf.

Eine pechschwarze Stute riss den Kopf hoch und wieherte schrill. Prüfend lief sie einige Schritte auf das Auto zu, um dann kehrt zu machen und rasant zur Herde zu galoppieren. Dort angekommen versetzte sie die Herde in große Aufregung. Sie biss nach den noch immer träumenden und rannte hektisch mitten durch.

Snorri lachte: „Das ist Katla, die Leitstute! Sie ist eine Vollschwester zu Blakkur, wie man unschwer erkennen kann."

„Sieht so aus, als würde sie den anderen befehlen, sich entsprechend aufzustellen, damit wir sie mustern können", meinte Lydia. Sie war verzaubert von den Pferden.

Katla duldete nicht, dass auch nur eine Stute wieder zu fressen anfing. Auf einmal stob sie im Galopp davon und die gesamte Herde folgte ihr gehorsam. Sie beschrieben einen großen Kreis und kamen wieder an den Ausgangspunkt zurück. Doch als sie an den Menschen vorbei waren, kamen sie erst richtig in Fahrt. Die Herde galoppierte wieder und wieder an ihnen vorbei, die Kreise wurden kleiner, die Pferde immer feuriger und wilder.

„Danke, Katla, das genügt!" Snorri strahlte und der Stolz auf die edle Stute sprang ihm aus jedem Knopfloch.

„Hast du ihr das etwa beigebracht?" Lydia war fasziniert.

Snorri lachte. “Zu viel der Ehre! Sie tut das aus freien Stücken. Sie zieht genau wie Blakkur am liebsten immer irgend eine Show ab.“

„Erzähle mir was über die Fuchsstute mit dem ellenlangen Behang dort, Snorri! Sie ist umwerfend.“

„Unverkäuflich!“

„Und die Braunscheckstute da in der Mitte?“

„Snörp ist die beste Rennpasssute die wir je hatten. Bedauere, unverkäuflich!“

Daniel seufzte. „Vielleicht sollten wir das Spiel umdrehen und du sagst mir zunächst mal, welche denn verkäuflich wären?“

„Nun, hier aus der Herde sind eigentlich keine verkäuflich. Das sind unsere Stammstuten, oder bereits hoch ausgezeichnete Nachwuchsstuten.“

Daniel seufzte erneut. „Und was sollen wir dann hier?“

„Schöne Pferde ansehen“, brachte Lydia ein. Sie war hin und weg.

„Nein, wir sind nicht umsonst hier, keine Angst. Ich habe mir lange durch den Kopf gehen lassen, wie mein Leben weitergehen soll. Und so habe ich beschlossen, vielleicht doch erwachsen zu werden und ein Auslandsstudium zu beginnen. Aber dazu brauche ich Geld. Mir bleibt also gar nichts anderes übrig, als einige meiner Pferde zu verkaufen.“

„Nee, Snorri, ich will keine Notlage ausnützen!“

„Das tust du nicht. Du solltest mich so weit kennen, dass ich nur das tu, was ich will. Bei dir weiß ich die Stuten in den besten Händen, dessen bin ich mir sicher. So eine Chance bietet sich mir in den nächsten Jahren kein zweites Mal mehr. Und ich will nicht resignieren und Zuflucht im Alkohol suchen, weil ich auf dem Hof hier keine Heimat mehr habe.“

Daniel war sprachlos.

„Ich werde Katla nun aufhalftern und wir führen sie neben dem Auto her. Die anderen folgen ihr blindlings. Am Ausgang hole ich dir dann meine Stuten heraus und die nehmen wir zum Hof mit, damit du sie reiten kannst.“

Bald traf Ingrid auf ein Holzschild mit der Aufschrift „hestaleiga“.

Es wies in die eingeschlagene Richtung. Ingrid folgte bedächtig dem Weg, der sie über einen sanften Hügel führte. Das Gras war hier saftig und grün, Weideland für Traustis Pferde. In einem Tal sah sie den Hof einsam liegen. Als sie näher kam, sprangen ihr zwei Islandhunde entgegen und kläfften fröhlich. Sie freuten sich über den Besuch und Ingrid kam nicht an ihnen vorbei, ohne dass sie die beiden ausführlich begrüßt hatte. Dann lief einer rechts, der andere links von ihr und mit den beiden Begleitern als Eskorte fühlte sie sich gleich wohler und nicht mehr so fremd.

Bevor Ingrid sich bemerkbar machen konnte, wurde die Haustür bereits mit dem Fuß aufgestoßen und Traustis Frau lachte ihr herzlich entgegen. Sie hatten ein kleines Kind im Arm, ein zweites hing ihr schüchtern am Bein und ein drittes schrie in der Wohnung wie am Spieß.

„Herzlich willkommen, Ingrid!"

Ingrid reichte ihr schüchtern die Hand.

„In der Lautstärke geht es bei uns immer zu. Seit der Dritte auf der Welt ist, kann ich über keine fünf Minuten Langeweile mehr klagen!" Sie machte eine einladende Geste, doch bevor Ingrid ihr in das Haus folgen konnte, sah sie plötzlich in die Ferne und sagte:

„Oh, da kommen auch schon die Reiter zurück!"

Etwa zehn Pferde tauchten auf dem Hügel auf, über den Ingrid kurz vorher gewandert war.

„Komm rasch herein, ich muss eben den Kaffee aufsetzen, der Kuchen steht schon auf dem Tisch!"

Schon drückte sie Ingrid das Baby in die Arme und verschwand in der Küche. Der Kleine fremdelte nicht. Er lachte sie keck aus seinen blauen Augen an und griff neugierig nach ihrer Brille. Sanft hielt sie sein Ärmchen fest. Daraufhin zappelte das Kerlchen und wollte nicht mehr auf ihrem Arm bleiben. Vorsichtig stellte sie das Kleinkind auf seine dicken tolpatschigen Beinchen. Um laufen zu können, brauchte der Junge noch ihre Hand, aber er führte sie zielstrebig in die Küche. Auf dem Boden ausgebreitet lag eine dicke Wolldecke mit bunten Kindermotiven. In Windeseile krabbelte der kleine Bub nun darauf zu. Etliche Spielsachen lagen darauf. Bunte Bauklötze, ein

Teddybär, zwei Stoffpüppchen. Das Kindergeschrei verstummte, als Ingrid die Küche betrat. Ein Mädchen mit dicken langen Zöpfen ging nun auf Ingrid zu und gab ihr zu verstehen, sie möge ihr ein Bilderbuch aus einem Regal herunter holen. Deswegen war die Kleine so wütend gewesen, denn sie reichte auch mit einem Stuhl nicht hinauf, auf den sie sich waghalsig gestellt hatte. Ingrid hatte keine Ahnung, ob das Mädchen das Buch haben durfte, aber sie nahm es spontan aus dem Regal und gab es ihr. Die Kleine drückte es an ihre Brust und gesellte sich zu ihrem Brüderchen auf die Decke. Ingrid beschloss, sich dazu zu setzen und bald kam auch noch das schüchterne dritte Kind vorsichtig dazu, und sie betrachteten gemeinsam die Szenen in dem Buch. Ingrid war überrascht, dass die beiden größeren Kindern fließend Englisch sprachen. So konnte sie sogar mit ihnen plaudern.

Traustis Frau kam beladen mit einem schweren Tablett herein, auf dem sich Kaffeetassen und eine Kanne türmten. Ingrid sprang auf, um ihr zu helfen und wenige Augenblicke später stürmte eine bunte Reiterschar die Bude, ähnlich international zusammengewürfelt wie sie auf ihrem Wanderritt. Ingrid erfuhr, dass sie Urlaub hier auf dem Bauernhof machten. Mangels einem ortskundigem Rittführer brachen sie aber nur zu Sternritten in die nähere Umgebung auf. Die Stimmung war ausgelassen und fröhlich. Ingrid fühlte sich vom ersten Augenblick an heimisch und akzeptiert. Ein Gast zeigte ihr die Zimmer, ein anderer die Pferde und die Stallungen und die Stunden vergingen wie im Augenblick. Ingrid registrierte das klingelnde Telefon in den Abendstunden nicht. Es war Snorri, aber Traustis Frau sah zu Ingrid hin, die mit geröteten Backen lachend ihre Erlebnisse auf dem Wanderritt schilderte und wies ihn an, ohne Ingrid zurück zu fahren.

Britta saß noch lange schluchzend auf dem Felsen. Sie wollte Inga nicht mehr länger nachrennen, es hatte keinen Sinn. Als sie endlich zur Bushaltestelle aufbrach, registrierte sie, dass der letzte Bus vor zwanzig Minuten abgefahren war. Resigniert stellte sie sich auf einen langen Fußmarsch ein. Immer wieder hielt ein Auto, um sie mitzunehmen, aber sie winkte ab. Aber so bald das Auto wieder anfuhr, schalt sie sich der Dummheit, nicht eingestiegen zu sein. Erneut hielt ein Wagen. Sie registrierte einen reichlich verrosteten roten Pick-up und stieg endlich ein. Der Fahrer, etwa in ihrem Alter, sah ihr forschend ins Gesicht. Es wurde ihr gewahr, dass sie schrecklich aussehen musste. Die Augen waren bestimmt verquollen, die Wimperntusche verlaufen. Sie war mit Sicherheit kein attraktiver Anblick. Es war ihr egal.

„Hat dich dein Liebhaber verlassen?“, fragte der Isländer ohne Scheu.

„Mein Liebhaber?“ Britta sah ihn ungläubig an. „Nein, meine Tochter!“

Sie hüllte sich in Schweigen und war dankbar, dass er nicht weiter bohrte. Dann dankte sie herzlich und schlich in die Hütte, um sich zurecht zu machen.

Zum Abendessen fand sich ein Großteil der Gäste wieder in ihrem Quartier ein. Es war Birgir eine Ehre, dass so viele nicht auf seine Kockkünste verzichten wollten. Die vielfältigen Eindrücke der einzelnen Personen machten den vorletzten Abend spannend und lebendig.

“Und Daniel, bist du denn fündig geworden bei deiner Pferdesuche?”

“Oh je”, stöhnte er.

“Ich habe viel mehr Geld ausgegeben, als ich eigentlich wollte.”

“Nun erzähl schon, welche Stute hast du gekauft?” Trausti kannte alle Pferde auf Snorris Hof und wurde neugierig.

“Eine? Es sind tatsächlich drei geworden! Ich habe drei tragende Stuten gekauft.”

“Drei? Welche denn, nun sag schon?”

“Hamingja, Fjöður und Svartskjona. Ich muss komplett verrückt sein.”

“Eine gute Wahl! Da hat Snorri dich gut beraten!”

„Die Stuten sind wirklich wunderschön“, brachte Lydia ein. „Ich war vor allem von Hamingja so begeistert, sie ist auch im Renntempo Tölt noch absolut taktklar. Mit der könnte man sofort auf einem Turnier starten. Und außerdem sieht sie total süß aus, sie ist grau wie eine Maus mit fast schwarzem Behang und hat so eine vorwitzige Schnippe zwischen den Nüstern.“

“Alle drei sind tragend von Blakkur, diesem Traum in Schwarz, den wir ja am ersten Tag kennenlernen durften. Ich spekuliere auf ein Hengstfohlen, das ich mir vielleicht selbst als Hengstanwärter aufziehen kann. Am besten noch ein geschecktes aus der Svartskjona. Träumen ist ja erlaubt.”

”Wow! Dürfen wir euch mal auf eurem Hof bei Frankfurt besuchen?”, fragte Monika.

“Aber klar! Ihr seid jederzeit herzlich willkommen!”

“Habt ihr denn Ingrid nicht wieder mitgebracht?”, fragte Trausti.

“Nein, deine Frau wollte sie selber zurückfahren. Sie hatten wohl noch viel zu besprechen.”

Während dem Abendessen klopfte Melissa auf ihr Glas um sich Gehör zu verschaffen. “Ich habe eine gute Nachricht!” Sie hatte gerötete Backen und wirkte aufgeregt wie ein Kind am Weihnachtsabend. Jan legte den Arm um sie.

“Wir sind heute tatsächlich auf den Aussichtsberg Vindblegjarfjall hinauf gewandert, von dem man eine unvergleichliche Sicht über den Mývatn hat. Da droben ist mir dann klar geworden, dass ich weiß Gott sehr an meinem Leben hänge. Wir haben vom Ort aus mit meinem Arzt telefoniert. Ich habe ihm gesagt, dass ich mich sofort nach unserer Rückkehr einer Operation unterziehen möchte. Die anschließende Chemotherapie muss ich eben irgendwie durchstehen. Er hat es sehr begrüßt.”

Melissa bekam lauten Beifall.

„Ach, und es gibt übrigens noch eine gute Nachricht!“, brachte Trausti ein. „Samuel hat aus der Klinik angerufen. Es geht ihm gut. Das Bein liegt bereits in Gips und er wird morgen entlassen. Seine Frau holt ihn wohl ab und dann fliegen sie gemeinsam nach Hause. Ich soll euch alle herzlich grüßen.“

Ingrid kam erst kurz vor Mitternacht zurück. Sie strahlte und wurde zum Abschied herzlich von Traustis Frau umarmt. Man konnte leicht erraten, wie die Entscheidung ausgefallen war.
"Am 1. September fange ich bei euch an", lachte sie zu Trausti hinüber.
Der nickte wohlwollend. "Das finde ich schwer in Ordnung."

"Wo bleibt nur Ines?" Monika machte sich langsam Sorgen.
"Ist sie immer noch mit Aðalsteinn unterwegs?", fragte Trausti.
Snorri grinste. "Na, bei Aðalsteinn ist sie in den besten Händen. Der weiß ihr schon die Zeit zu vertreiben."
Monika gefiel das gar nicht. Aber dennoch konnte sie nichts anderes tun, als warten. Als die anderen schon schliefen, lag sie noch immer wach und hörte auf jedes Geräusch, das darauf schließen ließ, dass Ines zurückkam. In den Morgenstunden war es endlich so weit. Ines schlich sich in den Schlafraum.
"Wo warst du so lange, verdammt noch mal", zischte Monika.
"Oh Gott, frag mich nicht. Dieser Aðalsteinn ist eine Klette. Und aufdringlich bis zum Geht nicht mehr."
"Ja und, was ist nun? Was ist mit Gnyfari?"
"Er verkauft ihn!"
"Nee, oder? Wie hast du das denn geschafft?"
"Wenn ich mit dem Kerl ins Bett gestiegen wäre, wäre es vermutlich einfacher gewesen."
"Ich fasse es nicht."
"Na ja, wir sind uns nur über den Preis noch nicht einig."
Und dann schlief Ines einfach ein. Monika konnte vor lauter Aufregung jedoch kein Auge schließen.

Gnyfari

„Unser letzter Tag!“ Monika seufzte. Sie klang resigniert.

„Ich bin auch schon ganz traurig“, jammerte Brigitte. Sie saß zusammengesunken auf ihrem Bett.

„Wenn der Tag doch nie vorübergehen würde.“ Trübsinnig und schweigend packten die Reiter ein letztes Mal ihre Taschen zusammen. Schweren Herzens schleppten sie sich an den Frühstückstisch. Dort saß bereits Aðalsteinn mit Snorri und Trausti. Sie schichteten sich abwechselnd dicke Wurst- und Käsescheiben auf ihren Toast. Die drei waren angeregt in ein Gespräch vertieft.

„Was will der denn schon wieder hier?“ Monika stieß Ines genervt in die Seite.

„Äh, ja, das hätte ich dir heute Nacht noch sagen sollen“, antwortete Ines verlegen. „Aðalsteinn wollte heute mitkommen, um mir einige Tips für Gnyfari zu geben, wie ich ihn noch besser reiten kann. Und außerdem müssen wir ja noch...“

„Na prächtig!“ Monika verdrehte die Augen. Ines war also offensichtlich fest entschlossen, Gnyfari wirklich zu kaufen. Bislang hatte sie tatsächlich geglaubt, dass sich dieser Gedanke bis zur endgültigen Abreise wieder legen würde. Aber das war scheinbar nicht der Fall.

„Wir wollen schon eher aufbrechen und alleine reiten, damit Aðalsteinn sich voll und ganz auf Gnyfari und mich konzentrieren kann!“

„Auf Gnyfari, ja? Seit wann bis du eigentlich so naiv?“

„Warum bin ich naiv? Ich finde das ganz toll von Aðalsteinn! Er gibt mir sehr hilfreiche Ratschläge!“

Ines verteidigte sich schroff und bekam rote Backen.

Monika verspürte Lust, sie zu packen und kräftig zu schütteln.

„Na, dann mach mal! Hast du dir eigentlich schon überlegt, wo du dein Wunderpferd daheim unterbringen willst?“

„Wieso?“

„Ja, nimmst du es mit ins Bettchen, oder stellst du es auf den Balkon?“ Monika tippte sich an die Stirn.
„Na, es kommt in Herberts Stall, wohin denn sonst?“, entgegnete Ines verständnislos.
„Und du hast bestimmt auch schon nachgefragt, ob dort noch eine Box frei ist, ja?“
„Nö!“
„Und nun?“
„Aber deine Box ist doch frei, die von Alisha! Du hast sie dir doch reservieren lassen.“
„Ach nee! Und wenn ich mir in zwei Wochen wieder ein Pferd kaufen möchte habe ich Pech gehabt, oder was?“
Ines schwieg. Sie schmollte. Sie war völlig vernarrt in den Gedanken, Gnyfari mitzunehmen. Liebe macht nachweislich blind, das war der beste Beweis dafür. So vollkommen gedankenlos kannte Monika die Freundin sonst nicht. Ines hatte zwar viele spontane Einfälle, aber dennoch war die Umsetzung ihrer verrückten Ideen meist gut durchdacht.
„Komm, zieh Leine mit deinem Aðalsteinn, es ist grad sowieso sinnlos mit dir zu reden! Aber pass auf, dass du nicht von deinem rosa Wölkchen herunterfällst!“ Monika packte Ines und schob sie grob durch den Raum, genau bis zum Tisch.
„Du bist vielleicht komisch heute! Habe ich dir irgendwas getan?“ Ines wehrte sich und wandt sich wie ein Aal, um loszukommen.
„Also denn, ich bin fertig!“, sagte sie zu Aðalsteinn. Sie wandte sich an Monika : „Wir sehen uns in Storu....ach, was weiß ich, wie das Kaff heißt, aber Aðalsteinn weiß ja wo das ist. Ciao!“
Ines verzichtete in Anbetracht der Spannungen auf das Frühstück und nickte Aðalsteinn zu, der bereits in Startposition saß und sofort aufsprang. Er hatte das Wortgeplänkel zwischen Monika und ihr mitbekommen und fragte:
„Gibt es Probleme?“
Doch er wartete keine Antwort ab. Er küsste Ines, schnappte sich die Reste seines Sandwichs und zog sie mit sich hinaus. Monika würdigte ihn keines Blickes. Sie hielt ihn mittlerweile für einen arro-

ganten Wichtigtuer und war froh, dass das Kapitel bald beendet sein sollte. Sie konnte den Namen Aðalsteinn nicht mehr hören.

„Storutjarnir“, sagte Monika und beendete nachdenklich Ines Satz.

Die verbliebenen Gäste saßen lange an der reich gedeckten Tafel. Niemand drängte am letzten Tag zum Aufbruch. Die letzte Tagesetappe war nicht besonders lang. Es galt weder Hochland zu durchreiten, noch Eisregen, Schnee oder sonstigen Abenteuern zu trotzen.

Trausti erklärte ihnen die Route: „Wir überqueren die idyllische Ebene der Fljótsheiði. Dort reiten wir durch ein typisches Þúfur-Gebiet. Das sind Buckelwiesen, also mit Gras bewachsene Bodenaufwölbungen, die durch Frostwechsel entstanden sind. Dann folgen wir dem Bárðardalur stromabwärts. Am Goðafoss rasten wir und dann ist es nur noch ein Katzensprung bis zu unserem Endziel. Wir reiten gemütlich dem Ljósavatndalur entlang bis zu dem Bauernhof, in dem wir die Pferde einstellen werden.

Als Trausti die Pferde für den letzten Ritt verteilte, fragte Monika:

„Kann ich Skratti noch ein letztes Mal reiten?“

Er sah sie erstaunt an.

„Aber gerne. Er läuft gut unter dir, du kommst jeden Tag besser mit ihm klar. Endlich mal jemand, der ihm seine frechen Eskapaden nicht übel nimmt!“

Monika lachte. Sie sattelte das schwarze nette Ungeheuer und knuddelte ihm die dichte, zerzauste Mähne.

„Na, alter Rauhbautz, wollen wir nochmal?“

Während dem Ritt besprachen Daniel und Snorri den Transport der gekauften Pferde. Snorri versprach, in Island alles Notwendige vorzubereiten. Die Pferde sollten die Überfahrt im Frachtschiff antreten.

„Die Strecke nach Hamburg dauert damit fünf Tage“, wusste Snorri.

„Fünf Tage! Das ist eine verdammt lange Zeit“, fand Kevin. „Werden die Tiere dabei auch gut versorgt?“

Daniel hatte Angst um seine wertvollen Stuten. Schließlich waren sie tragend und er wollte kein Risiko eingehen, dass eine davon ihr Fohlen verlor.

„Ja, natürlich“, winkte Snorri ab.

„Aber eine Strapaze ist es mit Sicherheit!“ Kevin war davon fest überzeugt.

„Und wann erfahre ich, wann die Pferde ankommen?“

„Da rufe ich dich rechtzeitig an. Ich muss erst einmal nachfragen, auf welchem Frachtschiff noch Platz ist, und dann musst du deine Tiere in Hamburg eben am Hafen in Empfang nehmen.“

„Würde die Möglichkeit bestehen, die Pferde im Flugzeug zu transportieren?“ Kevin machte sich Sorgen um die Pferde seines Freundes.

„Doch natürlich, aber das ist um ein vielfaches teurer.“

„Nein ! Das kommt nicht in Frage! Ich bin sowieso pleite, wenn ich die drei Stuten bezahlt habe. Hoffentlich kann ich mir den Transport überhaupt noch leisten...“

„Ich sehe uns schon einen Wanderritt von Hamburg nach Frankfurt unternehmen“, grinste Kevin. „Du kannst natürlich auf mich zählen!“ Noch immer lachend wandte er sich an Monika: „ Und du hast dich immer noch nicht für ein Islandpferd entschieden?“

Monika dachte eine Weile nach.

„Eigentlich wollte ich mir noch ein paar Wochen Zeit lassen. Ich hänge noch so arg an meiner alten Stute und würde jedes neue Pferd damit vergleichen. Aber das wäre ungerecht. Auf alle Fälle sollte das neue Pferd ganz anders sein und ganz anders aussehen.“

Scherzend meinte sie: „Na ja, wenn dann müsste es so ein Frechdachs wie Skratti sein.“ Sie klopfte dem Rappen zärtlich den Hals.

„Was höre ich da?“ Snorri musste wirklich Verstärker in den Ohren haben. Warum hörte er jedes Wort, auch wenn er ein ganzes Stück entfernt von Kevin und Monika ritt.

„Du willst Skratti haben? Ich fasse es nicht! Wie kann man sich so etwas nur freiwillig antun?“

Snorri steigerte sich nun richtig hinein. „Den kannst du mitnehmen, den schenke ich dir!“

Monika lachte schallend. „Du spinnst, Snorri!“

Snorri hatte sein Pferd dicht neben Monika gelenkt. „Das war mein Ernst! Ich mag das Pferd nicht leiden. Der Esel bringt mir nur frühzeitig graue Haare. Unter einem weniger geübten Reiter macht er wirklich nur Mist, und das den lieben langen Tag. Am dritten Tag einer jeden Reittour fürchten die Gäste, dass sie Skratti reiten müssen. Es ist eine Strafe für jeden und dann kann ich mich wieder selbst mit ihm herumärgern! Entweder ich reite ihn selbst, wozu ich überhaupt keine Lust habe, oder er läuft frei mit und freut sich des Lebens, weil er dabei genügend Zeit hat, wieder neuen Blödsinn auszuhecken. Ich finde es erstaunlich, dass er unter dir so brav ist. Hast du ihn verhext?"

„Du spinnst, Snorri!" Monika musste das noch einmal wiederholen.

„Du würdest mir einen großen Gefallen tun, wenn du ihn nimmst. Das blöde Vieh ist für mich ohne Wert! Ein Fresser weniger im Winter, ein Ärgernis weniger im Sommer!" Snorri machte eine eindeutige Geste, als wolle er Skratti die Kehle durchschneiden. Monika wusste nicht, wie ernst ihm damit war und schwieg.

„Na, so ein Geschenk sollte aber mit einem Handschlag besiegelt werden!" Daniel bot sich gerne als Zeuge an.

Snorri streckte Monika auffordernd seine Hand hin. Sie zögerte, aber als sie Snorris Blick sah, voller Verachtung über das verhasste Pferd und dennoch ruhig und entschlossen, schlug sie ein.

„Ich muss verrückt sein!" Sie schüttelte den Kopf über sich selbst.

„Willkommen im Club", neckte Kevin und küsste sie vom Sattel aus auf die Wange.

„Gut, dann schicken wir die vier Pferde alle zusammen! Die Transportkosten musst du aber natürlich selbst übernehmen! Die zahle ich dir nicht!"

„Ich wusste doch, dass die Sache einen Haken hat", lachte Monika. „Das ist schon in Ordnung! Aber wieso vier? Du meinst fünf, Gnyfari muss doch auch mit!"

„Gnyfari? Du beliebst zu scherzen! Aðalsteinn wird Gnyfari nie im Leben verkaufen!"

„Wie bitte? Aber er hat es versprochen! Für Ines würde eine Welt

zusammenbrechen."
„Nun, Aðalsteinn ist als Herzensbrecher bekannt."
Snorri zuckte gleichgültig mit den Schultern.

Monika schwieg. Ihr Herz pochte wild. Sie konnte genauso wenig fassen, nun selbst wieder Pferdebesitzerin zu sein, noch konnte sie mit dem Gedanken umgehen, dass Ines vielleicht im letzten Augenblick doch ohne Kauf von Gnyfari abreisen musste. Das würde sie nicht verkraften. Sie verwarf den Gedanken.

„Aber, Snorri, wenn er ihn doch verkauft - meinst du, die beiden Pferde können zusammen in einer Box mit Paddock stehen? Ich habe ja nur die eine reservierte Box."

„Aber natürlich, da mach dir mal keine Gedanken. Du solltest vielmehr gleich eine Haftpflichtversicherung für den Teufel abschließen, das ist wichtiger!"

Monikas Herz klopfte noch lauter. Tausend Gedanken schossen ihr durch den Kopf. Was, wenn Skratti sich daheim wirklich zum Teufel entwickelte? Wenn sie nicht mehr mit ihm klar kam? Aber Kneifen galt nicht, das war ihre Lebensdevise.

„Tut ihr mir bitte einen riesigen Gefallen?" Sie sah die drei Männer nacheinander durchdringend an.

„Aber klar, jeden", behauptete Kevin.

„Kein Sterbenswort zu Ines!"

„Ehrenwort!", sagten die drei Männer wie aus einem Munde und grinsten.

Am frühen Nachmittag kamen sie am Goðafoss, dem gewaltigen und schönsten der zahlreichen Wasserfälle des Flusses Skjálfandafljót an. Eine alte Holzbrücke führte sie zu dem hufeisenförmigen Einschnitt des Falles. Monika starrte auf das tosende Wasser, doch sie war mit ihren Gedanken noch immer ganz woanders. Es interessierte sie nicht, dass Jan noch ein letztes Mal seinen Reiseführer zückte und etwas über die Geschichte des Wasserfalles vorlas. Er erzählte von der Kristni-Sage. In dieser traf der Gode von Ljósavatn, Þorgeir, im Jahr 1000 beim Althing die Entscheidung, dass das ganze Land den neuen christlichen Glauben annehmen sollte. Zum Zeichen dafür nahm er seine Götzenbilder und warf sie dort ins Wasser. Die Worte zogen wie Wolkenfetzen an Monika vorbei. Sie registrierte nicht, was sie hörte, sondern starrte nur auf den großen Wasserkessel, der sehr tief aussah. Ihr fiel lediglich auf, dass das Wasser kristallklar wirkte, und keine trübe Gletscherbrühe war.

Dann war es nur noch eine knappe Stunde zu reiten. Monika wünschte sich, nie anzukommen, doch viel zu schnell tauchte der Bauernhof vor ihnen auf und das Endziel war erreicht.

Ines war bereits dort angekommen und erwartete die Freundin.

„Und, alles klar?", fragte Monika, als sie sich aus dem Sattel gleiten ließ und Skratti zum Abschied die Stirn kraulte.

„Ja, natürlich! Aðalsteinn ist schon abgereist und hat Gnyfari im Hänger mitgenommen."

„Seid ihr euch einig geworden?"

„Aber ja. Ich fand seinen genannten Preis sogar noch realistisch, hatte noch mit mehr gerechnet. Nun weiß ich wenigstens, für was ich die letzten Jahre fleißig gespart habe."

„Hast du einen Kaufvertrag mit ihm gemacht?"

„Nein, der Kauf wurde mit einem Kuss besiegelt."

„Aber bezahlt hast du das Pferd hoffentlich noch nicht!"

„Du bist ja schon wieder so komisch, was ist nur los mit dir? Nein, ich bezahle erst, wenn Gnyfari in Deutschland ist."

„Gut so!"

„Aðalsteinn meinte, er schickt Gnyfari mit den drei Stuten für Daniel nach Hamburg mit. Wir müssen also rechtzeitig den Transport von Hamburg nach Bamberg organisieren. Du hilfst mir doch bestimmt dabei? Ich bin noch nie mit Hänger gefahren!"

Monika nickte wortlos.

Nun hieß es endgültig Abschied nehmen. Der Bus stand bereit, der sie bis Akureyri bringen sollte. Sie holten ihre Taschen aus Birgirs Jeep und verfrachteten sie in die große Ladeklappe des Busses.

Plötzlich war noch einmal Leben in der Pferdeherde. Sämtliche Tiere rissen die Köpfe hoch. Was hatte sie so erschreckt? Keiner von den Menschen konnte in der Ferne eine vermeintliche Gefahr entdekken. Die Pferde blickten gebannt, bauten sich zu ihrer vollen Größe auf, die Hälse wurden immer länger. Sie schnaubten, ihre Augen glänzten tiefschwarz und feurig.

„Sind sie nicht wunderschön?“, stammelte Brigitte und es gab niemand, der in dem Moment nicht Tränen in den Augen hatte.

Sie hatten kaum Aufenthalt in Akureyri. Die Luft fühlte sich trocken und warm an. Der Bus fuhr an Weiden mit großen Schaf- und Rinderherden vorbei. Äcker mit Kartoffeln und Rüben waren ein ungewohnter Anblick. Die Häuser waren von liebevoll gestalteten Gärten umgeben, stattliche Bäume säumten die Straßen. Akureyri blieb ihnen unvermutet grün in Erinnerung, als sie ein kleines Inlandflugzeug zurück nach Reykjavik brachte.

Brigitte erzählte: „Akureyri war der Geburtsort des bekannten isländischen Schriftstellers Jón Sveínsson, dem Autoren von „Nonni und Manni“, das kennt ihr bestimmt alle. Ich glaube, ich werde zu Hause als erstes diese Jugendbücher herauskramen und noch einmal lesen.“

„Da gibt es noch ein zweites interessantes Buch vom selben Autor. Jón durchquerte das Land 1894 mit dem Pferd und hat seine Eindrücke in „Zwischen Eis und Feuer“ niedergeschrieben. Die Lcktüre kann ich euch nur empfehlen“, meinte Jan.

Nach nur einer Stunde landeten sie schon in Reykjavik.

Monika und Ines übernachteten noch einmal in der Jugendherberge. Ein letztes Mal bummelten sie durch das Hafengcbiet, das fast verschlafen wirkte.

„Weißt du, was ich hier so schön finde?“, fragte Monika.

„Was?“

„Anders als zum Beispiel im Hamburg, gibt es hier am Hafen keine von diesen zwielichtigen Matrosenkneipen, keine Spielhöllen, keine schmuddeligen Spelunken.“

„Das stimmt. Ausländische Seeleute scheinen sich hier nicht länger aufzuhalten. Vielleicht liegt es an den astronomischen Preisen für alkoholische Getränke. Das dämpft die Lust auf feuchtfröhliche Saufgelage."

„So kann man in aller Ruhe die Namen der Fischerboote studieren, den Möwen zuschauen und vom großen weiten Meer träumen."

„Oder vom eigenen Islandpferd", fügte Ines hinzu.

Die Autorin:

Foto: R. Volke

Irene Hohe, geb. 1964, studierte Sozialpädagogik und ist nebenberuflich als Pferdefotografin tätig. Seit Jahren gehört ihre Liebe den Islandpferden. Ihre eigenen Pferde sind Blesi frá Steinum und Floki frá Flókastöðum. Sie ist verheiratet und lebt mit ihrem Mann, einem Hund und zwei Katzen in der Fränkischen Schweiz.
Ihr erstes Buch: Samtpfoten - Katzengeschichten ist ebenfalls im Verlag Sandra Asmussen erschienen.